Islamismus und terroristische Gewalt

Herausgegeben von

Reinhard Möller

BIBLIOTHECA ACADEMICA

Reihe

Orientalistik

Band 8

ERGON VERLAG

Islamismus und terroristische Gewalt

Herausgegeben von

Reinhard Möller

ERGON VERLAG

Umschlagabbildung:
Das „Schwarze Banner" als Wandbemalung auf einer Mauer, Aleppo (Syrien).
Foto: © 2017 Mohammad Bash – shutterstock.com

Bibliografische Information der Deutschen Nationalbibliothek:
Die Deutsche Nationalbibliothek verzeichnet diese Publikation in der
Deutschen Nationalbibliografie; detaillierte bibliografische Daten sind im Internet über
http://dnb.d-nb.de abrufbar.

2. Auflage mit aktualisierter Einführung

Gedruckt auf alterungsbeständigem Papier.
Gesamtverantwortung für Druck und Herstellung
bei der Nomos Verlagsgesellschaft mbH & Co. KG.
Umschlaggestaltung: Jan von Hugo

www.ergon-verlag.de

ISBN 978-3-98740-096-4 (Print)
ISBN 978-3-98740-097-1 (ePDF)
ISSN 1866-5071

Inhalt

Einführung

Reinhard Möller

Mit dem Ende des Ost-West-Konflikts, der Konfrontation zweier säkularer Ideologien, hat eine weltpolitische Ära ihren politischen Abschluss gefunden. Die USA waren nach dem Zusammenbruch der Sowjetunion und des Ostblocks als einzige, nicht nur militärische Supermacht übrig geblieben. Das freiheitlich-demokratische Modell des Westens hatte sich gegenüber dem kommunistischen System als stärker erwiesen. Es schien so, als ob das „überlegene“ westliche Modell auf Dauer zum Vorbild einer freien, friedlichen und demokratischen Welt werden könnte. Es schien auch so, als ob die 1991 vom amerikanischen Präsidenten George Bush ausgerufene „Neue Weltordnung“ überwiegend auf Zusammenarbeit der den Vereinten Nationen angehörenden Staaten, also auf multilateraler Basis, beruhen würde. Nicht mehr nationale Machtpolitik, sondern das Völkerrecht würde in Zukunft die internationalen Beziehungen bestimmen. Es gab in der Folgezeit auch von einigen Staaten gemeinsam durchgeführte Interventionen unter UN-Mandat wie die im 2. Golfkrieg, durch die die Anti-Irak-Allianz Kuwait befreite, oder die Aktion Ende 1992 in Somalia, die im Kern humanitären Charakter hatte.

Doch die hochgesteckten Hoffnungen auf dauerhaft angelegte kooperative internationale Beziehungen wurden bald enttäuscht. „Weltgemeinschaft“ und UNO erwiesen sich in nicht wenigen Fällen als hilflos, wenn es um die Vermeidung oder Lösung von Konflikten unterschiedlicher Art ging. Entsprechende Beispiele: Bosnien-Herzegowina, Ruanda oder Sierra Leone. 1999 hatte die NATO dann unter Führung der USA im Kosovo ohne Absicherung durch ein Mandat des UN-Sicherheitsrats militärisch interveniert.

In wirtschaftlicher Hinsicht verzeichnete die vom Westen ausgehende Globalisierung neben Gewinnern auch viele Verlierer, zu denen ganze Staaten, Regionen und Branchen gehörten. Die weit übertriebenen Erwartungen auf allgemeinen Wohlstand blieben in zahlreichen Ländern unerfüllt. Die Spaltung der Welt in Arm und Reich nahm weiter zu. Unsicherheit und Skepsis machten sich auch in westlichen Staaten breit. Hinzu kamen die sich verschärfenden ethnischen Konflikte, beispielsweise auf dem Balkan, das beschleunigte Wachstum der Weltbevölkerung – dazu die rapide Verstädterung sowie Flüchtlingsströme großen Ausmaßes.

In diesen krisenhaften Zeiten war es keine Überraschung, dass Religionen wieder zur Triebkraft für Oppositions- und Protestbewegungen werden konnten. War doch die „Gewalt ein ständiger Begleiter der meisten Religionen“[1]. Religiös moti-

---

1 Peter Waldmann: *Provokation der Macht*, München 1998, S. 98.

vierte oder verbrämte terroristische Gewalt, häufig auf der Grundlage fundamentalistischer Strömungen, zeigte sich schon in den 1980er Jahren in fast allen Weltreligionen. Und seit den 1990er Jahren hatte vor allem der politisierte Islam eine auffallend gewaltsame Form angenommen. Diese islamistische Variante des Terrorismus beruhte (und beruht) auf einer politischen Ideologie, deren wichtigstes Ziel darin besteht, religiös begründete Gesellschaftssysteme, gottgewollte und damit beste Ordnungen durchzusetzen.

Gewaltakte im „Namen Gottes" werden von islamischen Terroristen mit außergewöhnlicher Entschlossenheit und Radikalität durchgeführt. Als privilegierte „Märtyrer" (siehe Ḥamās) im herbeigesehnten Paradies setzen sie ihr Leben als Waffe ein und nehmen dabei auch den Tod zahlloser unschuldiger Opfer in Kauf.

Der Antrieb für die islamistischen Radikalen sind zum großen Teil Glaubensvorstellungen, die darauf gerichtet sind, die nicht mehr existierende „wahre" islamische Ordnung, ein System göttlicher Herrschaft mit strikter Anwendung der *šarīʿa* wiederherzustellen. Um dieses Ziel zu erreichen, setzen sie auf den als Glaubenspflicht vernachlässigten *ǧihād* als „Heiligen Krieg". Man sollte aber betonen, dass Terroristen im breiten Spektrum des Islamismus nur eine Minderheit darstellen.

Der iranische Revolutionsführer Āyatullāh Ḫumainī wies die schiitische Doktrin zurück, nach der während der Abwesenheit des im Jahre 874 geheimnisvoll entrückten zwölften Imams, Muḥammad al-Mahdī, keine gerechte Herrschaft im Iran errichtet werden könne. Er stellte sich also gegen diese Lehre und erklärte, es sei die Pflicht eines jeden gläubigen Muslims, zur Schaffung eines islamischen Staates in Iran beizutragen – und zwar mit allen zur Verfügung stehenden Mitteln.

Islamistische Gruppierungen wie die für die Ermordung des ägyptischen Präsidenten Anwar as-Sādāt verantwortliche ägyptische Jihād-Gruppe versuchten in den 1980er Jahren ungläubige Regimes im Nahen und Mittleren Osten durch terroristische Gewalt zu stürzen oder Bedingungen für die Errichtung von echten islamischen Staaten herzustellen.

Der islamistische Terror erfuhr – wie schon angedeutet – seit den 1990er Jahren eine signifikante Steigerung. So verübten im Februar 1993 sunnitische Extremisten einen Sprengstoffanschlag auf das World Trade Center in New York, der sechs Todesopfer und mindestens 300 Verletzte forderte. Die weit verheerenderen Anschläge auf das Handelszentrum sollten acht Jahre später, am 11. September 2001 stattfinden. Hier waren ungefähr 3000 Opfer zu beklagen.

Nach dieser Tragödie folgte eine lange Reihe weiterer Gewalttaten – so in Djerba, Riad und Bali sowie in Casablanca, Bagdad und Istanbul. Der Terror war also inzwischen transnational, ja global geworden. Sein „Pate" war kein anderer als der saudische Millionenerbe Usāma bin Lādin mit seiner 1988 in Afghanistan gegründeten al-Qāʿida („die Basis") und dem 1998 zur „Internationalen Kampffront gegen Juden und Kreuzzügler" erweiterten Zusammenschluss, der den Jihadisten weltweit als Dachverband diente. Dieses weltumspannende Netzwerk verfügte über nationale und regionale „Ableger" sowie lokale Zellen mit den sog. non-aligned Mudjahedin, die zeitweise völlig unabhängig für den jihād aktiv geworden sind. Das Netzwerk ist noch weitgehend intakt.

Hauptfeinde der islamistischen Terroristen waren und sind die USA („Ursprung aller Verderbtheit der Welt") und Israel:

- Amerika wegen seiner militärischen Dominanz im Nahen und Mittleren Osten und seiner Unterstützung Israels,
- Israel („Vorposten des westlichen Imperialismus in der Region") aufgrund seiner brutalen Besatzungspolitik im Gazastreifen und im Westjordanland.

Die palästinensische Hamas sieht laut ihrer Charta von 1988 im „Heiligen Krieg" gegen Israel und der Vernichtung der Juden nach wie vor das einzige Mittel zur Lösung des Palästina-Konflikts. (Der jüngste Überfall auf den Süden Israels am 7. Oktober 2023 mit den grauenvollen Massakern bestätigt die Absichten der Hamas in vollem Umfang.)

Die beispiellosen terroristischen Angriffe des 11. September 2001 in New York und Washington, nach sicheren Erkenntnissen das Werk von al-Qāʿida, kamen einer Kriegserklärung an die Vereinigten Staaten gleich. Als Reaktion darauf schmiedete Präsident George W. Bush eine breite Allianz gegen den Terror, der nicht nur befreundete Nationen angehörten. Zum ersten Mal in ihrer Geschichte erklärte dann die NATO den Bündnisfall, die UNO betonte Amerikas Recht auf Selbstverteidigung. Da die Taliban bekanntlich die Rädelsführer des 11. September nicht ausliefern wollten, begannen am 7.10.2001 die Kampfhandlungen in Afghanistan unter Führung Amerikas und Großbritanniens. Innerhalb weniger Wochen endeten sie mit dem Zusammenbruch der Talibanherrschaft und der teilweisen Zerschlagung der al-Qāʿida-Infrastruktur. Eine Übergangsregierung unter Ḥāmid Karzai wurde in Afghanistan eingesetzt. Verantwortlich für deren Schutz waren die ISAF-Truppen. Die Sicherheitslage verbesserte sich daraufhin nur leicht, weil weiterhin al-Qāʿida- und Talibankämpfer, besonders in den südlichen Provinzen, Widerstand leisteten.

In späteren Jahren war deutlich geworden, dass sich Amerika vom vorübergehend eingeschlagenen multilateralen Kurs abgewandt hatte und eine überwiegend militärisch bestimmte „Weltordnungspolitik" bei Nichtachtung völkerrechtlicher Prinzipien betrieb. Gemäß der Doktrin der amerikanischen Neokonservativen würde multilaterale Konsensbildung zu einem nicht vertretbaren Risiko bei politischen Entscheidungen führen.[2] Angesichts dschihadistisch-terroristischer Bedrohungen sei daher „Präemtion", präventives Vorgehen das, worauf es ankäme.

2 Vgl. Harald Müller: *Amerika schlägt zurück*, Ffm., 2003, S. 117 ff.

Damit beanspruchte Amerika letztlich das Recht, an jedem Punkt der Erde, wo Gefahren drohten, zu intervenieren und, wenn für notwendig eingeschätzt, auch Regimewechsel vorzunehmen.

Die zweite Phase im weltweiten Krieg gegen den Terror zeichnete sich in George W. Bushs Rede zur Lage der Nation am 2. Januar 2002 ab. Der Kampf sollte nun auf den Irak ausgedehnt werden, neben Iran und Nordkorea die „Achse des Bösen" schlechthin. Schon im Verlauf der Debatte um diesen Einsatz kam es zur Spaltung der Europäer in zwei Lager: in die Länder, die wie Großbritannien, Italien und Spanien den amerikanischen Kurs unterstützten und in solche, die wie Deutschland und Frankreich sich verweigerten.

Die hauptsächlich von amerikanischen und britischen Truppen angeführte Invasion des Irak begann am 20. März 2003. Das Regime des Diktators Ṣaddām Ḥusain brach – wie das der Taliban – nach wenigen Wochen ohne starke Gegenwehr zusammen. Gerechtfertigt wurde der Waffengang im Wesentlichen mit folgenden Argumenten:

- Ṣaddām Ḥusain sei Komplize der Anschläge des 11. September in Amerika und folglich im Rahmen des Antiterrorkrieges zu bekämpfen. Anhaltspunkte dafür gab es allerdings nicht!
- der Irak bedrohe mit Massenvernichtungswaffen die Sicherheit der USA und der internationalen Gemeinschaft. Solche Waffen sind aber zu keiner Zeit aufgefunden worden.
- der Irak müsse vom despotischen Regime Ṣ. Ḥusains befreit und in eine stabile und friedliche Demokratie verwandelt werden, die als Vorbild für den gesamten Nahen und Mittleren Osten dienen könne.

Die allgemeine Lage im Irak war nach dem Tode des Despoten, insbesondere im „sunnitischen Dreieck" Tigru – Bagdad – Falludscha, durch folgende Faktoren gekennzeichnet: Aufstände von früher regimetreuen Sunniten, radikal-islamischen Schiiten der separatistischen Armee des Mahdī, also des fanatischen Klerikers Muqtadā aṣ-Ṣadr, und des Weiteren durch Anschläge von al-Qāʿida-Kämpfern, die ins Land einsickerten, um westliche Reformen zu verhindern.

Der aus Jordanien stammende Abū Muṣʿab az-Zarqāwī, enger Vertrauter bin Lādins, soll damals der wichtigste Verbindungsmann von al-Qāʿida zum Irak gewesen sein. Die ersten freien Wahlen im Irak waren dann für Anfang 2005 vorgesehen. Doch die kritische Sicherheitslage ließ Zweifel aufkommen, ob die nach den Wahlen geplante Demokratisierung des Landes zu verwirklichen sei.

Die meisten arabischen Staaten hielten die von Amerika im Nahen und Mittleren Osten verfolgte Politik für heuchlerisch und unglaubwürdig. Man warf den Amerikanern vor, sie seien mehr am Erdöl und der eigenen Vormachtstellung als am Wohlergehen der Völker in der Region interessiert. Der Westen dürfe seine Vorstellungen von Demokratie, Rechtsstaat und Marktwirtschaft der islamischen Welt nicht aufdrängen oder aufzwingen. Er solle vielmehr reformbereite Länder unterstützen und endlich begreifen, dass man komplexe gesellschaftliche Systeme nicht per Knopfdruck umsteuern könne. Gefordert seien auf beiden Seiten Verständnis und Dialogbereitschaft, Toleranz und gegenseitige Wertschätzung.

Der Islam und der Westen

Albrecht Metzger

„Woher kommt der Haß?" – diese Frage geistert durch die Welt, seit am 11. September 2001 achtzehn junge Männer aus Saudi-Arabien, Ägypten, dem Libanon und den Vereinigten Arabischen Emiraten vier Passagierflugzeuge kaperten und sie in das World Trade Center in New York sowie das Pentagon in Washington steuerten. Die Opfer waren überwiegend Zivilisten, von denen vermutlich die wenigsten je etwas mit dem Nahen Osten zu tun gehabt hatten, geschweige denn, daß sie über seine Geschicke bestimmt hätten. Umso dringlicher die Frage – woher kommt der Haß? Wie kommt jemand ernsthaft dahin zu glauben, er stürbe im Kampf für Recht und Gerechtigkeit, wenn er Tausende von unschuldigen Menschen in den Tod schickt, die weit entfernt von seiner Heimat leben?

Die Versuchung liegt nahe, den Islam für dieses monströse Verbrechen verantwortlich zu machen. Schließlich verstanden sich Muḥammad Atta und seine Komplizen als gute Muslime, die ihrer religiösen Pflicht nachkamen. Sie waren Mitglieder des Terrornetzwerkes al-Qāʿida, das seine Taten mit dem Hinweis rechtfertigt, der Islam befinde sich im Kampf gegen „Juden und Kreuzfahrer", die seine Länder erobert, geschändet und entweiht hätten, und in dieser Situation sei es für jeden Muslim ein Gebot Gottes, diese Feinde, seien es Zivilisten oder nicht, zu jeder Zeit und an jedem Ort der Welt niederzustrecken. Warum den Attentätern nicht einfach glauben? Sie müssen am besten wissen, was sie zur ihren Verbrechen angespornt hat. Schlechte Karten also für den Islam, denn nicht wenige Journalisten, Politiker, ja selbst manche Fachleute taten genau das – sie nahmen die Attentäter beim Wort und setzten den Islam auf die Anklagebank, warfen ihm Aufwiegelung zum Haß vor, erklärten ihn des Mordes für schuldig und verurteilten ihn zu einer Strafe, die erst enden sollte, wenn der Islam seine barbarischen Wurzeln gekappt und sich zu den Werten der europäischen Aufklärung bekannt hätte.

Entsprechende Äußerungen lassen sich vor allem in der amerikanischen Presse finden, die mitunter in erschreckender Weise offenbaren, wie dünn die Zivilisationsdecke auch im Westen ist. Anne Coulter, eine in rechten Kreisen angesehene Kommentatorin, deren Bücher sich wochenlang auf der Bestsellerliste der *New York Times* halten, plädierte nach dem 11. September für eine offensive Gangart im Umgang mit Muslimen:

> „We should invade their countries, kill their leaders and convert them to Christianity."[1]

---

1 http://www.townhall.com/columnists/anncoulter/ac20010914.shtml

Wirklich ernst gemeint war das vermutlich nicht, zeugte aber von einer Geisteshaltung, die bereit ist, einen Krieg der Religionen in Kauf zu nehmen. In Europa lehnte sich die ehedem für ihre Interviews berühmte italienische Journalistin Oriana Fallaci diesbezüglich am weitesten aus dem Fenster. In ihrem Buch *Die Wut und der Stolz*,[2] das in Deutschland großen Anklang fand, beschreibt sie den Islam als barbarische Religion, die nur mit barbarischen Mitteln bekämpft werden könne.

Diese Art zu schreiben appelliert an die Emotionen. Deswegen ist sie leicht zu entlarven. Schwieriger wird es, wenn wesensverwandte Ideen akademisch verpackt und in einer Sprache daherkommen, die bei Lesern nicht gleich das heiße Verlangen nach dem „Heiligem Krieg“ entfachen. Der Islamwissenschaftler Bernard Lewis steht für diese Richtung. Er ist seit dem 11. September nicht nur in Deutschland zu einem vielgelesenen Autor geworden. Lewis will nicht die Muslime zum Christentum bekehren, er bekundet sogar immer wieder seinen Respekt für den Islam, der einst eine große Zivilisation hervorgebracht habe. Das Problem sei jedoch, so Lewis, daß der Islam in den vergangenen Jahrhunderten erstarrt sei und deswegen den Anschluß an den Rest der Welt verpaßt habe. Als Erben einer großen Zivilisation könnten es Muslime nicht ertragen, dem Westen seit nunmehr 200 Jahren hinterzulaufen und eine militärische Niederlage nach der anderen hinzunehmen.[3] Mit Terror und Gewalt würden die Muslime versuchen, ihre alte Größe wiederzugewinnen; doch diese Aggressionen führten nur zu weiteren Niederlagen und steigerten den Haß. Die Lösung für dieses Dilemma hat Lewis parat: Die islamische Welt solle sich von ihrem totalitären Gesellschaftsmodell verabschieden und dem westlich-liberalen anschließen. Lewis schreibt die Wut der Muslime einem infantilen Minderwertigkeitskomplex zu, für den der Westen nicht verantwortlich sei. Der Historiker Hans-Ulrich Wehler sieht das ähnlich. Allein der Islam könne offenbar einen

> „Kernbestand von religiösen Überzeugungen mobilisieren, die gegen die Gefahr der Überwältigung durch die westliche Moderne zu einem radikal antiwestlichen Fundamentalismus gesteigert werden können. Wo bleibt nur eine innerislamische Aufklärung oder Reformation, die sich solcher Probleme endlich annimmt?“[4]

Aber stimmt das? Hat sich der Islam wirklich immer so hartnäckig gegen eine Modernisierung und Säkularisierung gewehrt? Ein Blick zurück an den Beginn der Aufklärung offenbart ein anderes Bild. Nachdem Napoleon 1798 mit seinem Heer in Ägypten landete, wurde der islamischen Welt ihre militärische, technische und wirtschaftliche Unterlegenheit gegenüber dem christlichen Europa bewußt. Seitdem war sie darum bemüht, den Vorsprung aufzuholen. Doch zu Be-

---

2 *Die Wut und der Stolz*. München 2002.

3 Siehe z.B. *Die Wut der arabischen Welt*. Frankfurt a.M. 2003; sowie *Der Untergang des Morgenlandes*. Bergisch-Gladbach 2002.

4 *FAZ*. 19. Dezember 2003.

ginn verlief die Auseinandersetzung mit dem Westen alles andere als gewalttätig. Sowohl das Osmanische Reich, das zu jener Zeit fast den gesamten östlichen Mittelmeerraum beherrschte, wie auch Ägypten, das sich nach dem Abzug der französischen Truppen quasi selbständig gemacht hatte, schickten Studenten nach Europa, damit diese sich dort die Erkenntnisse der westlichen Wissenschaften aneignen konnten. Die Muslime glaubten sich weiter im Besitz der wahren Religion, das hinderte sie jedoch nicht daran, von den ungläubigen Christen zu lernen.

Es lohnt sich, jene Zeit etwas genauer unter die Lupe zu nehmen. Sie zeigt, daß die von Gewalt geprägte Konfrontation zwischen der islamischen Welt und dem Westen, die wir heute für fast selbstverständlich erachten, keinesfalls vorprogrammiert war.

Wie unverkrampft die Ägypter damals mit Europa umgingen, dokumentiert ein faszinierender Tagebuchbericht, den ein gewisser Rifāʿa aṭ-Ṭahṭāwī der Nachwelt hinterlassen hat. Aṭ-Ṭahṭāwī war Gelehrter an der Azhar-Universität in Kairo, der ältesten Hochschule in der islamischen Welt. Sie wurde 936 gegründet und gilt bis heute als die wichtigste religiöse Institution des sunnitischen Islam. Aṭ-Ṭahṭāwī gehörte zu der ersten Gruppe von Studenten, die im Jahre 1826 den Hafen von Alexandria Richtung Frankreich verließen. Der Azhar-Gelehrte sollte für das geistliche Wohl der Studenten sorgen, die in eine für sie völlig neue Welt eintauchten.

Wie aber sah der Geistliche diese Welt der Ungläubigen? Aṭ-Ṭahṭāwī stand fest in seinem Glauben, als er in Paris ankam, und bei seiner Rückkehr fünf Jahre später scheint sich nichts daran geändert zu haben. Dennoch ist sein Bericht weder von Überheblichkeit, noch von Verachtung gegenüber den Franzosen gekennzeichnet. Im Gegenteil. Selbst wenn er auf Verhaltensweisen trifft, die ihn abstoßen, ist sein Urteil milde; und insgesamt ist er voll des Lobes für die Franken – wie er die Franzosen nennt -, die er seinen Landsleuten in vielen Dingen als Vorbild empfiehlt. Besonders die emanzipatorischen Aspekte der europäischen Aufklärung hebt er hervor, was für einen Religionsgelehrten, der eine konservative Bildung genossen hat, keinesfalls selbstverständlich war. Die Unbekümmertheit aṭ-Ṭahṭāwīs, sein naiver Blick auf Europa war noch nicht beeinträchtigt vom Kolonialismus und dem kollektiven Gefühl der Demütigung, das sich in der islamischen Welt in den kommenden Jahrzehnten ausbreitete.

Frankreich hatte zu jener Zeit einen exzellenten Ruf, was den technischen Fortschritt und das Niveau seiner Wissenschaften betraf. Aṭ-Ṭahṭāwī erkennt den europäischen Vorsprung gegenüber dem Orient neidlos an. Interessanter sind jedoch seine gesellschaftsbezogenen Beobachtungen. Manches schreckt ihn ab, anderes verwundert und amüsiert ihn, insgesamt überwiegt bei ihm jedoch der Eindruck, in einer Gesellschaft zu leben, die es mit der Gerechtigkeit sehr ernst nimmt. Fast entschuldigt er sich bei seinen Lesern für die Einsicht, daß auch von Menschen gemachte Gesetze eine gerechte Gesellschaft hervorbringen können, daß also die Vernunft das erreichen kann, was Muslime doch eigentlich nur dem göttlichen Gesetz, der *sharīʿa*, zutrauen.

So schreibt er über die französische Verfassung:

„Wir wollen dieses Dokument für den Leser anführen, wiewohl viel von seinem Inhalt weder im Buche Gottes noch in der Sunna Seines Propheten – über ihn Heil und Segen! – zu finden ist, damit er erkenne, in welcher Weise ihre Vernunft entschied, daß Gerechtigkeit und Billigkeit Gründe für die Blüte eines Landes sind, und wie sich sowohl Herrscher wie Untertanen von dieser Erkenntnis leiten ließen, so daß ihr Land aufblühte, ihr Bildungsstand sich erhöhte, ihr Reichtum immer mehr anwuchs und allgemeine Zufriedenheit zu herrschen begann. Denn man wird nicht einen unter ihnen über ein Unrecht klagen hören. Gerechtigkeit ist die Grundlage zivilisatorischer Blüte."[5]

Von einer Ablehnung von Rechtsstaat und Demokratie konnte bei aṭ-Ṭahṭāwī nicht die Rede sein, und da er nichts Gegenteiliges berichtet, dachten die mitgereisten Studenten vermutlich ähnlich. Das ist deswegen erwähnenswert, weil sich im Westen hartnäckig das Vorurteil hält, Islam und Demokratie paßten nicht zusammen. Doch hier erleben wir einen Muslim, der aus einem konservativen religiösen Milieu kommt und zum ersten Mal in seinem Leben von Volksherrschaft hört und trotzdem nicht „Gotteslästerei" schreit.

Neben der Gerechtigkeit hebt aṭ-Ṭahṭāwī den Wissensdrang der „Franken" hervor, der sie zu immer neuen Leistungen anspornt und sie vor den Lügen der Mächtigen schützt.

„Sie sind auch keine Gefangene des blinden Autoritätsglaubens", schreibt er, „sondern möchten stets den Dingen auf den Grund gehen und sich über sie Aufschluß verschaffen, so daß bei ihnen sogar die einfachen Leute lesen und schreiben können und sich, wie andere auch, mit tiefen Fragen befassen [...] Somit ist die breite Masse dieser Stadt, zum Unterschied vom Pöbel in den meisten barbarischen Ländern, keineswegs wie das liebe Vieh."[6]

Die wenigen Stellen in seinem Tagebuch, in denen aṭ-Ṭahṭāwī Abscheu für die französische Gesellschaft empfindet, betreffen deren Einstellung zu Religion. Positiv empfindet er die Offenheit, mit der die Pariser andere Religionen in ihrer Mitte aufnehmen. Dies, schreibt er,

„kommt daher, daß die meisten Leute dieser Stadt mit dem Christentum nur den Namen gemeinsam haben, so daß sie weder seiner Lehre folgen noch irgendwelchen Eifer dafür entwickeln."

Wenn dieser mangelnde Eifer jedoch in Überheblichkeit gegenüber dem Schöpfer und seinen Propheten umschlägt, packt aṭ-Ṭahṭāwī regelrecht die Wut:

„Zu ihren verabscheuenswerten Überzeugungen gehört, daß sie behaupten, der Verstand ihrer Philosophen und Metaphysiker übertreffe den der Propheten. Sie haben viele sol-

5 Rifaa al-Tahtawi: *Ein Muslim entdeckt Europa: Die Reise eines Ägypters im 19. Jahrhundert nach Paris*. Hrsg.: Karl Stowasser, München 1989, S.93.

6 Ebd., S.74

> cher schändlichen Überzeugungen, etwa wenn manche von ihnen den Ratschluß Gottes und die Prädestination leugnen, wiewohl doch ein Wahrheitsspruch lautet: Verständig ist, wer ans Schicksal glaubt und dennoch in allen Dingen entschlossen zu Werke geht."[7]

Allerdings überwiegen bei aṭ-Ṭahṭāwī eindeutig die positiven Eindrücke. Vieles von dem, was er sieht, empfindet er als nachahmenswert. Er erkennt den Vorsprung der Europäer an – und fühlt sich dennoch nicht auf verlorenem Posten, weil er sich im Besitz des wahren Glaubens wähnt. Die Europäer seien den Muslimen dank ihrer

> „Gabe der Organisation, ja ihrer Gerechtigkeit, ihrer Kenntnis der Kriegskunst und ihrer Vielseitigkeit und Erfindungsgabe" enteilt. „Und wären die Muslime nicht von Gottes Allmacht unterstützt, sie wären ein Nichts im Verhältnis zur Macht, dem Besitz, dem Reichtum, dem brillanten Können [...] der Europäer."[8]

Geschickt wurde aṭ-Ṭahṭāwī von Muḥammad ʿAlī, dem damaligen Herrscher über Ägypten. Muḥammad ʿAlī war als Offizier der osmanischen Armee im Zuge der Napoleon-Expedition nach Ägypten gekommen. Auch nach der Vertreibung der Franzosen blieb er im Land und entwickelte politische Ambitionen. Seine Führungsqualitäten überzeugten auch den Sultan in Istanbul, der ihn 1805 zum Gouverneur von Ägypten ernannte. Ohne Vorahnung hatte er sich damit einen Konkurrenten um die Vorherrschaft im östlichen Mittelmeerraum geschaffen. Denn Muḥammad ʿAlī war ambitioniert. Über 30 Jahre lang regierte er Ägypten, und zwischendurch schickte er sich an, den Sultan in Istanbul vom Thron zu stoßen.

In seiner Amtszeit brachte Muḥammad ʿAlī Reformen auf den Weg, die Ägypten nachhaltig prägen und von den umliegenden Regionen abheben sollte. Auch die Osmanen sahen sich spätestens nach der Napoleon-Expedition gezwungen, nach Wegen zu suchen, wie sie sich den expandierenden Europäern erwehren könnten. Doch sie glaubten, eine modernisierte Armee würde dazu reichen. Muḥammad ʿAlī hingegen erkannte, daß ein schlagkräftiges Heer nur aufrecht zu erhalten war, wenn es von einer robusten, von äußeren Mächten unabhängigen Wirtschaft getragen wurde. Das war nur mit umfassenden Strukturreformen zu schaffen, die die Landwirtschaft veränderten und Ägypten auf den Weg der Industrialisierung brachten.

Muḥammad ʿAlī schaffte die Steuer- und Pachtprivilegien ab, die europäische Händler im gesamten Osmanischen Reich genossen, um seine Unabhängigkeit zu wahren. Die europäischen Mächte, allen voran England, waren damit nicht einverstanden. Aber so lange Ägypten militärisch stark genug war, um sich dem europäischen Druck zu widersetzen, lief sein staatlich gelenktes Industrialisierungsprogramm weiter.

---

7 Ebd., S. 30 u. S. 80-81.
8 Ebd., S. 16.

Muḥammad ʿAlī wollte sein Land zu einer Regionalmacht aufbauen, und um das zu erreichen, mußte er dessen Territorium erweitern und neue Rohstoffe erschließen, ganz nach dem Muster der europäischen Kolonialmächte. So baute er seine Streitkräfte konsequent aus und nutzte sie, um seinen Machtbereich zu erweitern, wenn sich ihm die Gelegenheit dazu bot. Eine Zeitlang beherrschte Muḥammad ʿAlī den gesamten östlichen Mittelmeerraum, aus dem er eine einheitliche Wirtschaftsregion machen wollte, die sich in staatlich kontrollierter Form dem Weltmarkt öffnen sollte.

Der ehrgeizige ägyptische Gouverneur war nicht nur dem Sultan in Istanbul ein Dorn im Auge, sondern auch den europäischen Mächten, allen voran England. Dabei sah sich Muḥammad ʿAlī nicht als Gegner Europas, vielmehr als Partner, der auf gleicher Augenhöhe wahrgenommen werden wollte. Kulturelle oder religiöse Vorbehalte gegenüber den „ungläubigen" Europäern hatte er schon gar nicht.

Letztlich mußte der ägyptische Gouverneur jedoch seine Modernisierungspläne aufgeben. Die Engländer, gemeinsam mit den Osmanen, drängten ihn nach Ägypten zurück und zwangen ihn, seine Wirtschaft für fremdes Kapital zu öffnen.

Was wäre passiert, wenn es Muḥammad ʿAlī gelungen wäre, eine arabische Regionalmacht im östlichen Mittelmeergebiet zu etablieren? Womöglich hätte die Geschichte einen vollkommen anderen Verlauf genommen und zu einem spannungsfreieren Verhältnis zwischen der arabisch-islamischen Welt und Europa bzw. dem Westen geführt. Ägypten wäre vielleicht ein ernstzunehmender Faktor im europäischen Mächtekonzert geworden, den Engländer und Franzosen respektiert hätten, anstatt ihn zum Objekt ihrer kolonialen Ambitionen zu machen. So aber geriet Ägypten in den Jahrzehnten nach Muḥammad ʿAlīs Tod in die politische und finanzielle Abhängigkeit der europäischen Kolonialmächte und wurde schließlich zu einem britischen Protektorat.

Rückblickend erweist sich diese Epoche als tragische Phase in der Geschichte der Beziehungen zwischen Europa und der islamischen Welt: Viele Muslime standen dem wissenschaftlichen, technischen und gesellschaftlichen Fortschritt, der aus Europa zu ihnen eindrang, aufgeschlossen gegenüber. Womöglich hätte es sogar zu einer christlich-islamischen Verbrüderung kommen können, wenn die Geschichte anders verlaufen wäre. Gewiß, konservative *ʿulamāʾ* lehnten diesen Fortschritt als mit dem Islam unvereinbar ab; doch ihre Stimmen zählten wenig. Es waren nicht in erster Linie die Muslime, die den Islam für unvereinbar mit der Moderne hielten, sondern gerade die Europäer. Sie erklärten die Muslime zu Feinden der westlichen Zivilisation, ohne daß diese sich selbst so verstanden. Engländer wie Franzosen rechtfertigten ihr Vordringen in den Nahen Osten wie auch in andere Regionen der Welt mit der Verpflichtung, dem Rest der Menschheit die westliche Zivilisation näher zu bringen. Die einen nannten dies „the white man's burden", die anderen bezeichneten es als „mission civilisatrice".

Die Dämonisierung des Islam im 19. Jahrhundert eignete sich in zweifacher Hinsicht zur Rechtfertigung des Kolonialismus: Einmal konnte er als Bedrohung für die westliche Zivilisation dargestellt werden, der man sich erwehren mußte, zum anderen als rückständige Religion, die die Menschen im Mittelalter verharren ließ und deswegen das Eingreifen der zivilisierten Europäer erforderlich machte.

Für viele christlich gesinnten Europäer, so schrieb der libanesische Historiker Albert Hourani,

> „war der Islam eine moralische und militärische Gefahr, die man bekämpfen musste. Auf diesen einfachen Nenner gebracht, hatte man eine Rechtfertigung für die Kolonialherrschaft; solche Gedanken dienten auch als Warnung, denn die Furcht vor einem ‚islamischen Aufstand,' vor einer plötzlichen Revolte der fremden Völker, über die man herrschte, war in den Köpfen der britischen und französischen Kolonialherren stets gegenwärtig. In ähnlicher Art waren Erinnerungen an die Kreuzzüge geeignet, die forcierte Expansion historisch zu rechtfertigen."[9]

Als die aggressiven Absichten der Kolonialisten zutage traten und diese den Muslimen die Fähigkeit absprachen, als Partner an der Moderne teilzuhaben, regte sich religiöser Widerstand. Zum einen defensiv, nämlich in Gestalt der islamischen Reformer, die beweisen wollten, daß der Islam sehr wohl mit der Moderne vereinbar sei; und zum anderen aggressiv in Gestalt der Panislamisten, die die Verteidigungsmechanismen des Islam wiederbeleben wollten.

Der wichtigste Reformer jener Zeit, dessen Einfluß bis ins 20. Jahrhundert hineinreichte, war der Ägypter Muḥammad ʿAbduh.

ʿAbduh wollte vor allem eines beweisen: Daß nämlich der Islam ohne weiteres mit der Moderne zu vereinbaren sei. Der Islam, der im Ägypten des 19. Jahrhunderts gelehrt und gelebt wurde, so ʿAbduh, habe nichts mit dem wirklichen Islam zu tun, den Gott durch seinen Propheten der Menschheit vermittelt hatte. Um den Geist des wahren Islam neu zu entdecken, müßten die Muslime zu den Anfängen zurückkehren. Nur den Koran und das Vorbild des Propheten sowie seiner Weggefährten, der so genannten *salafiyyūn*, ließ er als Quelle gelten.

ʿAbduh unterzog alle islamischen Texte einer radikalen Kritik, einzig den Koran als direktes Wort Gottes akzeptierte er als unfehlbar. Um diesen Text zu verstehen, sollten sich die Muslime auf ihren eigenen Verstand und ihr eigenes Urteilsvermögen besinnen, und nicht auf das, was ihnen die Tradition lehrte.

Seine Interpretation des Korans hatte zweifellos progressiven Charakter und offenbarte seine Überzeugung, der Islam sei mit der Moderne vereinbar. Seine radikale Kritik an der Tradition sowie sein Beharren auf dem Koran als einziger verbindlicher Quelle sollte sich im Laufe der modernen islamischen Geschichte jedoch als zweischneidiges Schwert erweisen. Auf der einen Seite hatte diese Herangehensweise etwas Befreiendes: Sie erlaubte es den Muslimen, ohne Rücksicht

9 Albert Hourani, *Die Geschichte der arabischen Völker*. Frankfurt a.M. 1992, S. 369.

auf religiöse Autoritäten einen Islam zu entwickeln, der den Erfordernissen der Zeit entsprach. Mit der rapide wachsenden Zahl von Muslimen, die des Lesens mächtig waren, stieg gleichzeitig die Zahl der potentiellen Koraninterpreten an. ʿAbduh habe, so die Islamwissenschaftlerin Yvonne Haddad,

> „in gewisser Weise den Trend im 20. Jahrhundert eingeführt, sich individuell mit dem Koran auseinander zu setzen und ihn individuell zu interpretieren". [10]

Doch genau dahinter verbargen sich auch Gefahren. Denn wer garantierte, daß alle so progressiv dachten wie ʿAbduh? Die Abkehr von der Tradition hatte zur Folge, daß Muslime zu Autoritäten der Koranexegese wurden, die dazu eigentlich nicht befähigt waren. Viele der bekanntesten und radikalsten Vertreter der islamischen „Erneuerung" im 20. Jahrhundert waren Laien, darunter auffällig viele Naturwissenschaftler. Wie es ihnen ʿAbduh vorgemacht hatte, wendeten sie sich direkt an den Koran, um die Natur des „wahren Islams" herauszuarbeiten. Dort fanden sich Passagen, mit denen sich ohne weiteres ein fanatischer, intoleranter, frauenfeindlicher, ja anti-semitischer Islam rechtfertigen ließ. Man mußte diese Passagen nur isoliert betrachten und als unmittelbare Handlungsanweisung Gottes verstehen.

ʿAbduh war ein Mann der Reform, der den Islam von innen heraus verändern und an das moderne Zeitalter anpassen wollte. Aus anderem Holz geschnitzt war Jamāl ad-Dīn al-Afghānī, die zweite wichtige Figur der islamischen Erneuerungsbewegung im 19. Jahrhundert. Eine Zeitlang arbeiteten beide zusammen. Sie einte der Wille, die islamische Welt von der Last der Tradition zu befreien und gegenüber Europa zu stärken. Letztlich aber war al-Afghānī ein Mann der Tat, ein „Pionier des anti-imperialististischen Aktivismus", wie ihn eine Wissenschaftlerin nannte.[11]

Als Jugendlicher erlebte al-Afghānī, wie die Briten mit äußerster Brutalität die Aufstände indischer Muslime niederschlugen – ein Ereignis, das sein weiteres Leben nachhaltig prägen sollte. Er entwickelte eine tiefe Abneigung gegen den britischen Imperialismus und sah im Islam die beste Möglichkeit, sich gegen ihn zur Wehr zu setzen. Al-Afghānī, so der Islamwissenschaftler Rudolph Peters,

> „wünschte sich die islamische Welt wieder stark, so daß sie der andauernden europäischen kolonialen Expansion Widerstand leisten könnte. Dieses Motiv beherrschte sein ganzes Leben und Denken."[12]

---

10 Yvonne Haddad: „Muhammad Abduh: Pioneer of Reform." In: Ali Rahnema (Hrsg.): *Pioneers of Islamic Revival.* London 1994, S. 46.

11 Nikki R. Keddie: "Sayyid Jamal al-Din al-Afghani." In: Ali Rahnema: *Pioneers...*, S. 11.

12 Rudolph Peters: „Erneuerungsbewegungen im Islam vom 18. bis zum 20. Jahrhundert und die Rolle des Islams in der neueren Geschichte: Antikolonialismus und Nationalismus." In: Michael Ende u. Udo Steinbach (Hrsg.): *Der Islam in der Gegenwart.* 4., neubearb. und erw. Auflage, München 1996, S. 117

Wie ʿAbduh kritisierte er die traditionellen *ʿulamāʾ*, denen er Passivität und Obskurantismus vorwarf. Doch viel stärker als der Ägypter verstand er den Islam als politische Ideologie, die es gegen die Kolonialisten einzusetzen galt.

Das Ende des 19. Jahrhunderts sollte sich als wegweisend für die Beziehungen zwischen der islamischen Welt und dem Westen herausstellen. Der Expansionsdrang der europäischen Staaten führte zu einer Kolonisierung des Nahen Ostens, gegen die sich die Muslime nur schwer wehren konnten. Den Mechanismus, der letztlich zur Politisierung des Islam führte, beschreibt der Islamwissenschaftler Rudolph Peters wie folgt:

> „Da die Trennlinie zwischen Kolonisierenden und Kolonisierten zugleich auch durch die religiösen Unterschiede zwischen Christen und Muslimen gekennzeichnet war, erlangte der Islam, oder besser das Muslimsein, eine neue Dimension. Er wurde Bestandteil einer kulturellen Identität, die gegenüber der Kultur der Herrschenden zu verteidigen war. Muslim zu sein bedeutete nicht mehr (nur) eine Weise, an Gott zu glauben und Sinn im Leben zu finden. Für viele schloss es auch eine politische Haltung ein: Sie waren Muslime in einer willensbetonten, bewußten Art und Weise und daher oppositionelle Muslime."[13]

Muḥammad ʿAbduh und Jamāl ad-Dīn al-Afghānī gehörten zu den Vorreitern dieser Entwicklung. Ihr Widerstand gegen den Kolonialismus mündete jedoch nicht in den Haß auf den Westen, den so viele Vertreter des politischen Islam im 20. Jahrhundert nährten. Zumindest ʿAbduh gehörte einer Übergangsgeneration an, die zunächst an das Gute in Europa glaubte und erst durch eigene Erfahrungen eines Besseren belehrt wurde. Als er einmal in England gefragt wurde, wie er die Rolle Großbritanniens in seinem Land sehe, erwiderte er:

> „Wir Ägypter aus der Liberalen Partei glaubten einst an den englischen Liberalismus und die englische Sympathie für uns; aber wir glauben nicht länger daran. Denn Fakten sind stärker als Worte. Die Liberalität, die wir erleben, ist nur für euch gedacht, und eure Sympathie für uns entspricht dem des Wolfes für das Lamm, das er zu fressen gedenkt."[14]

Die Auseinandersetzung mit dem Westen setzte sich für die islamische Welt und insbesondere den Nahen Osten im 20. Jahrhundert fort. Nach dem Ersten Weltkrieg befand sich die gesamte Region von Nordafrika bis zum Irak unter britischer bzw. französischer Kolonialherrschaft. Der Kampf um die Unabhängigkeit prägte die Zwischenkriegsjahre. Einzig die Türkei, die aus dem zerfallenen Osmanischen Reich hervorging, schaffte es, sich dem westlichen Zugriff zu entziehen. Sie nahm einen radikalen Schnitt mit ihrer islamischen Vergangenheit vor und führte ein laizistisches System ein. Kemal Atatürk, der Begründer der modernen Türkei, orientierte sich kulturell an Europa. Um seinem Land eine nationale Identität zu verschaffen, suchte er nach Mythen in der vorislamischen Vergangenheit. Für die Araber war der Bruch mit der islamischen Vergangenheit

[13] Ebd., S. 106.
[14] Zit. nach Yvonne Haddad: *Pioneers...*, S. 35-36.

nicht so einfach, denn das islamische Mittelalter war nun einmal die Zeit, in der sie ihre kulturelle Hochblüte erlangt hatten. Sich vom Islam loszusagen hätte also gleichzeitig bedeutet, seine glorreiche Vergangenheit zu negieren. Dennoch dominierte die nationalistische Ideologie bis weit ins 20. Jahrhundert hinein auch den Diskurs in der arabischen Welt. Der Islam als Mittel politischer Mobilisierung trat in den Hintergrund, verlor aber nie seine Bedeutung und erlebte am Ende des Jahrhunderts seine Wiederauferstehung.

Bis auf Algerien und Marokko hatten fast alle arabischen Staaten nach dem Ende des Zweiten Weltkriegs ihre Unabhängigkeit erreicht. Das bedeutete jedoch nicht das Ende der Auseinandersetzung mit dem Westen. Der Nahe Osten war strategisch viel zu wichtig, als daß ihn die Europäer – die schon bald von den USA als dominierender Macht in der Region abgelöst werden sollten – sich selbst hätten überlassen wollen. Zum einen wegen des Erdöls, das im Nahen Osten in Massen lagerte und im Laufe des 20. Jahrhunderts zu einem immer wichtigeren Rohstoff wurde, und zum anderen wegen Israel. Der Zionismus entstand Ende des 19. Jahrhunderts als Reaktion auf den Antisemitismus in Europa. Sein Begründer, Theodor Herzl, glaubte, daß die Verfolgung der Juden erst dann ein Ende finden würde, wenn sie einen eigenen, einen jüdischen Staat gründen könnten. Palästina, das damals zum Osmanischen Reich gehörte, erschien ihnen der geeignete Ort für ein solches Projekt. Und wenngleich der Antisemitismus vor allen Dingen ein europäisches Phänomen war, suchten die Zionisten eben dort nach Unterstützung. Sie boten den europäischen Großmächten an, als Brückenkopf der westlichen Zivilisation im Nahen Osten aufzutreten. Als solcher wurde der Zionismus von den Arabern auch wahrgenommen. Für sie war der Kampf um Palästina ein Kolonialkonflikt, der seit der Gründung Israels 1948 und der Vertreibung von drei Vierteln der palästinensischen Bevölkerung zu einer schwärenden Wunde wurde, die bis heute noch nicht geheilt ist.

Unabhängigkeit von fremder Bevormundung und Einheit der arabischen Welt – das waren entsprechend die Themen, die die arabische Welt in den Nachkriegsjahren bestimmten. Die beherrschende Ideologie war der arabische Nationalismus, der sich genau diese Ziele auf die Fahnen schrieb. „Die arabischen Nationalisten“, so Stephen Humphreys,

> „mussten gegen die künstlichen Grenzen ankämpfen, die ihnen fremde Reiche aufgezwungen hatten. Der arabische Nationalismus war im wahrsten Sinne des Wortes darum bemüht, die Wunden der Geschichte zu heilen.“[15]

Es war erneut Ägypten, das diese Epoche maßgeblich prägte. 1952 wurde die dortige Monarchie durch einen Militärputsch gestürzt. Als starker Mann ging daraus nach einigen Machtkämpfen der junge Offizier Jamāl ʿAbd an-Nāṣir hervor. Er wurde zum Hoffnungsträger der arabischen Welt. Als ägyptischer Präsi-

15 Stephen Humphreys: „The Strange Career of Pan-Arabism.“ In: Albert Hourani, Philip Khoury, Mary C. Wilson (Hrsg.): *The Modern Middle East.* London 2004, S. 578.

dent, der den Begriff des arabischen Sozialismus prägte, versprach er den Arabern die Befreiung vom Joch des Kolonialismus. Seine Ideologie war mit einem Fortschrittsglauben verbunden, der seine Energie aus dem sowjetischen Vorbild schöpfte: Wenn es dieses rückständige, agrarische Land geschafft hatte, innerhalb weniger Jahre zu einem Industriestaat zu werden, warum nicht auch die arabischen Staaten?

An-Nāṣir war zu Beginn seiner Herrschaft um gute Beziehungen zum Westen bemüht. Die USA genossen unter den Arabern zu jener Zeit einen guten Ruf, schließlich waren sie nicht durch den Kolonialismus vorbelastet. Aber auch zu den Europäern ging an-Nāṣir nicht gleich auf Konfrontationskurs. Mit geschickter Diplomatie gelang es ihm, die Briten zum Rückzug ihrer Truppen vom Suezkanal zu bewegen (die laut einem Vertrag von 1936 dort stationiert waren). Über verschiedene Verbindungen ließ er sogar die Israelis wissen, daß er unter Umständen zu einen Frieden bereit war. Moshe Scharett, den damaligen israelischen Außenminister, nannte er einen „ehrlichen“ und „friedfertigen“ Mann. Der erwiderte seinen Respekt für den ägyptischen Präsidenten.

Doch die scheinbare Harmonie zwischen an-Nāṣir und dem Westen sollte nicht lange andauern. Der ägyptische Präsident weigerte sich 1955, dem Bagdad-Pakt beizutreten, den die USA als Bollwerk gegen den Kommunismus ins Leben gerufen hatten. Im Juli 1956 zogen die Amerikaner unerwartet ihr Angebot zurück, den Assuan-Staudamm zu finanzieren. Daraufhin verkündete an-Nāṣir am 23. Juli, dem Jahrestag der Revolution, die Verstaatlichung der Suezkanal-Gesellschaft. Dieser Schritt war vollkommen legal, zumal die Ägypter den Aktienbesitzern eine Entschädigung anboten. Dennoch brachte an-Nāṣir damit die Briten gegen sich auf, die gemeinsam mit den Franzosen die Mehrheit der Aktien besaßen.

Die Franzosen hatten an-Nāṣir ohnehin schon länger im Visier. Er unterstützte den Befreiungskrieg, den der „Front National de Libération“ (FLN) in Algerien gegen die Franzosen führte. Bereits vor der Verstaatlichung des Suezkanals waren sich Franzosen und Israelis einig, daß an-Nāṣir verschwinden müsse. Ben Gurion fürchtete, der ägyptische Präsident könnte zu einem „Atatürk der arabischen Welt“ werden, der sein Land modernisieren und damit zu einer echten Gefahr für Israel machen würde. Die Franzosen bemühten eine andere Analogie: Sie bezeichneten an-Nāṣir als den „Hitler vom Nil“. Der israelische General Moshe Dajan brachte die französisch-israelische Interessengemeinschaft auf den Punkt:

> „Frankreich wird uns Waffen geben, aber nur, wenn wir es in der algerischen Sache ernsthaft unterstützen. Und ernsthafte Hilfe heißt, Ägypter zu töten, nicht mehr und nicht weniger.“[16]

An-Nāṣir mußte weg, da waren sich Engländer, Franzosen und Israelis einig. Im Oktober 1956 griffen sie Ägypten an und besetzten die Sinai-Halbinsel. Doch

---

[16] Zit. nach Avi Shlaim: *The Iron Wall: Israel and the Arab World*. London 2000, S. 164.

die Kriegsplaner hatten die Rechnung ohne die USA gemacht, die für ein derartiges Abenteuer zu jener Zeit nicht zu haben waren. Unter massivem amerikanischen Druck zogen Briten, Franzosen und Israelis ihre Truppen zurück.

Ziel des Suezkriegs war der Sturz an-Nāṣirs, die Ausweitung des israelischen Territoriums sowie die Neuordnung des Nahen Ostens mit einem ägyptischen Präsidenten an der Spitze, der dem Westen hörig sein würde. All das war grandios gescheitert.

Viel schlimmer waren jedoch die Langzeitwirkungen. Der Angriff auf Ägypten, das damals den Willen zum Fortschritt verkörperte, ist nicht vergessen und wurde ein Baustein in dem Gebäude der Verschwörungstheorien, die in der arabischen Welt weit verbreitet sind. Er bestätigte das Mißtrauen gegenüber den ehemaligen Kolonialmächten, die offensichtlich nicht bereit waren, einen starken, unabhängigen Staat im Nahen Osten zu dulden.

An-Nāṣir ging aus dem Suezkrieg als moralischer Sieger hervor. Die Erwartungen, die die Menschen in ihn setzten, konnte er jedoch nicht erfüllen. Fortschritt bedeutet Stärke, und Stärke bedeutet Unabhängigkeit von dem Willen fremder Mächte. So sah die Gleichung der arabischen Sozialisten aus. Doch diese Gleichung war nur attraktiv, solange sie Erfolg hatte – oder zumindest Hoffnung auf Erfolg vermitteln konnte. Der Sechs-Tage-Krieg im Juni 1967 vernichtete diese Hoffnung. Im Handumdrehen besiegte Israel damals vier arabische Staaten und besetzte den Gaza-Streifen sowie die Golanhöhen und die Westbank, nebenbei zerstörte es die gesamte ägyptische Luftwaffe. Die Niederlage war ein Schock für die arabische Welt, und auf der Suche nach Erklärungen landeten viele Araber bei der Religion. Nach dem Ende des Krieges "sah ich etwas, was ich vorher noch nie gesehen hatte", beschreibt der französische Journalist und Diplomat Eric Rouleau, zu jener Zeit Korrespondent von Le Monde in Kairo, seine Eindrücke.

> "Alle Moscheen quollen über vor Menschen. Sie befestigten Lautsprecher an den Außenwänden der Moscheen, auf den Fußwegen drängten sich die Leute. Selbst die größten Moscheen waren nicht groß genug. Das war der Anfang von dem, was man später das islamische Wiedererwachen nannte. Das alles fand vor meinen Augen statt, innerhalb weniger Stunden. Warum? Die Menschen hatten nichts, woran sie sich halten sollten, sie waren am Boden zerstört. Es gab keinen arabischen Nationalismus mehr, keinen arabischen Sozialismus, keine arabische Einheit. Was macht man in so einer Situation? Man wendet sich zu Gott."[17]

Der Islamismus, der den Nāṣirismus als maßgebliche Ideologie im Nahen Osten ablöste, stellte sich im Laufe der Zeit als sehr viel aggressiver als sein Vorgänger heraus. Die Europäer mögen an-Nāṣir als „Hitler vom Nil" bezeichnet haben, rückblickend war er jedoch ein Waisenknabe im Vergleich zu den terroristischen Islamisten am Anfang des 21. Jahrhunderts.

---

[17] „Eric Rouleau Talks about the Peace Process and Political Islam." In: *Journal of Palestine Studies* (Sommer 1993), S. 56.

Vereinfacht gesagt, gibt es zwei Formen des Islamismus: Eine reformorientierte, die versucht, aus bereits bestehenden Nationalstaaten islamische Staaten zu machen. Viele Islamisten dieser Richtung, wie die Muslimbrüder in Ägypten und Jordanien, operieren gewaltfrei und beschränken ihre Aktivitäten mehr oder weniger auf die Staaten, in denen sie leben. Auf der anderen Seite gibt es transnational operierende Islamisten, die häufig mit aggressiver Gewalt vorgehen und einen internationalen *jihād* zur Wiederherstellung des Kalifats führen. Der Rest dieses Beitrages wird sich auf diese Gruppierung konzentrieren, denn sie ist es, die das Bild des Islamismus im Westen geprägt hat.

Nach dem 11. September 2001 fragte man sich im Westen verwundert, wieso die USA ausgerechnet den Islamismus über Jahre hinweg hatten mitfördern können, und dazu noch seine aggressivste Variante. Doch rein machtpolitisch betrachtet, machte es eine Zeitlang durchaus Sinn für die Amerikaner, den Islamismus zu unterstützen. Saudi-Arabien zum Beispiel, das konservativste der arabischen Königreiche und einer der wichtigsten Förderer des Islamismus, erwies sich im Kalten Krieg als treuer Verbündeter der USA. Das Land war nicht nur ein wichtiger Öllieferant, sondern stand im Kampf gegen den atheistischen Kommunismus fest an der Seite der Amerikaner. Das fing bereits in den 1950er Jahren an, als Saudi-Arabien auch zum wichtigste Gegenspieler an-Nāṣirs wurde. Den Höhepunkt der saudisch-amerikanischen Zusammenarbeit bei der Förderung des Islamismus stellte jedoch der Afghanistankrieg dar, der 1979 begann. Eine zentrale Rolle bei der Rekrutierung islamitischer Krieger für den *jihād* gegen die Sowjetunion spielte Zbigniew Brzezinski, zu jener Zeit Sicherheitsberater von Präsident Carter. In einem bemerkenswerten Interview mit der französischen Zeitschrift *Le Nouvel Observateur* im Jahr 1996 erklärte er die – offensichtlich zynische – Logik der amerikanischen Afghanistanpolitik. Nicht ohne Stolz berichtete er von seinem geglückten Plan, die Sowjets bewußt in einen Krieg hineinzuziehen, der sie schwächen sollte:

> "Offizieller Darstellung zufolge begann die CIA im Jahr 1980, also nach dem Einmarsch sowjetischer Truppen in Afghanistan am 24. Dezember 1979, die *mujāhidīn* zu unterstützen. Aber in Wirklichkeit – und dies war bisher ein streng gehütetes Geheimnis – war es völlig anders: Am 3. Juli 1979 unterzeichnete Präsident Carter die erste Direktive zur heimlichen Unterstützung der Opposition gegen das prosowjetische Regime in Kabul. An diesem Tag schrieb ich eine Notiz an den Präsidenten und erklärte ihm, daß meiner Ansicht nach dies eine militärische Invasion der Sowjetunion zur Folge hätte."

Die Unterstützung der *mujāhidīn* sei eine bewußte Provokation gewesen, so Brzezinski in dem Interview weiter, um die Sowjets zur Intervention anzuspornen. Ob er diese Entscheidung heute bedauere, fragte ihn darauf hin der Interviewer.

> "Was sollte ich bedauern", erwiderte Brzezinski, "die Geheimoperation war eine glänzende Idee. Sie führte dazu, daß die Russen in die afghanische Falle gingen. Warum sollte ich das bedauern? An dem Tag, an dem die Sowjets offiziell die Grenze über-

schritten, schrieb ich an Präsident Carter: Jetzt haben wir die Gelegenheit, der Sowjetunion ihren Vietnamkrieg zu verpassen. Tatsächlich mußte Moskau ja einen fast zehn Jahre dauernden Krieg führen, den die Regierung nicht in den Griff bekam. Dieser Konflikt war es schließlich, der zur Demoralisierung und letztlich zum Zusammenbruch der Sowjetunion führte."

Schließlich unternahm der Interviewer einen letzten Versuch, Brzezinski aus der Reserve zu locken: Ob es nicht ein Fehler gewesen sei, zukünftige Terroristen mit Geld und Rat zur Seite gestanden zu haben?

"Was ist welthistorische von größerer Bedeutung?", erwiderte der ehemalige Sicherheitsberater. "Die Taliban oder der Zusammenbruch des Sowjetimperiums? Einige wild gewordene Muslime oder die Befreiung von Zentraleuropa und das Ende des Kalten Krieges?"

Fünf Jahre später zeigte sich, zu welchen Taten die „wild gewordenen Muslime" in der Lage waren.

Der 1999 verstorbene pakistanische Wissenschaftler Iqbāl Aḥmad faßte die psychologische Wirkung, die der Afghanistankrieg auf die arabischen *mujāhidīn* hatte, in einem Interview wie folgt zusammen:

"Diese Leute wurden nach Afghanistan geholt und ihnen wurde gesagt, daß der bewaffnete Kampf etwas Tugendhaftes ist. In dieser Zeit wurde die Idee des jihāds als internationaler, pan-islamischer Bewegung geboren."[18]

Der Afghanistankrieg hatte also erreicht, wovon Jamāl-ad-Dīn al-Afghānī hundert Jahre vorher geträumt hatte: nämlich, die islamische Welt im Kampf gegen einen äußeren Feind zu einen. Sein Verständnis vom *jihād* unterschied sich dennoch grundsätzlich von dem der *jihādisten*. Al-Afghānī sah den *jihād* als rein defensiven Krieg, um die europäischen Kolonialmächte von den islamischen Ländern zu vertreiben. Ansonsten verstand er sich als Modernist, der die Europäer wegen ihrer wissenschaftlichen und gesellschaftlichen Fortschritte eher bewunderte denn verachtete.

Die *jihādisten* waren aus anderem Holz geschnitzt. Sie fürchteten und haßten den Westen gleichermaßen, den *jihād* der islamischen Welt gegen ihre Feinde sahen sie als einen Endkampf zwischen Gut und Böse – nicht unähnlich dem Denken des amerikanischen Präsidenten Ronald Reagan, der in der Sowjetunion das Reich des Bösen sah. Die Mentoren der *jihādisten* waren radikale Islamisten wie der Ägypter Saiyid Quṭb und der Palästinenser ʿAbdallāh Aẓẓām. Quṭb glaubte, daß eine Avantgarde islamischer Krieger die islamische Welt mit Gewalt zurück auf den Pfad der Tugend bringen müßte. Und als solche fühlten sich die arabischen Afghanen auch. "Es ist eine große Ehre, für die Sache Gottes zu sterben", verkündete Usāma bin Lādin einmal, eine Ehre, "die nur der Elite der Nation vorbehalten ist."[19]

---

[18] Eqbal Ahmad: *Terrorism: Their and Ours*. New York 2001, S. 47.

[19] Zit. nach Mamoun Fandy: *Saudi-Arabia and the Politics of Dissent*. New York 1999, S. 192.

Der Palästinenser ʿAbdallāh Aẓẓām wiederum, der sich früh dem *jihād* in Afghanistan anschloß, sah das Heil der islamischen Welt in einem globalen *jihād*. Damit stand er im Gegensatz zu den meisten anderen Islamisten, die meist auf nationaler Ebene operierten. Für Aẓẓām und Quṭb konnte es keinen Kompromiß mit dem Feind geben; denn der Feind strebe die Vernichtung der islamischen Welt an. "*Jihād* und das Gewehr allein", so umschrieb Aẓẓām, der 1989 unter ungeklärten Umständen in Afghanistan zu Tode kam, seine Philosophie: "Keine Verhandlungen, keine Konferenzen und keine Dialoge."[20]

Mit dieser Einstellung kehrten die *jihādisten* in ihre Heimatländer zurück und führten dort eine Kultur des kompromißlosen *jihāds* ein.

In Afghanistan nahmen die *jihādisten* die amerikanische Hilfe dankend an. Ihren Haß auf den Westen, den sie für den Niedergang der islamischen Welt verantwortlich machten, konnte das jedoch nicht mindern. In Afghanistan hatten sie einen Sieg gegen eine Supermacht errungen; für sie war das ein Zeichen des göttlichen Wohlwollens und spornte sie zu weiteren Taten an. Ihre Staatenlosigkeit, aber auch die Einfachheit ihres "politischen Programmes" machte sie so gefährlich: Kein Staat konnte die *jihādisten* für ihre Taten zur Verantwortung ziehen oder sie mäßigen, sie kämpften ihren *jihād* nicht für ein Heimatland, sondern für "Gott und die Geopolitik".[21] Der Haß auf den Westen, der diesem Kampf den Antrieb gab, sollte in den 1990er Jahren neue Nahrung bekommen: Die Kriege im Irak, Bosnien und Tschetschenien, die ausufernde Gewalt im Palästinakonflikt – all das war Wasser auf die Mühlen der Islamisten. Am 11. September 2001 entlud sich der Haß, der sich im Laufe von über 150 Jahren des Kolonialismus und der Unterdrückung aufgestaut hatte, in ungeahnter Wucht.

20 Zit. nach Christoph Reuter: *Mein Leben ist eine Waffe: Selbstmordattentäter – Psychogramm eines Phänomens*. München 2002, S. 317.

21 Mamoun Fandy: *Saudi Arabia…*, S. 191.

Mißbrauch der Religion? Die religiösen Hintergründe des Islamismus (und ihre Verdrängung)

Martin Riexinger

Nach dem 11. September 2001 schienen sich Vertreter islamischer Organisationen und Kirchen, Politiker aus dem Westen und der islamischen Welt sowie nicht wenige Orientalisten in einer Frage einig zu sein: die Anschläge hätten nichts mit dem Islam zu tun, vielmehr hätten die Täter die Religion zu politischen Zwecken „mißbraucht". Das reizt zu der Frage, wer befugt sei, über den „richtigen" Gebrauch einer Religion zu befinden. Doch sollte man es nicht beim Spott belassen und stattdessen die bequeme Unterscheidung zwischen der „guten" Religion und ihrem angeblichen Mißbrauch hinterfragen.[1]

Schließlich wird nicht nur im Kontext der Attentate vom 11. September ein Zusammenhang mit „dem Islam" bestritten. Vielmehr interpretiert ein beträchtlicher Teil der politik- und sozialwissenschaftlichen, aber auch islamkundlichen Literatur den Islamismus als Phänomen, das primär auf politische und sozioökonomische Faktoren zurückzuführen sei und nicht auf religiöse Traditionen. In den Medien wird diese These vielfach wiederholt und auf ihrer Grundlage werden politische Forderungen erhoben. Es ist zwar richtig, daß der Islamismus nicht mit dem Islam gleichgesetzt werden darf. Doch die Behauptung, daß der Islamismus nichts mit dem Islam zu tun habe, gar dem „wahren" Islam widerspreche ist eine viel ärgere Verzerrung, die dazu verführt, reale Probleme zu verkennen.

Zunächst wird hier einmal das gängige Repertoire an Argumenten aufgelistet, die für eine politische und sozio-ökonomische Interpretation und gegen seine Erklärung aus kulturellen und religiösen Traditionen ins Feld geführt werden. Ihnen allen ist gemein, daß sie auf simplen Reiz-Reaktion-Modellen beruhen. Sobald man diese Erklärungsansätze mit Fakten über den sozialen Hintergrund und die Inhalte des Islamismus konfrontiert, offenbaren sie eklatante Schwächen.[2]

---

[1] Das soll keineswegs ausschließen, daß nicht gewisse Politiker in der islamischen Welt wie Ṣaddām Ḥusain mit islamischen Parolen ihr Handeln legitimieren, ohne selbst daran zu glauben. Doch selbst wenn dies bei allen Politikern der Fall wäre, würde dadurch das Problem nicht gelöst, sondern nur verschoben, da selbst der offenkundige Mißbrauch islamischer Schlagworte voraussetzt, daß manche entsprechende Parolen ernst nehmen.

[2] Eine Vielzahl von Beispielen für „Analysen", die mit den Punkten 1-4 argumentieren, finden sich in Stein, G. (Hrsg.): *Ein Tag im September: 11. 9. 2001: Hintergründe, Folgen, Perspek-*

1. Die „Verelendungstheorie" erklärt die Armut in den islamischen Ländern zur (Haupt-)Ursache des islamischen Fundamentalismus. Die These ist generell fragwürdig, im Zusammenhang mit dem 11.9. führt sie in die Irre. Überrascht nahmen weite Teile der westlichen Öffentlichkeit – Politik- und Islamwissenschaftler eingeschlossen – zur Kenntnis, daß die Mehrheit der Attentäter aus Saudi-Arabien stammte. Das gleiche gilt für die Führungsriege von al-Qāᶜida. In den ärmeren Ländern der islamischen Welt wie Bangladesch oder Staaten der Sahelzone wie Mali und Tschad sind die Islamisten hingegen schwach vertreten. Zur Massenmobilisierung durch islamistische Bewegungen in bestimmten Ländern wie Iran und Algerien trug die materielle Notlage breiter Bevölkerungskreise ihren Teil bei. Daher muß bei der Analyse islamistischer Bewegungen zwischen einer ideologisch motivierten Kerngruppe und der weiteren Anhängerschaft unterschieden werden. Für terroristisch agierende Gruppierungen mit elitärem Selbstverständnis gilt dies in besonderem Maße.
2. Jene, die den Islamismus als Reaktion auf, ja als Rache für den „westlichen Imperialismus" oder die „Globalisierung"[3] interpretieren, übersehen, daß der „Westen" nicht der einzige Feind der Islamisten ist: Ihren Anschlägen fielen Hindus auf Bali und in Indien, katholische Filipinos, Christen und Animisten in Afrika und nicht zuletzt zahlreiche Muslime zum Opfer, Menschen, die im Rahmen der „Dritte-Welt-Solidarität" doch ebenso als „Verdammte dieser Erde" betrachtet werden müßten. Ebenso wenig vermag dieser Ansatz die Stärke des radikalen Islamismus in Saudi-Arabien und (Nord-)Jemen zu erklären, Ländern, die keiner Kolonialherrschaft unterworfen waren.
3. Die Behauptung, die repressiven Regime in vielen islamischen Ländern trügen die Schuld am Islamismus, hat durchaus etwas für sich, wenn man sie nicht undifferenziert verwendet. Schließlich existieren islamistische Gruppierungen auch in der Türkei und Pakistan, die zumindest zeitweise demokratisch regiert wurden. Im Falle von Algerien und Iran trieb nicht allein die Armut Menschen zur Revolte und schließlich in die Arme der Islamisten, sondern auch der Polizeistaat, mit dem die Herrschenden jegliche Kritik unterdrückten. Bei der Entwicklung des Islamismus insgesamt spielte ein repressiver Staat eine besondere Rolle: Ägypten unter ᶜabd an-Nāṣir: Ab 1954 ver-

---

tiven, Heidelberg 2002. Ausnahmen sind die Beiträge von Volkhard Windfuhr, Jalal S. al-Azm und Amr Hamzawy.

3 Ernsthaften ökonomischen Analysen zufolge charakterisiert die islamische Welt – die arabischen Länder und Iran im besonderen – daß sie an der Globalisierung nicht teilhaben. Der Anteil der meisten Länder am Welthandel stagniert oder schrumpft, die Zahl der Internetanschlüsse pro Kopf ist ähnlich niedrig wie im viel ärmeren Afrika südlich der Sahara. M. Beck: „Globalisierung als Bedrohung: die Globalisierungsresistenz des Vorderen Orients als Ausdruck rationaler Reaktionen der politischen Eliten auf die neuen Entwicklungen im internationalen System." In: H. Fürtig (Hrsg.): *Islamische Welt und Globalisierung: Aneignung, Abgrenzung, Gegenentwürfe.* Würzburg 2001, S. 53-86.

folgte die Regierung der „Freien Offiziere" die Muslimbrüder, mit denen sie bis dahin verbündet gewesen war. Viele ihrer Anhänger wurden interniert und gefoltert, einige hingerichtet. Unter dem Eindruck dieser Ereignisse radikalisierte sich ein Teil von ihnen. Saiyid Quṭb (geb. 1906, hingerichtet 1966) entwickelte im Kerker jene Theorie, die die Welt scharf in den Bereich des Glaubens und des Unglaubens scheidet. Damit wurde er zum Vordenker des radikalen Islamismus.[4] In Algerien wandte sich ein Teil der Islamisten dem gewaltsamen Kampf zu, nachdem sie durch die Absage des zweiten Wahlgangs der Parlamentswahlen im Januar 1992 um ihren Sieg gebracht wurden.[5] Beide Beispiele zeigen zugleich, daß nicht immer die Unterstützung des „Westens" im allgemeinen oder der USA im Besonderen als ausschlaggebender Faktor betrachtet werden kann, denn diese beiden sozialistischen Regime hielten sich viel auf ihre führende Rolle im antikolonialen Kampf zugute. Ohnehin gilt zu bedenken: So kritikwürdig die politischen Zustände in vielen islamischen Ländern sein mögen: Ein islamistisches Regime wäre in den meisten Fällen noch repressiver.

4. Gegen die Interpretation des Islamismus als einer rein politischen Ideologie spricht, daß es durchaus Versuche gibt, das Mobilisierungspotenzial des Islam für sozialrevolutionäre Ziele zu nutzen, ihn dabei jedoch zugleich seines religiösen Gehalts zu entkleiden. Anklang fanden derartige Konzepte, wie die „islamische Linke" des ägyptischen Philosophieprofessors Ḥasan Ḥanafī (geb. 1935), jedoch nur in akademischen Zirkeln. Breiteren Kreisen ist islamische Politik ohne islamische Religiosität nicht zu vermitteln.
5. Oft wird behauptet, die Ideologen und politischen Führer des Islamismus seien keine Religionsgelehrten.[6] Auf einige trifft dies zu: Saiyid Quṭb war Beamter und Schriftsteller, Usāma bin Lādin ist „hauptberuflich" Millionenerbe. Doch zahlreiche Gegenbeispiele belegen, daß dies nicht verallgemeinert werden kann. Der blinde Scheich ʿUmar ʿAbd ar-Raḥmān (geb. 1938), seit den 1970er Jahren der führende Vertreter des radikalen Islamismus in Ägypten und Drahtzieher des ersten Anschlages auf das World Trade Center (1993) hat ein Studium an der Azhar absolviert, der hoch geachteten sunnitischen Hochschule in Kairo. Die bedeutenden islamistischen Führer im schiitischen Bereich, der Āyatullāh Khumainī (1906-1989), Muḥammad Ḥusain Faḍlallāh (geb. 1935), der Begründer der libanesischen *Ḥizbullāh* und Mūsā Ṣadr (1928-1978?), ein weiterer libanesisch-schiitischer Islamist, entstammen der Gelehrtenschaft. Unter den islamistischen Führern in der westlichen Diaspora finden sich ebenfalls Absolventen religiöser Hochschulen, wie der „Kalif von Köln" Cemalettin Kaplan oder der Straßburger Prediger Mohamed Latrèche (Parti islamique de France). Sucht man den sozialen Typus, der für islamisti-

4 G. Kepel: *Prophet und Pharao*. München 1995, S. 35ff.
5 L. Martinez: *La guerre civile en Algérie 1990-1998*. Paris 1999.
6 Z. B. A. Meier: *Der politische Auftrag des Islam*. Wuppertal 1994, S. 371.

sche Ideologen und politische Führer besonders charakteristisch ist, findet man Sprößlinge religiöser Familien, die sowohl traditionelle religiöse als auch säkulare Bildungseinrichtungen besucht haben. Die markantesten Beispiele sind Ḥasan al-Bannā (1903-1949), der Gründer der ägyptischen Muslimbrüder, Abū l'Aʿlā Maudūdī (1903-1978), der bedeutende indo-pakistanische islamistische Ideologe oder Ḥasan at-Turābī (geb. 1932), Führer der Muslimbrüder im Sudan und „graue Eminenz" des radikalen Islamismus in den 1980er und 90er Jahren.

6. Am wichtigsten ist jedoch, daß das religiöse Element des Islamismus in den Schriften seiner Vordenker offenkundig zu Tage tritt. Zudem gilt es drei Dinge zu bedenken: 1. Das wichtigste politische Ziel der Islamisten ist die Durchsetzung eines religiös begründeten Gesellschaftssystems. 2. So unsympathisch einem die Islamisten und ihre Ideologie scheinen mögen: Ihre außergewöhnliche Opferbereitschaft kann nicht geleugnet werden. Dieses Leidensvermögen läßt sich kaum mit der Hoffnung auf kurzfristig zu erreichende Vorteile, sehr wohl aber mit tief sitzenden Überzeugungen erklären. Gerade dies ist als einer der Gründe für ihre Erfolge zu betrachten, denn durch ihren Idealismus heben sie sich deutlich von einem politischen Umfeld ab, in dem prinzipienlose Machterhaltung die oberste Maxime darstellt.[7] 3. Wirtschaftliche Misere und politische Repression mögen ihren Teil zu der Mobilisierung für islamistische Bewegungen beitragen. Doch warum es sich so verhält, kann nur verstanden werden, wenn man berücksichtigt, in welchem Rahmen religiöse Bevölkerungsschichten in der islamischen Welt diese Faktoren interpretieren.

I. Islamische Normen und liberal-demokratisches Gesellschaftsmodell: die Konfliktpunkte

Die Hauptgrundlage des islamischen Selbstverständnisses ist der Koran, der nach muslimischer Auffassung Muḥammad zwischen dem Jahr 620 und seinem Tode 632 „geoffenbart" wurde. Nichtmuslime, die ohne Vorkenntnisse eine Koranübersetzung lesen, befremdet dieser Text in der Regel: Innerhalb der Suren werden ganze Themenkomplexe ohne erkennbaren Zusammenhang aneinandergereiht, manches erscheint völlig unverständlich, vor allem aber scheinen sich die Aussagen zu einzelnen Themen zu widersprechen. Diese Widersprüchlichkeit bedeutet jedoch nicht, daß jeder sich nach Belieben Verse herauspicken darf, um sein Anliegen zu untermauern. Daß Gott den Koran abschnittsweise herabsandte, wird mit erzieherischen Gründen erklärt. Von den Gläubigen konnte nicht erwartet werden, daß sie umgehend mit allen Gewohnheiten brechen, deshalb soll-

---

7 Besondere Beachtung verdient zudem der hohe Anteil von Konvertiten und „born again Muslims" aus säkularisierten Familien bei terroritischen Organisationen. Für diesen Personenkreis ist die Religion der alles bestimmende Teil ihrer Identität.

ten sie an die Offenbarung herangeführt werden. Daraus resultieren die erwähnten Widersprüche, daraus folgt aber zugleich, daß allein die letzte „Offenbarung" zu einer bestimmten Frage als maßgeblich betrachtet werden darf.[8] Dabei spiegelt sich wider, wie aus dem verfolgten Mahner in Mekka der Staatslenker in Medina wurde. Die medinensischen Suren zeugen nicht von Milde gegenüber Ungläubigen.

Hiermit wären wir schon beim zweiten Element, das Normen und Selbstbild des Islam wesentlich bestimmt: das Handeln Muḥammads. Dessen Vorbildrolle institutionalisiert der Koran, der den Propheten als „schönes Beispiel" (*uswa ḥasana*, 33:21 u.a.) tituliert. Nach muslimischer Auffassung sind die Handlungen Muḥammads in den *ḥadīthen*[9] überliefert, Berichten, deren Überliefererketten im Idealfall bis zu Muḥammad zurückführen. Sie wurden zwischen dem 2. und 3. Jahrhundert nach der *hijra* von sechs Gelehrten aus Transoxanien (dem heutigen Usbekistan) in sechs Kompendien niedergelegt. Das *ḥadīth* gilt wie der Koran als Offenbarung, wenngleich es nicht zur Rezitation geeignet ist.[10] Die Islamwissenschaft beurteilt die Echtheit dieser Überlieferungen hingegen skeptisch und sieht in ihnen stattdessen Zeugnisse der juristischen und theologischen Auseinandersetzungen während der ersten drei Jahrhunderte des Islam.[11] Die Bedeutung des *ḥadīth* liegt darin, daß es wesentlich mehr Regelungen zu Detailfragen enthält als der Koran. Rein praktisch betrachtet, bildet es daher die Hauptgrundlage des islamischen Rechts. Des weiteren berichten bestimmte *ḥadīthe*, wann und in welchem Zusammenhang Muḥammad bestimmte Koranverse „offenbart" wurden, wodurch erst ihre eigentliche Bedeutung verständlich wird.

Über Jahrhunderte hinweg wurde die Autorität beider Quellen in den islamischen Gesellschaften nicht hinterfragt. Ab dem späten 18. Jahrhundert begannen jedoch, durch äußeren Druck bedingt, gewaltige Umwälzungen in der islamischen Welt. Viele ehemals von Muslimen beherrschte Regionen wurden von „Ungläubigen" unterworfen.[12] Selbst Staaten, die ihre Selbständigkeit wahren

---

8 Der Fachbegriff für die Aufhebung vorausgegangener Verse lautet Abrogation (arab. *naskh*), s.v. „Naskh" *EI²* VII, S 1009ff.

9 Mit *Ḥadīth* wird im folgenden die Gesamtheit dieser Überlieferungen bezeichnet, mit *ḥadīth* die einzelne Überlieferung.

10 Die Schiiten erkennen die Autorität der „sechs Bücher" nicht an. In ihren *ḥadīth*-Sammlungen finden sich nicht nur Berichte über Muḥammad, sondern auch solche über die zwölf „unfehlbaren" Imāme, die von ihnen als legitime Nachfolger des Propheten betrachtet werden.

11 Dazu J. van Ess: *Zwischen Ḥadīṯ und Theologie: Studien zum Entstehen prädestinatianischer Überlieferung*. Berlin 1975.

12 Meist wird der Beginn dieser Veränderungen mit der Eroberung Ägyptens durch Napoleon 1798 in Zusammenhang gebracht. Doch begann dieser Prozeß in Wirklichkeit früher mit der Eroberung des heutigen Indonesien durch die Niederländer, der Eroberung Bengalens durch die East India Company (1756) und den russischen Vorstößen nach Zentralasien und in den Kaukasus. Außerdem unterwarfen auch nichtwestliche Mächte wie China oder erstarkende nichtmuslimische Kräfte auf dem indischen Subkontinent (Sikhs und Marathen) muslimische Gebiete.

konnten, wie das Osmanische Reich oder Iran, gerieten in starke ökonomische Abhängigkeit. Beides führte den Muslimen ihren Machtverlust vor Augen. Ebenso wurde ihr technologischer und ökonomischer Rückstand gegenüber dem Westen offenbar. Zugleich wurden sie mit anderen Weltbildern sowie juristischen und politischen Systemen konfrontiert. Die Überlegenheit der „Ungläubigen" im politischen, technologischen und militärischen Bereich veranlaßte zahlreiche Führungskräfte in der islamischen Welt, ihre eigenen kulturellen Traditionen in Frage zu stellen und schließlich zugunsten der Anpassung an westliche Vorgaben aufzugeben. Auch wenn sich viele Muslime dieser Option anschlossen: Allgemein akzeptiert wurde sie nicht. Nicht wenige Muslime blieben vertrauten Vorstellungen treu. Manche davon zogen sich von der Welt zurück. Andere wurden zu „Fundamentalisten".

Im allgemeinen Sprachgebrauch wird mit dem Begriff „Fundamentalismus" recht undifferenziert jede Form von religiös-politischem Radikalismus bezeichnet. Hier soll er jedoch in Anlehnung an den Religionssoziologen Riesebrodt verwendet werden. Ihm zufolge reagieren Angehörige von Religionen, in deren Mittelpunkt ein „geoffenbartes" Gesetzt steht, nach einem ganz spezifischen Muster darauf, daß ihre Normen von der Gesellschaft nicht mehr als allgemeinverbindlich anerkannt werden. Diesen Vorgang erfahren sie in ihrer subjektiven Weltsicht als Störung der gottgewollten Weltordnung: Wie kann es kommen, daß es den Frommen schlecht geht, während die Gottlosen reüssieren? Anders als reine Traditionalisten ziehen sich Fundamentalisten jedoch nicht in den Schmollwinkel zurück. Sie versuchen stattdessen, sich der weiteren Entwicklung zum Schlechteren entgegenzustellen und die Gesellschaft auf den „rechten Weg" zurückzuführen. Die bewußte Hinwendung zur Gesellschaft nötigt Fundamentalisten zugleich, sich zu einem gewissen Grad an die feindliche Umgebung anzupassen. Sie müssen neue Medien und neue Formen der politischen Organisation übernehmen, um ihre Ziele zu propagieren und durchzusetzen. Sie müssen die Weltbilder ihrer Gegner verstehen, um sie effektiv bekämpfen zu können. Den Fundamentalismus charakterisiert somit eine Mischung aus traditionellen Elementen und modernen Organisationsformen.[13]

Wie sich dieses Spannungsverhältnis von modernen und traditionellen Elementen im islamischen Fundamentalismus oder Islamismus konkret auswirkt, zeigt sich an folgenden Problempunkten:

1. Das Selbstbild der islamischen Gemeinschaft: Offenbarungsverständnis, Geschichtsbild und ihre Folgen für die Beziehungen zu Andersgläubigen
2. Die Rigidität des Rechtssystems

[13] M. Riesebrodt: *Fundamentalismus als patriarchalische Protestbewegung: Amerikanische Protestanten (1910-1928) und iranische Schiiten (1961-1979) im Vergleich*. Tübingen 1990.

3. ʿAmr bi-ʾl-maʿrūf: das konformistische Gesellschaftsideal und die Methoden zu seiner Durchsetzung.
4. Islamistische Kosmologie: gottgewollte Weltordnung und gottgewolltes Gesellschaftsmodell
5. Apokalyptik (behandelt im Beitrag von Reinhard Möller)

I.1 Das Selbstbild der islamischen Gemeinschaft

Nach muslimischer Auffassung sind bereits Adam als erstem Menschen Gottes Gesetze offenbart worden, doch zogen es die Menschen immer wieder vor, sich an selbst gestifteten Normen zu orientieren. Deshalb mußte Gott immer wieder Propheten ausschicken, um die Menschen zu warnen oder ihnen das göttliche Gesetz von neuem zu verkünden. Als letzten Propheten sandte Gott Muḥammad. Aus dieser Lehre vom „Siegel des Prophetentums“ (33:40) leiten die Muslime ihren Auftrag ab, „die beste Gemeinschaft“ (*khair umma*, 3:110 u.a.) unter den Menschen zu sein.

Aus diesem Überlegenheitsanspruch folgt nach traditioneller Auffassung, daß ihnen die Herrschaft über Andersgläubige gebühre. Juden, Christen und Zoroastriern wird nach traditionellen Rechtsauffassungen zwar Kultusfreiheit zugestanden, sie müssen sich jedoch mit einem niedrigeren Rechtsstatus zufrieden geben. Neben der Entrichtung einer Sondersteuer bedeutet dies, daß sie auf alles verzichten müssen, was den Überlegenheitsanspruch des Islam und der Muslime in Frage stellen könnte, so vor allem auf die öffentliche Zurschaustellung der eigenen Religion.[14] Im Zuge der islamischen Eroberungen wurden für andere Nichtmuslime wie die Hindus in Indien und die Buddhisten in Zentralasien ähnliche Regelungen gefunden. In zahlreichen Ländern wurde der Rechtsstatus von Nichtmuslimen in den vergangenen beiden Jahrhunderten verbessert. Eines der Ziele der Islamisten ist es, die Uhr zurückzudrehen und den „Ungläubigen“ ihren gebührenden Platz in der Gesellschaft zuzuweisen. Ihre Vordenker wollen sie von verantwortlichen Positionen im Staat ausschließen.[15] Radikale Islamisten sehen sich befugt, „Ungläubige“, die sich nicht bescheiden wollen, gewaltsam zurechtzuweisen. In Oberägypten verübten sie zahlreiche Anschläge auf Christen, in Pakistan kommt es wiederholt zu Ausschreitungen gegen Christen und Hindus.[16]

[14] Als umfassender Überblick für die vormoderne Zeit: Y. Friedmann: *Tolerance and Coercion in Islam: Interfaith Relations in the Muslim Tradition*. Cambridge 2003.

[15] R. Badry: *Die zeitgenössische Diskussion um den islamischen Beratungsgedanken (šūrā)*. Stuttgart 1998, S. 304ff.; G. Krämer: *Gottes Staat als Republik*. Baden-Baden 1999, S. 147ff.

[16] Zur Problematik in der Gegenwart: U. Spuler-Stegemann (Hrsg.): *Feindbild Christentum im Islam*. Freiburg 2004; Pakistan Catholic Bishop's Conference/ National Commission for Justice and Peace, Human Rights Monitor 2000: *A Report on the Situation of Religious Minorities in Pakistan, Lahore* 1999.

Die Folgen, die sich aus dem islamischen Offenbarungsverständnis für Muslime ergeben, wiegen aber viel schwerer: Da die letzte Offenbarung vollkommen ist, gibt es für sie keine Religionsfreiheit. Wer vom Islam abfällt, ist daher des Todes, wenn er nicht bereut. Für diese Regelung gibt es neben der theologischen Begründung noch eine politische: Der Abfall vom Islam ist Verrat an der politischen Gemeinschaft der Muslime. Wiederholt erklärten Religionsgelehrte bestimmte Glaubensgemeinschaften zu Ungläubigen (*takfīr*).[17] Diese Gruppen hatten als Konsequenz mit schwerer Verfolgung zu rechnen. Überleben konnten sie nur in entlegenen, gebirgigen Rückzugsgebieten wie dem Libanon, dem syrischen Küstengebirge, oder den Hochländern Afghanistans, Pakistans und Zentralasiens. Unter einigen Kolonialregimen und säkularen Regierungen änderten sich die Überlebensbedingungen solcher Bewegungen grundlegend. Als sich Mitte des 19. Jahrhunderts in Iran Bahāʾullāh zum Propheten einer neuen Religion ausrief, mußte er fliehen, denn damit hatte er gegen die Lehre vom „Siegel des Prophetentums" verstoßen. Die Religionsgelehrten trachteten ihm daher nach dem Leben, seine Anhänger, die Bahais, waren schweren Verfolgungen ausgesetzt. Unter den säkularen Pahlawīs (1921/26-1979) wurden die Bahais vor Verfolgung geschützt. Da sie besser ausgebildet waren als die muslimische Bevölkerung gelang vielen von ihnen der Aufstieg in Schlüsselstellungen in Staat und Wirtschaft.[18] Die ʿAlawiten oder Nuṣairier, eine um 900 aus der Schia hervorgegangene Sondergruppe, gelten als Ketzer, weil sie Muḥammads Schwiegersohn ʿAlī göttliche Qualitäten zuschreiben.[19] Im syrischen Küstengebirge waren sie vor Verfolgungen sicher. Unter der französischen Mandatsherrschaft nach dem Ersten Weltkrieg endeten die Diskriminierungen schließlich. Viele ʿAlawiten traten nun in die Armee ein, um der Armut ihrer Heimat zu entgehen. Nach der Unabhängigkeit stellten sie bald einen beträchtlichen Teil des Offizierskorps. Durch einen Putsch übernahm 1970 die von den ʿAlawiten geführte Baʿth-Partei die Macht im Staate. Unter den neuen Umständen konnten zudem neue „Ketzer"-Bewegungen entstehen. So erklärte sich im nordindischen Pandschab 1890 Mirzā Ghulām Aḥmad zum Propheten. Unter der britischen Herrschaft konnte die von ihm begründete *Aḥmadīya*-Gemeinschaft sich frei entfalten, die zunächst westlich geprägte Staatsgewalt des 1947 gegründeten Pakistan schützte sie 25 Jahre vor Übergriffen. [20]

Die Auffassungen der Islamisten zur Apostasie sind solch einer Duldungspolitik radikal entgegengesetzt. Im Anschluß an klassische Vorstellungen fordern sie

17 Zur Geschichte dieses Begriffs als Disziplinierungsmittel: F. Griffel: *Apostasie und Toleranz im Islam: Die Entwicklung zu al-Ghazālīs Urteil gegen die Philosophie und die Reaktion der Philosophen*, Leiden [u.a.] 2000.

18 *EIran* s.v. „Bahai Faith" III, S. 438ff.

19 H. Halm: *Die Schia*. Darmstadt 1988, S. 189ff..

20 Y. Friedmann: *Prophecy Continuous: Aspects of Ahmadi Religious Thought and its Medieval Background*. Berkeley 1989; M. Riexinger: *Ṣanāʾullāh Amritsarī und die Ahl-i Ḥadīs im Punjab unter der britischen Herrschaft*. Erscheint 2004 im Ergon-Verlag.

die Exekution Abtrünniger. Um diese Forderung als zeitgemäß zu präsentieren, betonen sie den politischen Aspekt des Apostasieverbots. Maudūdī verglich die islamische Haltung zum Glaubensabfall 1938 mit Stalins Schauprozessen gegen Abweichler von der Parteilinie. Er selbst tat sich im Kampf gegen die *Aḥmadīya*-Gemeinschaft hervor. Auf den Druck seiner *Jamāʿat-i islāmī* und anderer islamischer Parteien wurden die Aḥmadīs 1974 zu Nichtmuslimen erklärt, seit 1984 sind sie schweren staatlichen Diskriminierungen unterworfen.[21] In Iran werden seit der islamischen Revolution die Bahais verfolgt. Mehrere Tausende von ihnen wurden exekutiert, viele weitere inhaftiert. Die meisten dürften heute im westlichen Exil leben. Teile der syrischen Muslimbrüder riefen zum Mord an den Vertretern des „ketzerischen" Baʿth-Regimes auf. Zahlreiche Repräsentanten der Staatsmacht kamen bei Anschlägen ums Leben. Die Regierung schlug die Rebellion mit äußerster Brutalität nieder: Die Bombardierung der Stadt Hama, der Hochburg der Muslimbrüder, kostete – unbeachtet von der westlichen Öffentlichkeit – mehreren tausend Menschen das Leben.[22] Eine wichtige Institution im Kampf gegen Abtrünnige ist heute die Islamische Weltliga. In dieser 1951 unter saudischer Ägide gegründeten Organisation finden Islamisten und konservative Gelehrte zusammen. Die regionalen Vertreter machten im Rahmen dieser Organisation die in ihrem jeweiligen Kontext relevanten „Ketzer" bekannt. Ihre Bekämpfung wurde dadurch zu einem gesamtislamischen Anliegen.[23]

Die Aggressionen gegen „Abtrünnige" richten sich nicht nur gegen klar definierte Religionsgemeinschaften. Ins Visier der Islamisten geraten auch Einzelpersonen mit unangepaßten religiösen Auffassungen. Die westliche Öffentlichkeit nimmt solche Vorgänge nur wahr, wenn ihre Auswirkungen wie im Falle Rushdie die eigene Lebenswelt erreichen. Die Exekution von „Apostaten" ist dort, wo Islamisten regieren, üblich. 1985 richtete die von den Muslimbrüdern gestützte sudanesische Militärdiktatur den Dichter Maḥmūd Ṭāhā (geb. um 1910) hin, weil er den politischen Anspruch der koranischen Botschaft als zeitgebunden erklärte und zudem die Geschlechtertrennung verwarf.[24] Doch auch in Ländern, wo Islamisten nicht an der Macht sind, haben islamistische Terroristen Apostaten „hingerichtet". In Ägypten erschossen Islamisten 1992 ihren ärgsten Widersacher, den säkularistischen Publizisten Faraj Fuḍā. Der Literaturnobelpreisträger Najīb Maḥfūẓ (geb. 1911) überlebte 1994 die Messerattacke eines jungen Islamisten.[25] Selbst in der Türkei, wo der militante Islamismus schwach vertreten ist,

21 Friedmann, *Prophecy*

22 N. Ayubi: *Politischer Islam: Religion und Politik in der islamischen Welt.* Freiburg 2001, S. 136f.

23 Dazu die (ansonsten problematische) Studie: R. Schulze: *Islamischer Internationalismus im 20. Jahrhundert: Untersuchungen zur Geschichte der islamischen Weltliga.* Leiden [u.a.] 1990, S. 356ff.

24 Meier, S. 526.

25 Er hatte es gewagt in seinem Roman „Die Kinder unseres Viertels" (deutsche Übersetzung: Unionsverlag Zürich 1990) in Form einer Parabel die Abfolge der Propheten darzustellen. Dabei läßt er auf eine Figur, die als Muḥammad zu erkennen ist, eine Gestalt folgen, welche die religionsübergreifende Humanität verkörpert.

wurden Laizisten wie der Journalist Uğur Mumcu (1993) sowie islamismuskritische Theologen wie Turan Dursun (1990) und Bahriye Üçok (1990) ermordet. Eine andere Strategie der Islamisten besteht darin, Todesurteile von staatlicher Seite indirekt legitimieren zu lassen, indem man den Abfall eines Gegners vom Glauben „amtlich“ feststellen läßt. International erlangte der Fall des ägyptischen Literaturwissenschaftlers Naṣr Ḥāmid Abū Zaid Aufsehen. Nachdem er 1990 eine Abhandlung wider die am Wortlaut orientierte Auslegung des Korans veröffentlicht hatte, erwirkten 1996 einige Islamisten von einem Gericht in Kairo die Auflösung seiner Ehe, weil er als Nichtmuslim nicht mit einer Muslimin verheiratet sein darf.[26]

Während die Haltung militanter Islamisten zum Glaubensabfall in der Tradition verwurzelt ist, beruhen ihre Auffassungen zu den Juden auf einem Bruch mit hergebrachten Vorstellungen. Nach gängiger Überlieferung war Muḥammads Beziehung zu den Juden in Medina äußerst gespannt. Er hatte gehofft, daß sie ihn als Propheten anerkennen würden. Sie machten dazu jedoch keinerlei Anstalten. Muḥammad beschuldigte schließlich einen der drei jüdischen Stämme der Stadt, die Quraiẓa, der Konspiration mit seinen mekkanischen Feinden. Er ließ ihr Wohnviertel belagern. Als sie sich schließlich ergaben, wurden die Männer umgebracht, die Frauen und Kinder versklavt. Die beiden anderen Stämme wurden vertrieben. Von der Schärfe dieser Auseinandersetzung zeugen zahlreiche Koranverse, welche die Juden als verstockt und habgierig denunzieren.[27]

Für die Haltung der Muslime zu den Juden war die gewaltsame Auseinandersetzung Muḥammads mit ihnen jedoch zunächst bedeutungslos. Als „schriftbesitzende“ Ungläubige wurden sie zwar diskriminiert, ein religiös begründeter Judenhaß bildete sich – anders als im Christentum – aber nicht heraus. Frühe Islamisten wie Maudūdī und sein palästinensischer Schüler Ismāʿīl Rājī al-Fārūqī stehen noch ganz in dieser Tradition: Sie widmen den Juden keine besondere Aufmerksamkeit, und ihre Schriften sind weitgehend frei von jenen Weltverschwörungstheorien, die mittlerweile ein wesentliches ideologisches Element des Islamismus geworden sind.[28]

Die Vorstellung, im Geheimen wirkende Mächte regierten die Welt und seien für alle Übel verantwortlich, ist nicht in der islamischen Geistesgeschichte verankert. Sie wurde aus Europa importiert, wo Parteigänger des *ancien régime* die sozialen und politischen Umwälzungen seit dem späten 18. Jahrhundert als Ergebnis eines Komplotts von Juden und Freimaurern deuteten. Diese Idee fand im späten 19. Jahrhundert im Nahen Osten Eingang. Der verschwörungstheoretische Klassiker „Die Protokolle der Weisen von Zion“ wurde erst nach dem Ersten Weltkrieg rezipiert. Der Text wurde im Zuge des Widerstandes gegen die zioni-

26 N. H. Abū Zaid: *Ein Leben mit dem Islam*. Freiburg 2000.

27 *EI*^{2} s.v. „Yahūd“ Bd. XI, *EQ* s.v. „Jews and Judaism“ III, S. 21ff.; R. L. Nettler: *Past Trials and Present Tribulations: A Muslim Fundamentalist's View of the Jews.* Oxford [u.a.] 1987, S. 1-12.

28 Martin Kramer: "The Jihad Against the Jews." In: *Commentary*, October 1994, S. 38-42.

stische Siedlungspolitik in Palästina begierig aufgegriffen, allerdings vor allem von arabischen Nationalisten. In den Islamismus eingeführt wurde die These von der jüdischen Weltverschwörung durch Saiyid Quṭb.[29] Antijüdische Weltverschwörungstheorien sind in der islamischen Welt nicht allein bei Islamisten verbreitet, sondern auch bei arabischen Nationalisten und Sozialisten. Sie stellen somit ein Verbindungsglied zu diesen Strömungen dar, denen die Islamisten eigentlich feindlich gesonnen sind.[30]

Es wäre falsch, die Bedeutung von Verschwörungstheorien für den Islamismus auf den Palästina-Konflikt zurückzuführen.[31] Nicht nur weil sie in Ländern Anklang finden, die vom Schauplatz des Geschehens weit entfernt sind. Mehr noch, weil mit diesen Theorien Sachverhalte erklärt werden, die mit dem Palästina-Konflikt nichts zu tun haben,[32] und weil vermeintliche Verbündete oder Handlanger der Juden als Agenten des Bösen in diese Szenarien miteinbezogen werden. Diese Rolle wird Kräften zugeschrieben, die im Zusammenhang des jeweiligen Landes dem islamistischen Machtanspruch im Wege stehen, auch wenn die Behauptungen völlig absurd sind.[33] Vor allem aber gilt es zu bedenken, daß die Anfälligkeit für Verschwörungstheorien bereits bestimmte Weltdeutungsmuster voraussetzt.

Verschwörungstheorien basieren erstens auf der Annahme, gesellschaftliche Prozesse ließen sich relativ einfach steuern, weshalb aus Absichten linear Resultate folgen würden. Umgekehrt kann daher von Resultaten auf Absichten geschlossen werden. Verschwörungstheorien stellen somit einen Versuch dar, eine komplexe Welt durchschaubar zu machen und ihr Sinn zu verleihen.[34] Die zweite Voraussetzung für verschwörungstheoretisches Denken ist die Überzeugung, man verfüge über ein völlig einsichtiges Konzept für eine ideale Gesellschaft. Wenn sich dieses Gesellschaftsideal nicht einfach durchsetzen läßt, verleitet

---

29 Nettler.

30 Ein umfassende Übersicht: D. Pipes: *The Hidden Hand: Middle East Fears of Conspiracy*. Basingstoke 1996.

31 Z.B. S. Wild: „Die arabische Rezeption der Protokolle der Weisen von Zion." In: Rainer Brunner [u.a.] (Hrsg.): *Islamstudien ohne Ende: Festschrift für Werner Ende zum 65. Geburtstag*. Würzburg 2002, S. 517-528.

32 Z.B. die Ausbreitung von Pornographie oder historisch-kritische Islamstudien.

33 In einem Fall trug jedoch die Militanz der Islamisten mit dazu bei, daß eine Verschwörungstheorie zur „self-fulfilling prophecy" wurde: Wegen des Kaschmir-Konflikts betrachten pakistanische Islamisten Indien als wesentlichen Bestandteil der anti-islamischen Weltverschwörung. Die Förderung militanter Aktionen durch den pakistanischen Staat wie auch einzelne islamistische Organisationen in Pakistan motivierte in den 1990er Jahren Indien zu einer Umorientierung seiner „West-Asien"-Politik. Jahrzehntelang hatte Indien im Rahmen der „Blockfreien"-Bewegung und der „Dritte-Welt-Solidarität" die arabische Position im Palästina-Konflikt unterstützt, doch wegen der Feindseligkeit der Islamisten tendiert es inzwischen zur Zusammenarbeit mit Israel und den USA.

34 Groh, Dieter: "Die verschwörungstheoretische Versuchung oder: Why do Bad Things Happen to Good People." In: Ders.: *Anthropologische Dimensionen der Geschichte*. Frankfurt a.M. 1992, S. 267-304.

solch ein Selbstverständnis nicht eben zur Selbstkritik: „Es ist jedoch klar, daß diejenigen, die glauben, die Erde zum Himmel machen zu können, gar nicht umhin können, die Verschwörungstheorie zu akzeptieren. Die einzige Erklärung dafür, daß es ihnen nicht gelingt, diesen Himmel zu schaffen, ist die Bosheit des Teufels, der ein ureigenes Interesse an der Hölle hat.“[35] Beide Punkte zeigen deutlich, warum gerade in Gemeinschaften, deren moralisch begründeter Führungsanspruch schmerzlich mit real erlebter Ohnmacht kontrastiert, Verschwörungstheorien auf fruchtbaren Boden fallen. Sie sind daher zentraler Bestandteil vieler fundamentalistischer Ideologien.[36]

Um den antijüdischen Aspekt besser zu verstehen, muß man sich an die Enstehung des Antisemitismus in Europa als Reaktion auf die Ablösung der pariarchalischen, ständisch-feudalen durch die bürgerliche Gesellschaft erinnern. Viele Juden profitierten vom Wegfall religiöser Diskriminierungen und wirtschaftlicher Einschränkungen, während andere Bevölkerungsschichten ihre Privilegien verloren. Viele aus diesen Kreisen hielten daher die Juden für die böse Macht, die hinter der in Unordnung geratenen Welt stecke. Der Aufstieg vieler Juden, ein Resultat individueller Anstrengungen, wurde als Ergebnis eines kollektiven Masterplans interpretiert. In ganz ähnlicher Weise werden die Juden in islamistischen Verschwörungstheorien für die Auflösung der traditionellen gottgewollten Gesellschaftsordnung verantwortlich gemacht. Nicht nur, daß der Westen eine führende Rolle in der Welt einnimmt, die eigentlich den Muslimen zusteht. In westlichen Gesellschaften sind Juden gerade in jenen Bereichen stark vertreten, auf denen die westliche Dominanz beruht (Politik, Wirtschaft, Forschung, Medien). Diese Obsession bezüglich der „jüdischen“ Vormacht führt dazu, daß die gesamte westliche Welt als jüdisch dominiert betrachtet wird: Prominente Nichtjuden oder Firmen, die gar nicht Juden gehören, werden daher als „jüdisch“ aufgelistet.[37] Ähnliches widerfährt säkularistischen Politikern in der islamischen Welt, besonders Kemal Atatürk.[38]

Als weitere Folge ergibt sich aus dem Überlegenheitsanspruch des Islam der Auftrag, den Machtbereich dieser Religion auszudehnen.[39] Das Mittel hierfür ist

---

35 K. Popper: *Vermutungen und Widerlegungen: Das Wachstum der wissenschaftlichen Erkenntnis.* Tübingen 1994, S. 179ff., 495f. (Zitat).

36 Riesebrodt, S. 239ff.

37 Typisch hierfür ein türkisches Pamphlet über „Judentum und Freimaurerei“: H. Yahya: *Yahudilik ve Masonluk.* Istanbul 1988, S. 214ff, 239ff.

38 Von ihm wird fälschlich behauptet, er stamme von den *dönme* ab, Nachfahren von zum Islam konvertierten Angehörigen einer jüdischen Sekte in seiner Heimatstadt Saloniki, Kepel, *Prophet*, S. 130ff.

39 Hier muß darauf hingewiesen werden, daß kein direkter Zusammenhang zwischen islamischen Eroberungen und der Ausbreitung der islamischen Religion besteht. So setzte sich der Islam in vielen Regionen (Südostasien, Westafrika) durch Mission und Handelskontakte durch, während sich in manchen Gebieten, die Jahrhunderte muslimische Herrscher regierten (Nord- und Zentralindien, Balkan, Libanon) nur eine Minderheit den Islam annahm.

der *jihād*. Er ist fest in der islamischen Rechtstradition verankert. Doch bei der Radikalisierung des *jihād*-Gedankens, der heute bei radikalen Islamisten zu beobachten ist, handelt es sich um eine Neuentwicklung, die auf die 1960er Jahre zurückzuführen ist.

Die häufig zu hörende Behauptung, beim *jihād* handle es sich nicht um einen bewaffnetenr Kampf, sondern um „eine Anstrengung für den Glauben“ geht an den Ausführungen des Koran[40] und der historischen Praxis vorbei. Auch jene Mystiker und Theologen, die den Kampf gegen die eigene „Triebseele“ als großen *jihād*, jenen gegen die Ungläubigen hingegen als den „kleinen“ bezeichnen, hielten den bewaffneten Kampf keineswegs für überflüssig.[41] Zur „Anstrengung für den Glauben“ oder zum Verteidigungskrieg wurde der *jihād* erst im 19. Jahrhundert von Muslimen umgedeutet, die für die Zusammenarbeit mit den Kolonialmächten plädierten.[42]

In populären Darstelllungen wird *jihād* gerne mit „Heiliger Krieg“ übersetzt, doch trifft „Heiliger Kampf“ die Bedeutung besser, weil die Ausbreitung des islamischen Herrschaftsbereichs keine Pflicht des Staates, sondern eine Aufgabe individueller Muslime ist. Allerdings ist nach klassischer Auffassung nicht jeder Muslim verpflichtet, *jihād* zu führen. Die Gemeinschaft der Muslime kann diese Pflicht an einzelne delegieren.[43] Radikale Islamisten verwerfen diese Auffassung jedoch. Das bekannteste Beispiel hierfür sind die Sadat-Attentäter. In ihren Kreisen kursierte ein Pamphlet mit dem Titel *al-farīḍa aṣ-ghā'iba* (Die in Vergessenheit geratene Pflicht), in der die Forderung erhoben wird, jeder wahre Muslim müsse zum Kampf gegen Ungläubige und Abtrünnige schreiten.[44]

Der Koran preist die Teilnahme am *jihād* als besonders verdienstvoll, weist dem Martyrium jedoch keine besondere Bedeutung zu. Dagegen verheißt das *ḥadīth* jenen, die im *jihād* fallen, und ihren Verwandten eine Sonderstellung im Jenseits.[45] Die Vorstellung, daß man durch bewußte Hingabe des eigenen Lebens das Heil erlangen könne, findet man in vormoderner Zeit jedoch nicht. Joseph Croitorou führt überzeugend aus, daß es sich beim Selbstmordattentat um einen ostasiatischen Import handelt. Den ersten Anschlag dieser Art verübte 1972 auf

40 9:5 und 9:29, vgl. A. Noth: *Heiliger Krieg und Heiliger Kampf in Islam und Christentum: Beiträge zur Vorgeschichte und Geschichte der Kreuzzüge*. Bonn 1966.

41 Noth, S. 59.

42 Riexinger, Kap. IV 3b, V 4a

43 Das islamische Recht unterscheidet zwischen Pflichten, denen jeder Muslim nachkommen muß (*farḍ al-ʿain*) und solchen, die nur eine ausreichende Anzahl von Muslimen erfüllen muß (*farḍ al-kifāya*).

44 Kepel, *Prophet*, S. 208ff.; J. Jansen: The Neglected Duty: *The Creed of Sadat's Assassins and Islamic Resurgence in the Middle East*. New York 1986.

45 Dazu gehören nicht nur die „72 Jungfrauen“. An Märtyrern wird die „Grabesstrafe“ nicht vollzogen, d.h. sie werden nicht wie normale Gläubige bis zum Jüngsten Tag im Grab mit Schlägen von Engeln für ihre Sünden gestraft. Zudem können Märtyrer für 70 Verwandte Fürsprache bei Gott einlegen (Noth, S. 28).

dem Flughafen von Tel Aviv die Japanische Rote Armee, in deren eigentlich marxistische Ideologie Elemente des nationalistischen Selbstopfer-Kultes eingeflossen waren. Nachgeahmt wurde die Methode zunächst von linken Palästinenserorganisationen. Erst seit den 1980er Jahren verüben Islamisten Selbstmordanschläge! Den Anfang machte die schiitische *Ḥizbullāh* im Libanon. Zunächst war dieses neue Kampfmittel höchst umstritten, da der Koran den Suizid eindeutig verbietet.[46] In den letzten beiden Jahrzehnten wuchs die Akzeptanz von Selbstmordattentaten stetig. Moralische Skrupel wurden dadurch wegdefiniert, daß man derartige Aktionen nicht als Selbstmord (*intiḥār*), sondern als „Herbeiführen des Martyriums" (*istishhād*) bezeichnet.

Von besonderer Tragweite ist, daß radikale Islamisten die *jihād*-Vorstellungen in einem weiteren Zusammenhang erheblich radikalisiert haben. Die traditionellen Rechtsvorschriften messen der Schonung von Unbeteiligten große Bedeutung zu. Deshalb ist die Verwendung von Feuer und Giften strikt verboten. Die Bereitschaft, mit immer verheerenderen Waffen zu Werke zu gehen, verdeutlicht daher, daß für radikale Islamisten der *jihād* eine ganz andere Funktion erfüllt als für Muslime vergangener Jahrhunderte: Der Feind soll nicht mehr unterworfen werden, um ihn (langfristig) zu bekehren. Es gilt, ihn zu vernichten.

I.2. Die religöse Legitimation des Rechtssystems und seine Rigidität

Der Sachverhalt, daß das islamische Recht auf die „Offenbarung" zurückgeht, engt den Rahmen politischer Entscheidungsmöglichkeiten empfindlich ein. Vor dem Hintergrund der Herausforderung durch die westlich geprägte Moderne erkannten viele Muslime dies als Problem. In fast allen muslimischen Ländern wurden westlich geprägte Rechtssysteme eingeführt, sei es durch die Kolonialmächte, sei es durch einheimische Säkularisten. Islamisch geprägt blieben „nur" Erb- und Personenstandsrecht, in der Türkei nicht einmal dieser Rechtsbereich.

Dies ist jedoch für gläubige Muslime deswegen problematisch, weil für sie die Rechtsordnung in ihrer Gesamtheit zentraler Bestandteil ihres religiösen Selbstverständnisses ist. Daß gerade sie sich von Ansätzen überzeugen lassen, die vorgeben, ein „hermeneutischer" Zugang zum Koran eröffne Perspektiven für eine flexiblere, zeitgemäße Variante des islamischen Rechts, darf bezweifelt werden. Hier muß man sich an das islamische Geschichtsbild erinnern. Wer solches propagiert, handelt in den Augen strenggläubiger Muslime wie jene, die in früheren Zeiten Gottes Offenbarung verfälscht haben (*taḥrīf*):

[46] J. Croitoru: *Der Märtyrer als Waffe*. München [u.a.] 2003.

„Wie könnt ihr Muslime verlangen, daß sie euch glauben, wo doch ein Teil von ihnen das Wort Gottes gehört und es daraufhin, nachdem verstanden hatte, wissentlich entstellt hat!".[47]

Genau daran knüpft das Gegenmodell der Islamisten zu menschengemachten Gesetzen an. Es wird mit dem Begriff *ḥākimīya* bezeichnet, was mit Gottesherrschaft oder Gottessouveränität zu übersetzen ist. Das Schlagwort hat als erster Maudūdī in Umlauf gebracht, er stützte sich dabei auf den Koranvers 12:40[48], den er mit dem Vers 7:3[49] in Zusammenhang bringt. Irrtümlich wird *ḥākimīya* in manchen Darstellungen als antiautoritäres Konzept gedeutet. Dies ist jedoch völlig unhaltbar, da sie ein Dienerverhälnis des Menschen zu Gott (*ʿubūdīya*) impliziert.[50] Dieses findet seinen Ausdruck in der Ausführung der von Gott verordneten, einer Elite bekannten Gesetze. Das Gegenteil zu *ḥākimīya* lautet *jāhilīya*. Mit diesem Terminus wurde zuvor nur das Heidentum der vorislamischen Araber bezeichnet. Maudūdī und seine Nachfolger betrachten folglich Gesellschaften, in denen andere Gesetze als die islamischen gelten, als götzendienerisch. Diese Auffassung steht im Zusammenhang mit dem „Prophetenmythos", von dem noch die Rede sein wird.

In Hinblick auf die Moderne bringt die Rigidität des islamischen Rechts ein weiteres Problem mit sich: Es basiert nicht auf dem Prinzip der Gleichheit vor dem Gesetz, denn Frauen, Ungläubige und Sklaven haben einen niedrigeren Status. Folglich ist das traditionelle islamische Recht mit der „Allgemeinen Erklärung der Menschenrechte" unvereinbar.[51] Während die Sklaverei allerdings in allen islamischen Ländern abgeschafft wurde, sind viele Muslime – und fast alle Islamisten – keineswegs bereit, die Gleichberechtigung der Frau und die Religionsfreiheit zu akzeptieren. Sie versuchen daher, Reformen des Familienrechts zu sabotieren oder rückgängig zu machen. In Pakistan bekämpften um 1960 die Islamisten von Maudūdīs *Jamāʿat-i Islāmī* zusammen mit traditionellen Religionsgelehrten die „Family Law Ordinance" des säkularistischen Militärdiktators Ayyūb Khān, die moderate Reformen vorsah. Sie forderten das unbeschränkte Recht auf Polygamie; sogar das Recht, Mädchen im Alter von neun Jahren zu heiraten, müsse bestehen bleiben, da der Prophet seine Lieblingsfrau ʿĀʾisha in diesem Alter geheiratet habe.[52] Unter dem islamistischen Militärdikatator Ḍiyā al-Ḥaqq versuchten sie, das Rad wieder zurückzudrehen. Zeugenaussagen von Frauen sollten nur halb soviel gelten wie die von Männern und für den Nachweis einer Vergewaltigung hätten Frauen vier männliche Zeugen beibringen müssen, an-

47 4:46, 5:13, 2:75.

48 „Die Entscheidung liegt allein bei Gott. Er hat geboten, daß Ihr nur ihm dienen sollt."

49 „Folgt dem, was von Eurem Herrn zu Euch herabgesandt worden ist..."

50 Zu bedenken ist dabei, daß das arabische Verb *ʿabada*, das diesem Begriff zugrunde liegt, zugleich „anbeten, verehren" heißt.

51 Allein die saudische Regierung war so ehrlich, dieses Dokument nie zu unterzeichnen. A.-E. Mayer: *Islam and Human Rights: Tradition and Politics*. Boulder (CO) 1991.

52 K. Ahmad (Hrsg.): *The Marriage Commission Report X-Rayed*. Karachi 1959.

dernfalls wären sie selbst wegen Unzucht (*zinā*) verurteilt worden. Allerdings gelang es Technokraten sowie der britisch geprägten Jurisdiktion, die Islamisierung des Rechtssystems auszubremsen.[53]

I.3. Amr bi-ʾl-maʿrūf

Das islamische Recht strebt danach, das Verhalten der Menschen konform an einem Ideal auszurichten. Jeder Muslim ist beauftragt, bei der Durchsetzung der dafür notwendigen Normen mitzuwirken. Begründet wird dies mit dem im Koran vielfach wiederholten Ausdruck *amr bil-maʿrūf wan-nahy ʿan al-munkar*, „Gebieten, was recht ist, und verbieten, was unrecht ist".

Der Teilbereich des islamischen Rechts, der sich aus diesem Auftrag an die Muslime ergibt, heißt *ḥisba* (öffentliche Ordnung). Auf keinem anderen Gebiet als auf diesem stehen die Islamisten so unverkennbar in der klassischen Tradition. So zitiert der algerische Islamistenführer ʿAlī Belhājj ausgiebig die Ausführungen mittelalterlicher Juristen.[54] Die große Bedeutung, die im Islam der öffentlichen Ordnung zugemessen wird, kontrastiert mit der tatsächlichen oder vermeintlichen Permissivität der modernen westlichen Gesellschaften. Deren Verkommenheit zeigt sich aus der Sicht der Islamisten besonders im offenen, „unmoralischen" Umgang der Geschlechter. Wie unterschiedlich die Maßstäbe sind, zeigt sich am Beispiel von Saiyid Quṭb. Was er 1949-1951 während seines Aufenthaltes in den USA erlebte, schildert er als Abgrund moralischer Verkommenheit. Einem Durchschnittseuropäer von heute erscheint die „trockene" Kleinstadt in Colorado, wo er ein Lehrerseminar besuchte, als Inbegriff verklemmter Spießigkeit.

Die Durchsetzung der öffentlichen Ordnung ist der zentrale Punkt aller islamistischen Parteiprogramme. So stellte Ḥasan al-Bannā 1936 in einer Denkschrift der Muslimbrüder an den ägyptischen König einen Forderungskatalog auf, dessen Schwerpunkt die Durchsetzung islamischer Moral war. Zu diesem Zweck soll die Kleidung vereinheitlicht, Musik, Film sowie Theater weitgehend verboten, Publikationen zensiert und die Geschlechtertrennung durchgesetzt werden.[55] Ähnliche Forderungen finden sich in den Programmen verschiedener islamischer Parteien in Pakistan.[56] In die Augen sticht die Lustfeindlichkeit dieser Programme. Sie betrifft nicht allein den Bereich der Sexualität, sondern überhaupt Ver-

---

[53] A. M. Weiss: *Islamic Reassertion in Pakistan: The Application of Islamic Law in a Modern State.* Syracuse (NY) 1986. Ähnliche Proteste von Islamisten gegen die Reform des Familienrechts gab es in den vergangenen Jahren in Jordanien, Marokko und Indien, wo für Muslime weiterhin das muslimische Personenstandsrecht gilt.

[54] M. Cook: *Commanding Right and Forbidding Wrong in Islamic Thought.* Cambridge 2000, S. 505.

[55] Zitiert bei Meier, S. 180ff.

[56] Riexinger, Kap. XI. 2.

gnügungen und Musik, eben auch die traditionell orientalischen. Außerdem bekämpfen Islamisten beliebte Volksfeste nichtislamischen Ursprungs wie die Frühlingsfeste *Shamᶜ an-nasīm* in Ägypten bzw. *Basant* im pakistanischen Pandschab. Es ist daher höchst problematisch, wenn Islamisten und ihre westlichen Apologeten behaupten, sie verteidigten „kulturelle Identität" oder „Authentizität" (was immer dies auch sei). Neuere nichtislamische Festlichkeiten wie Geburtstage, Neujahr oder der Valentinstag werden bekämpft. Bildmedien werden allenfalls zu erzieherischen Zwecken geduldet. Die Duldung der Homosexualität ist aus Sicht der Islamisten ein herausragender Beweis für die Verderbtheit der westlichen Gesellschaften.

Dieser puritanische Aspekt des Islamismus eignet sich trefflich zur Mobilisierung gegen Oberschichten, die einem verwestlicht-luxuriösen Lebensstil frönen. In Europa versuchen islamistische Organisationen wie die türkische Milli Görüš mittlerweile, diese Normen durch sozialen Druck in Vierteln mit hohem Migrantenanteil durchzusetzen.[57]

Die Problematik des gesellschaftlichen Konformismus macht deutlich, daß das Hauptproblem des Islam weniger in der Unvereinbarkeit mit der Demokratie besteht; denn politische Partizipation wird von vielen Islamisten akzeptiert, ja sogar eingefordert. Sie berufen sich dabei auf die Koranverse 3:159[58] und 42:38.[59] Nach dem arabischen Begriff für Beratung wird diese Forderung „*shūrā*-Prinzip" genannt.[60] Ein viel größeres Problem ist die durchweg illiberale und anti-individualistische Ausrichtung islamischer Gesellschaftskonzepte. Ebenso ist es prinzipiell zwar richtig, daß Koran und *ḥadīth* kein bestimmtes Regierungssystem vorschreiben, dennoch resultieren aus dem weitreichenden Geltungsanspruch dieser beiden Rechtsquellen Konsequenzen für das politische System. Islamische Politikentwürfe haben immer den Charakter von „Expertokratien", in denen den Hütern des religiösen Gesetzes eine herausragende Stellung zukommt.

Aus der Unvereinbarkei ihres Gesellschaftsideals mit liberalen Vorstellungen machen islamistische Theoretiker keinen Hehl. Manche verkünden unverblümt, an welchen Vorbildern sich ihre Staatsmodelle orientieren. In seiner Abhandlung „Der Islam und die modernen Gesellschaftsideologien" aus dem Jahre 1957 beschäftigt sich Maudūdī eingehend mit Liberalismus, Kommunismus und Faschismus. Dabei verurteilte er den Liberalismus in all seinen Aspekten, weil er

---

57 Zentrum für demokratische Kultur: Demokratiegefährdende Phänomene in Kreuzberg und Möglichkeiten der Intervention – ein Problemaufriß. Berlin 2003, S. 90, 120; oder die TV-Dokumentation von Rita Knobel-Ulrich über Hamburg-Veddel: „Nix deutsch: Eine Schule kämpft um Integration" ARD 5. Dezember 2003.

58 „Verzeih ihnen nun und bitte für sie um Vergebung und ratschlage mit ihnen über die Angelegenheit."

59 „(42:36) Was aber bei Gott (an Lohn für euch bereitsteht, ist besser für diejenigen, ... (38), die auf ihren Herrn hören, das Gebet verrichten und untereinander beraten ..."

60 Badry, *Beratungsgedanke*; Krämer.

auf dem Individualismus beruhe und daher die Rolle des Staates darauf beschränke, das Individuum vor Übergriffen anderer zu schützen. Dies führe zu einer „schrankenlosen Gesellschaft" ohne moralische Maßstäbe. Da Maudūdī im Einklang mit dem dargestellten islamischen Gesellschaftsideal die Durchsetzung öffentlicher Moral als Pflicht betrachtet, beurteilt er die westlichen totalitären Systeme wohlwollend. Zwar kritisiert er den marxistischen Atheismus wie auch den faschistischen Rassismus. Doch zollt er der Entfaltung des staatlichen Machtapparats in diesen beiden Systemen seine Achtung, weil dort alle Energien darauf ausgerichtet werden, die gesamte Gesellschaft für ein Ziel zu mobilisieren und die egoistischen Begierden des Einzelnen zu unterdrücken.[61]

Dieser Aspekt sollte bei der Auseinandersetzung mit dem Islamismus immer bedacht werden. Die Kenntnis der Folgen geschlossener Weltbilder und konformistischer Gesellschaftskonzepte hilft, den Islamismus nicht als etwas völlig Unverständliches zu exotisieren oder gar rassistisch zu erklären. Das Wissen um die Konsequenzen totalitärer Herrschaft in der europäischen Geschichte sollte zugleich jeglicher Illusion hinsichtlich des Gefahrenpotentials des Islamismus ein Ende bereiten.

Nicht alle Islamisten plädieren für die Durchsetzung der *sharīʿa* mit Gewalt. Besonders einige türkische Islamisten äußern sich moderater. Fethullah Gülen (geb. 1941) kritisiert das Kopftuchverbot in staatlichen Einrichtungen, aber nach eigenem Bekunden will er umgekehrt keine Frau zum Tragen „islamischer Bekleidung" zwingen. Und nicht all diejenigen, welche die islamischen Verhaltensmaßstäbe allgemeinverbindlich durchsetzen wollen, bedienen sich zu diesem Zweck gewaltsamer Methoden. Die *Tablīghī Jamāʿat*, eine Ende der 1920er Jahre in Nordindien entstandene, heute in fast der gesamten islamischen Welt verbreitete Missionsbewegung, versucht, dieses Ziel zu erreichen, indem sie durch Predigten die Notwendigkeit der getreulichen Erfüllung des göttlichen Gesetzes einschärfen.[62]

61 Riexinger Kap. X. 3. Die Bewunderung bleibt durchaus nicht ohne Erwiderung. Ein besonders markantes Beispiel ist Horst Mahler, dessen schillernde politische Biographie ihn von der RAF zur NPD führte. Er pflegte in Berlin Veranstaltungen der mittlerweile verbotenen radikal-islamistischen *Ḥizb-ut-Taḥrīr* zu besuchen.

62 Vor der allzu positiven Beurteilung der *Tablīghī Jamāʿat* sei jedoch gewarnt. An ihrem Beispiel läßt sich erneut die Problematik des Verhältnisses von religiösem Recht und Gesellschaft verdeutlichen. Islamisten betrachten diese Gemeinschaft als erfolgversprechendes Missionsfeld. Ihre Vertreter reisen, um neue Anhänger anzuwerben, zu den jährlichen Zusammenkünften der *Tablīghī Jamāʿat*, die in Indien, Pakistan und Bangladesch Hunderttausende anziehen.

I.4. Islamistische Kosmologie

In der öffentlichen Diskussion wie auch in wissenschaftlichen Darstellungen wird ein Aspekt des Islamismus nicht gebührend beachtet. Er soll hier kurz angesprochen werden, wenn er auch mit dem gewalttätigen Handeln islamistischer Gruppen nicht direkt zu tun hat: Die politischen Konzepte der Islamisten sind in ein theologisches Gesamtkonzept eingebettet, das in vielerlei Hinsicht auf der traditionellen Vorstellungswelt der islamischen Theologie beruht. Die Islamisten halten am Glauben an Engel und Dämonen (*jinn*) fest und verwerfen die rationalisierenden Umdeutungen in den Korankommentaren islamischer Modernisten. Sie lehnen die Idee der Eigenkausalität der Natur ab. Da Gott die Welt in jedem Moment nach seinem Willen erschafft, sind Wunder möglich, so daß kein Anlaß besteht, die entsprechenden Berichte im Koran allegorisch auszulegen.[63]

Doch wenngleich die Islamisten sich dabei an traditionellen Vorstellungen orientieren, werfen sie der konservativen Gelehrtenschaft vor, sie hätte es versäumt, den Islam als „System" (*niẓām*) zu begreifen und darzustellen. Gott hat in ihren Augen die Welt als sinnvolles, auf den Menschen ausgerichtetes Ganzes erschaffen. Dies hat nicht nur Folgen für die Akzeptanz naturwissenschaftlicher Theorien. Konzepte, die nicht zu diesen theologischen Prämissen passen, wie die Evolutionstheorie, werden daher verworfen.[64] Das Projekt einer an religiösen Leitlinien orientierten, „ganzheitlichen" Wissenschaft propagieren Islamisten unter dem Schlagwort „Islamisierung des Wissens".[65]

Für das politische Denken der Islamisten ist die ganzheitliche Weltsicht deswegen von Belang, weil sie aus ihr politische Handlungsanweisungen ableiten. Ihr „physikotheologisches" Weltbild läßt sich mit den Worten des Sozialphilosophen und Wissenschaftstheoretikers Hans Albert als „soziomorphe Kosmologie" charakterisieren:

> „[Sie] bettet die Gesellschaft in einen Kosmos ein, in den durch entsprechende Deutung schon für ihre Stabilität und ihr Funktionieren bedeutsame Direktiven, Garantien und Sanktionen eingebaut sind".[66]

Mit diesem Harmoniegedanken steht im Zusammenhang, daß Islamisten um der sozialen Stabilität willen die offene, pluralistische Auseinandersetzung über gesellschaftliche Differenzen ablehnen.[67]

---

63 Perveez Hoodbhoy: Islam and Science: *Religious Orthodoxy and the Battle for Rationality.* London 1991; Riexinger, Kap. X. 3.

64 Dies geschieht heute vor allem im Internet: www.harunyahya.org.

65 Hoodbhoy.

66 H. Albert: *Traktat über kritische Vernunft.* Tübingen1991, S. 18ff.

67 Badry, *Beratungsgedanke*, S. 288 ff.

Zusammenfassung

Der radikale Islamismus ist in vielerlei Hinsicht in traditionellen Glaubensvorstellungen verwurzelt, zugleich finden sich in ihm neue Elemente, die anderen Ideologien entliehen sind. Doch darf man daraus nicht den Schluß ziehen, diese neuen Elemente stünden im Widerspruch zur Tradition. Sie sind vielmehr Reaktionen darauf, daß in den islamischen Gesellschaften nicht mehr die hergebrachten Vorstellungen von Moral und politischer Ordnung unangefochten herrschen. Die neuen Elemente sollen diesen Zustand erklären (Verschwörungstheorien) oder die Welt wieder ins Lot bringen (Radikalisierung des *jihād*-Gedankens).

II. Islamisches Ideal und unislamische Wirklichkeit:

II.1. Die Interpretaion der Gegenwart im Licht der „Prophetenmythen"

Im säkularisierten Europa ist – anders als vielleicht in den USA – weitgehend in Vergessenheit geraten, daß religiöse Überlieferungen Gläubigen einen Schatz archetypischer Erzählungen zur Verfügung stellen, in deren Licht sie gegenwärtige Ereignisse interpretieren und die ihnen als Vorbilder für das eigene Handeln dienen. Dem Durchschnittsmuslim sind heute die Berichte über das Leben Muḥammads und die koranischen Prophetenlegenden präsent. Bei den Schiiten kommen die Berichte über die Martyrien der zwölf Imāme hinzu, die nach ihrer Auffassung um die legitime Nachfolge Muḥammads betrogen wurden und das Martyrium erlitten.

Der Lebensweg Muḥammads diente immer wieder jenen als Vorbild, welche die real existierenden islamischen Gesellschaften als verdorben betrachten. Er war der einzige große Religionsstifter, dessen Lebensweg mit der Errichtung einer gottgewollllten Ordnung im Diesseits „belohnt" wurde. Bevor der „Gottesgesandte" dieses Ziel erreichte, mußte er mit seiner Anhängerschaft jedoch manche Widrigkeit überstehen. Als Muḥammad mit seiner Behauptung, der Engel Gabriel (*Jibrīl*) habe ihm göttliche Botschaften überbracht, in seiner Heimatstadt Mekka hervortrat, fand er damit bei einigen Freunden und Verwandten Anklang. Doch die Mächtigen seines Stammes, der Quraish, welche die Stadt beherrschten, lehnten diesen Anspruch ab. Sie stellten Muḥammad und seinen Anhängern nach, weshalb er 622 fliehen mußte. Exil fand er in der nördlich gelegenen Oasenstadt Yathrib, wo er bereits einige Anhänger gewonnen hatte.[68] Dieses Exil Muḥammads nennt man *hijra*, mit ihr, nicht mit der ersten Offenbarung beginnt die islamische Zeitrechnung, denn nun konnte Muḥammad eine auf dem göttlichen Gesetz beruhende Gesellschaftsordnung begründen. Im Laufe der folgenden Jahre gelang es ihm, durch Bündnisse mit willigen Stämmen und durch Un-

[68] Die Stadt wurde schließlich in Madīnat an-Nabī, „Stadt des Propheten" umbenannt.

terwerfung der unwilligen, seinen Herrschaftsbereich über die gesamte Arabische Halbinsel auszudehnen. So konnte er 630 triumphal in seine Heimatstadt Mekka zurückkehren.

Diese Erfolgsgeschichte haben Muslime vor Augen, wenn sie in einer Art *hijra* aus der verdorbenen Welt ausziehen und an einem sicheren Ort gleichgesinnte Getreue um sich sammeln, um in den Kampf gegen die Mächte des Unglaubens zu ziehen. Wenn heute Usāma bin Lādin kalaschnikowbehängt am Eingang einer afghanischen Höhle vor die Kamera tritt und den ungläubigen USA und ihren Verbündeten Unheil androht, knüpft er mit seiner Selbstdarstellung mediengerecht an diesen Muḥammad-Mythos an. Die beiden führenden Theoretiker des Islamismus, Saiyid Quṭb und Maudūdī, erkennen im Weg Muḥammads Parallelen zu den revolutionären Umwälzungen der neueren Geschichte. Im Propheten Muḥammad und seinen ersten Gefolgsleuten sehen sie eine revolutionäre Avantgarde. Für das politische Handeln in der Gegenwart folgern sie daraus, daß sich von neuem kleine Gruppen wahrer Gläubiger zusammenschließen und die Gesellschaft verändern sollen, indem sie die Macht der „neuen *jāhilīya*“ brechen: sei es gewaltsam (Quṭb) oder durch Mission und Unterwanderung des Staatsapparates (Maudūdī). Manche islamistische Gruppierungen in der Diaspora, wie der „Kalifatsstaat“ des Cemalettin Kaplan, projizieren ihre Situation in die Lebensgeschichte des Propheten hinein, indem sie ihren Aufenthalt unter den Ungläubigen als *hijra* interpretieren, die ihnen hilft, die gottlos gewordene Heimat wieder auf den rechten Weg zu bringen.[69]

Neben dem „Muḥammad-Mythos“ spielen für das Selbstverständnis der Islamisten weitere koranische Prophetenberichte eine Rolle. Besonders Moses (Mūsā) wurde dadurch, daß er dem „nichtislamischen“ Gewaltherrscher Pharao entgegentrat, zum Inbegriff des Kämpfers wider die unislamische Ordnung. So rief Khālid Islāmbūlī, als er den ägyptischen Präsidenten Sadat erschoß: „Ich habe Pharao getötet!“ [70] Für das Selbstverständnis der Islamisten sind die Berichte über den Widerstand Abrahams und Mosis gegen gottlose Herrscher deshalb von Bedeutung, weil sie aus ihnen Siegesgewißheit schöpfen.

Für sie sind die Reiche des Pharao und Nimruds (des Gegenspielers von Abraham) Vorläufer der heutigen Großmächte. Trotz aller Machtentfaltung brachen sie zusammen. Der Zusammenbruch der Sowjetunion, den sie allein auf den Widerstand der afghanischen *mujāhidīn* zurückführen, bestätigt sie in ihrer Auffassung, daß alle gottlosen Reiche dem Untergang geweiht sind.[71] In Verbindung

69 W. Schiffauer: *Die Gottesmänner: Türkische Islamisten in Deutschland: Eine Studie zur Herstellung religiöser Evidenz*. Frankfurt a.M. 2000.

70 In gleicher Weise trat zuvor bereits Abraham (Ibrāhīm) dem tyrannischen Herrscher Nimrud entgegen. Jene Muslime, die für eine Anpassung an nichtislamische Rechtssysteme plädieren, haben ebenfalls ihr koranisches Vorbild, nämlich Josef (Yūsuf), der dem Pharao getreulich als Minister diente.

71 Y. Özoğuz u. G. Özoğuz: *Wir sind „fundamentalistische Islamisten“ in Deutschland: Eine andere Perspektive*. Nienburg 2003.

mit mehreren Koranversen, die den Sieg einer kleinen Schar über eine ungläubige Übermacht ankündigen, zeigt dieses Geschichtsbild aus Sicht vieler Muslime, daß die richtige Überzeugung auch gegen die größten Widerstände zum Sieg führt. Diese Selbstgewißheit führt dazu, daß islamistische Terroristen die Wirkung ihrer Aktionen auf den Gegner völlig überschätzen. Diesen Umstand kann man nicht als Ursache islamistischer Gewalt betrachten, dennoch wird dieser Faktor nicht ausreichend gewürdigt. Schließlich charakterisiert die Überschätzung der Auswirkungen des eigenen Handelns terroristische Bewegungen verschiedener Couleur.[72]

II.2. Die vormodernen puritanischen Reformbewegungen als Vorläufer des Islamismus

In Abschnitt I wurden Ideale beschrieben, die von den Religionsgelehrten des Islam über Jahrhunderte vertreten wurden. Mit der Realität der islamischen Gesellschaften haben sie wenig zu tun. Bereits vor der Epoche der Kolonialherrschaft und der darauffolgenden Regime bestimmten nur in Ausnahmefällen Religionsgelehrte die Geschicke der Gemeinwesen in der islamischen Welt. Die Einheit von politischer Herrschaft und Religion zerfiel bereits mehrere Jahre nach dem Tode Muḥammads. Unter den Umayyaden entwickelte sich die Theokratie zu einer Monarchie im üblichen Sinne. Meist ergab sich in den islamischen Gesellschaften dennoch ein Bündnis von staatlicher Gewalt und den Gelehrten, die sich an ein (umstrittenes) *ḥadīth* hielten:

> „Lieber vierzig Jahre unter der Herrschaft eines tyrannischen Sultan als eine Nacht des Aufruhrs".[73]

Da jedoch islamisches Ideal und die gesellschaftliche Wirklichkeit oft auseinanderklafften, traten mehrfach in der islamischen Geschichte Religionsgelehrte auf, die einklagten, daß Staat und Gesellschaft sich wieder streng an den „offenbarten" Normen orientieren sollten. Dadurch wurden einige von ihnen zu Vorbildern der Islamisten. Dies zeigt erneut, daß der Islamismus keineswegs als „Fremdkörper" oder Verirrung aus der islamischen Geistesgeschichte ausgeschieden werden kann. Charakteristisch für diese Reformbewegungen ist die Bedeutung, die sie dem *jihād* zusprechen, und die Leichtigkeit, mit der sie andere Muslime zu Ungläubigen erklären. Die drei einflussreichsten puritanischen Reformer sollen hier vorgestellt werden.

---

72 W. Laqueur: *Terrorism*. Boston [u.a.] 1977, S. 116ff.

73 Religiös motivierten Terrorismus im klassischen und modernen Islam behandelt R. Badry: „Religiös motivierter ‚revoltierender' Terrorismus im Islam. Eine phänomenologische Betrachtung und vergleichende Analyse ausgewählter vormoderner und zeitgenössischer extremistischer Bewegungen." In: R. Brunner [u.a.] (Hrsg.), S. 11-26. Allerdings war religiös motivierter Terrorismus in früheren Jahrhunderten ein Markenzeichen von Gruppierungen wie den Ismailiten und Khārijiten, deren Nachfahren in der Gegenwart mit dem Islamismus nicht das geringste zu tun haben.

1. Ibn Taimīya (1263-1328) aus Harran im Südosten der Türkei wirkte die meiste Zeit seines Lebens in Damaskus, wo er die Lehren der Mystiker sowie ihren Gräber- und Heiligenkult bekämpfte und gegen alle wetterte, die den Koran nicht streng im Wortsinne auslegten. Sein aggressives Auftreten brachte mehrfach die staatliche Gewalt gegen ihn auf; er starb schließlich während seiner letzten Haft in Damaskus. Für die Islamisten der Gegenwart wurde er nicht allein wegen seiner Kompromißlosigkeit zum Vorbild. Ibn Taimīya lebte in einer Krisenzeit, die aus der Sicht einiger heutiger Muslime manche Züge mit der Gegenwart teilt. Seine Lösungen erscheinen ihnen daher als wegweisend. Im 13. Jahrhundert hatten mit den Mongolen erstmals Nichtmuslime die Herrschaft über Kerngebiete des Islam errungen. Schon früher hatten sich in Palästina die Kreuzfahrer festsetzen können. Ibn Taimīya forderte in dieser Situation, daß die Muslime sich auf Koran und Ḥadīth zurückbesinnen.[74] Durch seinen Widerstand gegen die verbliebenen Kreuzfahrerstaaten erscheint er heute als Gegner des westlichen Imperialismus *avant la lettre*. Über den Irak herrschte seinerzeit die Dynastie der Ilkhāne, Mongolen, die *pro forma* zum Islam übergetreten waren. Ibn Taimīya erkannte sie nicht als Muslime an, da sie zwar die Riten praktizierten, ansonsten jedoch an ihrem mongolischen Gewohnheitsrecht (*yāsā*) festhielten. In einer *fatwā* erklärte Ibn Taimīya sie deswegen zu Ungläubigen. Dieses Rechtsgutachten erlangte 1980 Aktualität. Die Anhänger der *Jamāʿat Islāmīya* in Ägypten erkannten in diesem Text die Situation ihres Landes wieder. Schließlich regierte auch dort Sadat, der sich als „gläubiger Präsident" feiern ließ, aber keine Anstalten machte, die *sharīʿa* einzuführen. Die jungen Islamisten unter Islāmbūlī sahen sich daher verpflichtet, zum *jihād* gegen den heidnischen Staat auszuziehen und den Präsidenten zu ermorden.[75] Ketzer wie die erwähnten Nuṣairier erklärte Ibn Taimīya für todeswürdig. Als, wie erwähnt, die syrischen Muslimbrüder um 1980 gegen das von den ʿAlawiten getragene sozialistische Regime rebellierten, beriefen sie sich auf ein entsprechendes Rechtsgutachten.
2. Muḥammad b. ʿAbd al-Wahhāb (1703-1792) aus der zentralarabischen Region Najd war von den Ideen Ibn Taimīyas beeinflußt. Aber anders als der Damaszener Gelehrte wirkte er bei der Gründung eines Gemeinwesens mit, in dem seine Vorstellungen vom idealen islamischen Staat umgesetzt wurden. Er schloß ein Bündnis mit ʿAbd al-ʿAzīz, dem Oberhaupt des Beduinenstammes der Āl Saʿūd. Gestützt auf deren Krieger, unterwarfen sie weite Teile der arabischen Halbinsel. Dort setzten sie ihr strenges Regiment durch. Gräber- und Heiligenverehrung wurden verboten, ebenso Musik, die allgemeine Teilnahme am Gebet wurde mit Zwang durchgesetzt. In den fol-

[74] H. Laoust: *Les doctrines sociales et réligieuses de Takʿī-ad-dīn b. Taimīya*, le Caire 1939; T. Nagel: *Staat und Glaubensgemeinschaft im Islam*. Zürich 1981, II. 109ff.; E. Sivan: *Radical Islam: Medieval Theology and Modern Politics*: New Haven 1990.

[75] Kepel, *Prophet*, S. 183ff.

genden zwei Jahrhunderten wurde der Staat, der auf dem Bündnis von Āl Saᶜūd und Wahhābiten beruhte, zweimal zerschlagen, beide Male konnte er sich jedoch neu konstituieren. 1924 gelang es den Wahhābiten, den Ḥijāz, die Region der Heiligen Stätten Mekka und Medina, dauerhaft zu erobern. Das Königreich Saudi-Arabien, das auf diesem Wege entstand, wurde so bereits vor Beginn seines ölrentenbedingten Reichtums zu einem bedeutenden Machtfaktor in der islamischen Welt. Gerade die Förderung des Öls nötigte zu zahlreichen Konzessionen an die moderne Welt, wie der Duldung ausländischer Fachkräfte oder der Ausbildung eigener Experten in weltlichen Bildungsinstitutionen. Gegen zahlreiche Modernisierungsmaßnahmen hegte die wahhābitische Gelehrtenschaft erhebliches Mißtrauen. Die Dynastie, die sich zunehmend auf Technokraten stützte und nicht mehr auf die Männer der Religion, mußte in erheblichen Maße Ressourcen aufwenden, um die Gelehrten ruhig zu stellen. Besonderer Förderung erfreute sich die Verbreitung von wahhābitischem Gedankengut in der gesamten islamischen Welt. Dabei wurde bewußt die Zusammenarbeit mit sunnitischen Fundamentalisten gesucht. So wurde das Gedankengut von Maudūdī und Quṭb mit saudischen Petrodollars verbreitet. Die Grenzen zwischen Wahhābitentum und sunnitischem Islamismus wurden immer unschärfer.[76] Bis in die 1970er Jahre scheint diese Politik leidlich funktioniert zu haben. 1979 zeigte sich erstmals, wie brüchig dieses Arrangement war. Eine Gruppe junger Männer unter der Führung des Religionsgelehrten Juhaimān al-ᶜUtaibī besetzte mit Waffengewalt den Heiligen Bezirk in Mekka.[77] Die Kritik am unislamischen Gebaren des saudischen Königshauses verschärfte sich nach der irakischen Invasion Kuwaits 1990. Zwei Dinge erregten Anstoß: zum einen, daß auf der Arabischen Halbinsel, auf der nach Auffassung der Wahhābiten Ungläubige nichts zu suchen haben, amerikanische Streitkräfte stationiert wurden. Zum anderen empfinden viele Gelehrte die Zustände im Königreich als zu liberal, so befremdlich dies westlichen Beobachtern auch scheinen mag. Es begann sich zu rächen, daß Saudi-Arabien ab 1979 den internationalen islamischen Widerstand gegen die sowjetische Invasion Afghanistans finanziell und ideologisch gefördert hat. Der ehemalige Afghanistankämpfer Usāma bin Lādin rekrutierte aus ehemaligen Waffengenossen seine Privatarmee al-Qāᶜida. Radikale Islamisten aus Ägypten, Pakistan, Nordafrika und Südostasien konnten ohne größere Probleme in diesen Kampfverband integriert werden.

3. Muḥammad b. ᶜAlī ash-Shaukānī (1760-1834): Dieser wenig beachtete jemenitische Gelehrte wird wie Ibn Taimīya ebenfalls gerne von Islamisten als Autorität herangezogen. Anders als Muḥammad b. ᶜAbd al-Wahhāb

[76] G. Steinberg: *Religion und Staat in Saudi-Arabien: Die wahhabitischen Gelehrten 1902-1953*. Würzburg 2002. Cook, S. 165ff.; Schulze; G. Kepel: *Jihad: Expansion et déclin de l'Islam*. Paris 2000, S. 104ff.

[77] Ayubi, S. 145ff.

wirkte er nicht bei der Gründung eines neuen Staates mit, vielmehr gestaltete er im Einklang mit der bestehenden Dynastie den Staat in seinem Sinne um. Nach seiner Ansicht ist es das Vorrecht der Rechtsgelehrten, die Richtlinien der Politik zu bestimmen, während die Herrscher allein deren effektive Umsetzung zu garantieren haben.[78]

Ausblick

Der Islamismus ist eine Option, mit der Muslime darauf reagieren, daß drei zentrale Aspekte des traditionellen Islam in neuerer Zeit in Frage gestellt wurden: die Rigidität des Rechtssystems, dessen umfassender Geltungsanspruch für die Gesellschaft und der Überlegenheitsanspruch. Der Islamismus ist nicht die einzig mögliche Antwort auf diese Frage, aber offensichtlich eine für nicht wenige besonders verlockende.

Welche Konsequenzen ergeben sich daraus für den Umgang mit dem Islamismus, speziell mit dem islamistischen Terrorismus? Patentvorschlägen zur Bekämpfung des Islamismus ist daher mit äußerster Vorsicht zu begegnen. Sie unterschätzen die Komplexität gesellschaftlicher Systeme, die sich nicht per Knopfdruck in eine bestimmte Richtung lenken lassen. Sie ignorieren daneben vielfach die unterschiedlichen Motivationen, die einzelne Menschen dazu bewegen, sich den Islamisten anzuschließen. In jenen Ländern, wo sich das Unbehagen über desolate wirtschaftliche und politische Verhältnisse islamistisch artikuliert, würde die Verbesserung der Lebensverhältnisse dieser Ideologie die Grundlage entziehen. Doch vor der Illusion, damit sei das Problem des Terrorismus unter Kontrolle, muß gewarnt werden. Mit Bezug auf den islamistisch motivierten Terrorismus könnte sich dies möglicherweise als *kontraproduktiv* erweisen. Man erinnere sich an den europäischen Linksterrorismus der 1970er Jahre. Er war – salopp gesagt – als Reaktion radikaler Studenten darauf entstanden, daß dem Proletariat Fußballergebnisse wichtiger waren als die Weltrevolution. Die Wahl oder die Radikalisierung terroristischer Mittel scheint für Anhänger totalitärer Ideologien dann eine naheliegende Option zu sein, wenn ihre Versuche zur Massenmobilisierung gescheitert sind. Ein Beispiel zeigt, daß mangelnde gesellschaftliche Unterstützung durchaus nicht zur Aufgabe radikaler Mittel führen muß. Nach dem Massaker an Touristen am Hatschepsut-Tempel im März 1997, auf das die ägyptische Bevölkerung mit Empörung reagierte, verübten die radikalen Islamisten in Ägypten zwar keine Anschläge mehr. Offenbar begannen sie aber im Anschluß daran, stärker mit al-Qāʿida zu kooperieren.

Zwar wird es immer bestimmte Konsequenzen nach sich ziehen, wenn Muslime ihrem politischen Handeln bestimmte religiöse Normen zugrunde legen.

---

[78] B. Haykel: *Revival and Reform in Islam: The Legacy of Muhammad b. Ali al-Shawkani.* Cambridge 2002.

Doch kein Naturgesetz verurteilt sie dazu, der Erfüllung dieser Normen absoluten Vorrang einzuräumen. Pakistans größte Stadt Karachi ist ein Beispiel dafür, daß die Trägerschaft des Islamismus wegbrechen kann, wenn bestimmte Bevölkerungsgruppen andere politische Prioritäten als religiös geprägte setzen: Viele der dort ansässigen urdu-sprachigen Muhajirin (1947 aus Indien geflohene Muslime) waren Anhänger von Maudūdīs *Jamāʿat-i Islāmī*, doch wandten sie sich mehrheitlich der säkularen Interessenpartei MQM (Nationale Muhajir Front) zu, als die weniger gebildete sindhi-sprachige Bevölkerung des Hinterlandes mit einem Quotensystem die Muhajir aus dem Staatsapparat zu verdrängen suchte. Zyniker könnten zudem darauf verweisen, daß sich zumindest in Iran die Errichtung eines islamistischen Regimes als wirkungsvolles Mittel zur Bekämpfung des Islamismus als Massenbewegung bewährt hat. Die beiden Beispiele zeigen, daß die Überwindung des Islamismus am ehesten durch innergesellschaftliche Entwicklungen zu erwarten ist, die sich aber kaum geplant von außen werden steuern lassen.

Kontraproduktiv dürfte sich allerdings die „Bereitschaft zur Selbstpreisgabe“ (Ursula Spuler-Stegemann) auswirken, die in den westlichen Gesellschaften gegenwärtig nicht selten zu beobachten ist. Die modisch als Kulturrelativismus verkaufte Kritik an Rationalismus und Säkularismus[79] verkennt nicht nur die weitreichenden praktischen Konsequenzen von Normen und Weltsichten. Sie wird kaum dazu motivieren, geschlossene Weltbilder zu hinterfragen und die zahlreichen sozialen und ökonomischen Probleme der islamischen Welt mit einer realistischen Perspektive anzugehen.[80] Der zuweilen äußerst naive „Dialog der Religionen“ beziehungsweise „Kulturen,“ den manche Kirchenvertreter und politische Stiftungen pflegen, verschafft den Islamisten ein Forum,[81] während säkular-demokratische Kräfte kaum auf institutionelle Unterstützung aus dem Westen zählen können.

[79] W. Merkel: „Religion, Fundamentalismus und Demokratie.“ In: W. Schluchter (Hrsg.): *Fundamentalismus, Terrorismus, Krieg.* Weilerswist 2003, S. 61-86. Der Begriff Kulturrelativismus ist ohnehin ein Unding, weil diese Auffassung einen ganz unrelativistischen moralischen Überlegenheitsanspruch impliziert.

[80] Ein Ansatz dazu sind die im Auftrag der UN verfassten Berichte arabischer Sozialwissenschaftler zur Situation von Bildung und Forschung: “Arab Human Development Report 2002 and 2003”.

[81] Einen Tiefpunkt in dieser Hinsicht stellt die – von arabischen Säkularisten – kritisierte Konferenz von Friedrich-Ebert-Stiftung und dem Think-Tank der *Ḥizbullāh* in Beirut im Februar 2004 dar. M. Bickel: „Wo der Dialog an Grenzen stößt: Eine europäisch-islamische Konferenz in Beirut.“ *NZZ* 26. Februar 2004; T. Uwer und T. von der Osten-Sacken: „Verständnisinnig.“ In: *Jungle World* 8 (2004), 11. Februrar 2004.

Eschatologische Vorstellungen im Islam und Islamismus: Zusammenhänge mit terroristischer Gewalt

Reinhard Möller

1. Eschatologie im Koran

Im Zusammenhang mit Selbstmordanschlägen islamistischer Terroristen wird die Frage nach den Jenseitsvorstellungen im Islam immer wieder aktuell. Gelten doch diese Attentäter im radikal-islamischen Milieu als hochgeschätzte Märtyrer (*shuhadā'*), denen nach Hingabe ihres Lebens für die „Sache Gottes" der unmittelbare Zugang zum Paradies sicher sein soll. Nach Koran und *ḥadīth* erwarten sie dort nie endende Wonnen und ewige Seligkeit.

Zu den Kernaussagen von Muḥammads Botschaft im Koran gehört ja neben der Lehre von dem *einen* und allmächtigen Schöpfergott die Verkündung des Jüngsten Tages, des endzeitlichen Gerichts und des Lebens nach dem Tod. Immer wieder spricht der Prophet drohend vom nahenden Tag des Gerichts. Adressaten der Botschaft waren zunächst Muḥammads Landsleute in Mekka. Der Koran gilt denn auch als

> „arabische Ausgabe aus dem himmlischen Urbuch."[1]

Wie bekannt ist, widersprachen die Anschauungen vom Jüngsten Gericht und der Auferweckung der Toten der Vorstellungswelt der Araber jener Epoche; für sie war der Tod das definitive Ende des menschlichen Lebens. Die strikte monotheistische Lehre des Islam in Verbindung mit seiner Eschatologie haben trotz anfänglicher Skepsis und Ablehnung im Laufe der Jahrhunderte fast universale Bedeutung erlangt.

„Eschatologie" bezeichnet nicht sehr präzise die „Lehre von den letzten Dingen," das heißt vom Ende der Welt, der Geschichte und des einzelnen Menschen. Die eschatologischen Kernaussagen des Koran werden von der islamischen Überlieferung (*ḥadīth*) in starkem Maße ergänzt und abgerundet, nicht selten in überaus bildhafter Sprache. Die Schiiten erkennen im übrigen nur die Überlieferungen als gültig an, die sich auf ʿAlī, Muḥammads Schwiegersohn und „rechtmäßigen" Stellvertreter, sowie dessen Anhänger zurückführen lassen. ʿAlī

---

1 A. Th. Khoury u. P. Hünermann (Hrsg.): *Weiterleben nach dem Tode? Die Antwort der Weltreligionen.* Freiburg 1985, S. 121.

war der vierte Kalif (reg. 656-661); seine Nachkommen gelten der Schia als Imāme, „Führer der Gemeinde."

Was sind nun die zentralen eschatologischen Aussagen des Korans? Vier Elemente des dort geschilderten endzeitlichen Geschehens sind hervorzuheben:

- Der Weltuntergang als kosmische Katastrophe mit der Auslöschung der Natur und allen Lebens. Es ist in diesem Zusammenhang die Rede von Naturkatastrophen, Erdbeben bisher unbekannten Ausmaßes, vom Einsturz ganzer Bergmassive, von der Verfinsterung der Sonne usw..
- Die Auferstehung bzw. Auferweckung der Toten als „zweite Schöpfung." Die Gräber, so steht geschrieben, werden sich öffnen und die Toten zu neuem Leben auferweckt und „zurückgeholt." Wie schon angedeutet, löste die Botschaft Muḥammads bei seinen Landsleuten, vor allem der konservativen Händlerschaft, große Skepsis, ja Spott aus. In Sure 53, 44-47 heißt es: „[Und daß er es ist, ...] der sterben läßt und lebendig macht? Und daß er (die Menschen in) beiderlei Geschlecht erschafft, männlich und weiblich, aus einem Tropfen (Sperma), wenn er (bei der Begattung) ausgestoßen wird, und daß es ihm obliegt, (bei der Auferstehung) ein zweites Mal Existenz zu verleihen."[2]
- Tag des Gerichts (*yaum ad-dīn*): Mit der Auferstehung geht der Tag des Jüngsten Gerichts einher – mit Gott als oberstem Richter. Niemandem wird Unrecht geschehen, weil Gott ja ein gerechter Richter ist. Die Propheten treten als Zeugen für oder gegen ihre Glaubensanhänger auf. Muḥammad für die Muslime, Jesus für die Christen. Gott kann beiden und den Engeln Fürspracherecht gewähren. Beim Gerichtsentscheid ist der wahre (= islamische) Glaube bzw. Unglaube (= andere religiöse Überzeugung) ausschlaggebend. A. Th. Khoury bemerkt dazu: „Trotz der wiederholten Verbindung von Glauben und guten Werken [...] bleibt, nach der islamischen Tradition, der Glaube das Hauptkriterium zur Begründung des endgültigen Urteils über den Menschen."[3] Nach dem Urteilsspruch werde in drei Gruppen geschieden: Die Gerechten, die Verdammten und die „Allerersten," zu denen die Propheten (wie Adam oder Abraham als „erster Monotheist", Noah, Moses, David, Jesus und Muḥammad) und die Märtyrer als Privilegierte gehören; sie gehen nach ihrem Ableben unmittelbar ins Paradies, nahe dem Throne Gottes, ein. Juden und Christen als „Volk des Buches" (*ahl al-kitāb*) nehmen am Gerichtstag eine besondere Stellung ein.
- Paradies und Hölle: Den Gerechten und wahren Gläubigen steht das Paradies („Gärten der Wonne," „Garten Eden" mit schattigen und blühenden Bäumen) offen. Der Koran spricht ferner von „golddurchwirkten Ruhebetten," auf denen die Gott Nahestehenden liegen, von „großäugigen Huris," Paradie-

---

2 *Koran*, Sure 53, 44-47. Alle Koranstellen zit. nach *Der Koran*, übers. v. R. Paret, 8. Auflage, Stuttgart [u. a.] 2001.

3 A. Th. Khoury u. P. Hüdermann: *Weiterleben...*, S. 190.

ses-Jungfrauen, die zu Diensten stehen, auch von allerlei „Früchten," „Fleisch und Geflügel."[4] In die Hölle kommen all diejenigen, die für ungläubig bzw. polytheistisch befunden werden. Das christliche Dogma von der Dreieinigkeit – Gott Vater, Gott Sohn und Heiliger Geist (vom Koran allerdings mißverstanden als Trias von Gott Vater – Sohn Jesus und Mutter Maria) – gilt als Vielgötterei und wird als „Beigesellung" (*shirk*) verurteilt. Die Hölle erscheint im Koran als ein Ort „von sengender Glut und heißem Wasser,"[5] als ein Ort, an dem die Verdammten mit „Fesseln und Ketten an ihrem Hals [...] in das heiße Wasser gezerrt werden und hierauf das Höllenfeuer mit ihnen geschürt wird."[6] Unerträgliche Schmerzen verursacht das Essen der Früchte vom *Zaqqūm*-Baum (Qualenbaum).[7] Die drastischen Bilder, die hier verwendet werden, sollte man vor dem Hintergrund der Auseinandersetzung Muḥammads mit seinen Gegnern, den Polytheisten, Juden und Christen sehen und beurteilen. Ihm war daran gelegen, die Menschen massiv aufzurütteln und zur heilsnotwendigen Bekehrung zum Islam zu veranlassen. Vergleichbare sprachliche Wendungen finden sich in manchen Prophetentexten des Alten bzw. in den Gerichtsreden des Neuen Testaments.

Muḥammad hat überhaupt einen Teil seiner eschatologisch-apokalyptischen Anschauungen aus dem jüdisch-christlichen Umfeld seiner Zeit übernommen. Auf dem Weg über das Judentum ist er sicherlich auch von der altpersischen Reformreligion des Zarathustra beeinflußt worden. Ein Bestandteil dieser Religion ist die Lehre vom Dualismus „dieser" und der „kommenden" Welt. Die diesseitige Welt soll 3000 Jahre nach Zarathustra in einem schrecklichen Weltenbrand zugrundegehen. Nach Erscheinen eines transzendenten, endzeitlichen Retters und dem darauffolgenden Weltgericht würden die Toten auferweckt, und die Gerechten unter ihnen einen Feuersee ohne jegliche Qualen durchschreiten, während die Gottlosen darin verbrennen oder aber gereinigt würden. Auf einer neu entstehenden Erde wohnten dann die Gerechten und Geläuterten auf ewige Zeiten. Aus der Polarität der „zwei Welten" ist der Dualismus von Leib und Seele abgeleitet worden. Der Leib des Menschen gehöre „dieser," die Seele hingegen der „kommenden" Welt an.[8]

Der Koran als direktes und unverfälschtes Wort Gottes, als unmittelbare Manifestation göttlichen Willens und Wirkens steht neben der Lehre der unteilbaren göttlichen Einheit im Zentrum islamischer Frömmigkeit. Es ist deshalb einleuchtend, daß der Auslegung des heiligen Buches nicht dieselbe Bedeutung zukommt wie der Lektüre und korrekten Rezitation des Textes. Auch wird deutlich, warum eine weit über das buchstäbliche Verständnis des Koran und damit auch

4 Zur Topographie des Paradieses vgl. *Koran*, Sure 56, 8-40.
5 *Koran*, Sure 56, 42.
6 *Koran*, Sure 40, 71-72.
7 *Koran*, Sure 56, 52.
8 Vgl. Medard Kehl: *Eschatologie*. Würzburg 1986, S. 115ff..

seiner eschatologischen Botschaft hinausgehende Interpretation der Unterwerfung unter den Willen Gottes widerspräche und als blasphemisch verurteilt würde, obgleich die Geschichte der Koranexegese durchaus auch Strömungen umfaßt, denen eine allegorisch-metaphorische Ausdeutung des heiligen Textes nicht fremd war. So kann man aber dennoch davon ausgehen, daß die überwiegende Mehrheit der gläubigen Muslime dazu tendiert, den Koran eher wortwörtlich als allegorisch zu verstehen. Für sie steht die Realität von Wiederauferstehung, Jüngstem Gericht und Paradies außer Frage.

2. Eschatologische Vorstellungen in der nachprophetischen Zeit.

In der nachprophetischen Zeit lassen sich in sunnitischen und schiitischen Überlieferungen, wie auch im Bereich der Volksfrömmigkeit, verschiedene Varianten des im heiligen Buch geschilderten eschatologischen Geschehens feststellen. So ist seit dem 9. Jahrhundert von zwei Engeln, *Munkar* und *Nakīr*, die Rede, welche den Toten im Grab nach dem islamischen Glaubensbekenntnis (*shahāda*) befragen und danach auch Strafen verhängen können.

Anderen Anschauungen zufolge erscheint in der Todesstunde des Menschen einer der Erzengel, *ʿIzrāʾīl*, und entzieht dem Sterbenden die Seele, die dann in den Himmel emporgeführt wird. Den Seelen des Gläubigen wird Gottes Vergebung bestätigt, nicht aber den Seelen der Gottlosen. Nach dieser Überlieferung steht schon vor dem Gerichtstag fest, wer einmal in der Ewigkeit belohnt und wer verdammt wird.

Eine gewichtige Rolle in der Endzeit spielen nach islamischer Vorstellung drei apokalyptische Gestalten: *Dajjāl*, *al-Mahdī* und *ʿIsā* (Jesus), wobei Jesus als Prophet der Christen und Überbringer des Evangeliums (*injīl*) als einziger im Koran selbst genannt wird:

a.) Der im Koran nicht vorkommenden Name *Dajjāl* ist vom arabischen Verb *dajala* (= schwindeln, betrügen) abgeleitet und bedeutet „Schwindler, Betrüger," ist zugleich aber auch die Bezeichnung für den in der Bibel genannten Antichrist. Der *Dajjāl* soll vor dem Ende der Zeit erscheinen und *fitna*, d.h. Unordnung, das absolute Gegenteil zur gottgewollten Ordnung, verursachen. 40 Tage oder Jahre würde die Welt dann Tyrannei und moralischen Verfall erleiden. Engel sollen dem großen „Betrüger" aber den Zutritt nach Mekka und Medina versperren. Letztendlich würde er vom wiederkehrenden Jesus, nach anderen Quellen vom *Mahdī*, besiegt und getötet werden.

b.) Auch vom *Mahdī*, dem „Rechtgeleiteten" nach ursprünglichem Sinn, ist im Koran nicht die Rede. Der Terminus verweist auf die frühislamische Geschichte, in der *al-Mahdī* als Ehrentitel, noch ohne messianische Nebenbedeutung verliehen wurde. Erst während des zweiten Bürgerkriegs, nach dem Tode des Ummayaden-Kalifen Muʿāwiya, erhielt die Bezeichnung eine solche

Konnotation. Von nun an wurde derjenige Herrscher *al-Mahdī* genannt, der die Aufgabe übernehmen würde, den Islam in seiner ursprünglichen Vollkommenheit wiederherzustellen. Es verwundert nicht, daß gerade islamistische Führer immer wieder das *Mahdī*-Konzept aufgegriffen haben, weist es doch durch starke Verankerung im kollektiven Gedächtnis von Muslimen ein hohes Mobilisierungspotential auf.

c) Am Ende der Zeit wird nach islamischer Tradition auch Jesus wiederkommen, sich in Jerusalem aufhalten und dort wie ein rechtgläubiger Muslim leben. Am Jüngsten Tag werde er als Zeuge gegen die Christen auftreten und dabei gegen die Vorstellung von der Trinität aus Gott – Maria – Jesus (von islamischer Seite falsch verstanden) aussagen.

3. Zum Mahdītum in der Schia

In der Schia, insbesondere bei den Zwölferschiiten, verbindet sich die Hoffnung auf den *Mahdī* mit dem Glauben an den „verborgenen Imām." Als 873 der elfte Imām allem Anschein nach – ohne einen Erben zu hinterlassen – starb, gab es Anhänger, die trotzdem behaupteten, er hätte einen Sohn, der von Gott in eine geheimnisvolle Verborgenheit entrückt worden sei, damit er vor dem Zugriff des sunnitischen Kalifen sicher sein könnte.

Imāme sind – so die Lehre – von Gott geleitete Führer aus der Nachkommenschaft ʿAlīs; sie sind frei von Sünden, unfehlbar und starben bzw. sterben als Märtyrer. Schiiten gedenken noch heute in Trauer- und Passionsspielen des Martyriums ihres dritten Imāms al-Ḥusain. Der Prophetenenkel wurde 680 mit fast allen seinen Gefährten im Kampf gegen die Übermacht des Ummayyaden-Kalifen Yazīd bei Kerbela umgebracht.

Heinz Halm schreibt:

> „Für die Schiiten ist Kerbela der Dreh- und Angelpunkt ihres Glaubens, Höhepunkt eines göttlichen Heilsplans, dessen Verheißungen all denen zuteil werden, die auf der Seite des gemarterten Imāms Partei ergreifen."[9]

Die Buß- und Trauerrituale am *ʿāshūrāʾ*-Tag („Zehner") vergegenwärtigen das Leiden al-Ḥusains und lassen die Gläubigen an dessen Martyrium teilnehmen. Sie ermöglichen ihnen auch, einen Teil ihrer persönlichen wie kollektiven Schuld abzubüßen. Die Gläubigen sind davon überzeugt, daß der entrückte „zwölfte Imām" eines Tages als Messias und *Mahdī* erscheinen und an die Spitze der Schia („der Partei ʿAlīs") treten werde, um die legitimen Rechte seines Hauses geltend zu machen, die Tyrannenherrschaft zu beenden und Gerechtigkeit walten zu lassen. Wachsam und ergeben warten sie auf sein Kommen, beachten auch bestimmte Vorzeichen im Lichte apokalyptischer Prophezeiungen. Als

9 Heinz Halm: *Der schiitische Islam*. München 1994, S. 28.

„Wehen der Endzeit“ gelten Erdbeben, Überflutungen großen Ausmaßes, Heuschreckenplagen, das Auftreten von falschen Propheten usw..

Das Jahr der Wiederkehr des Imāms ist niemandem bekannt. Viele Schiiten gehen aber davon aus, daß er am zehnten Tag des Monats Muḥarram, am Gedenktag von al-Ḥusains' Martyrium, gegenüber der Kaʿba in Mekka, erscheinen werde. Noch soll sich der *Mahdī* – unerkannt – in Mekka oder in der Nähe der Stadt aufhalten, sich von dort nach Medina und dann nach Kufa begeben, wo er seine Herrschaft antreten werde. Auch al-Ḥusain, ʿAlī und Muḥammad würden wiederkehren und wichtige Aufgaben bei der Wiederherstellung der islamischen Herrschaft übernehmen. Das Reich des *Mahdī* werde erfüllt sein mit Gerechtigkeit, und allen Menschen werde es wohl ergehen. Die ganze Welt – so auch die sunnitischen Vorstellungen – wird den Islam als die einzig wahre Religion annehmen. Wer dies nicht freiwillig tue, müsse dazu gezwungen werden.

In islamischen Ländern schiitischer wie sunnitischer Prägung hat es in der Geschichte immer wieder *Mahdī*-Bewegungen unterschiedlicher Ausformung als „eschatologische Aufbrüche“ mit zeitweilig revolutionärer Zuspitzung gegeben.[10] Ein *Mahdī*-Prätendent war zum Beispiel Muḥammad ʿUbaid-Allāh (gest. 934), der erste Kalif der Fatimiden (nach Muḥammads Tochter Fāṭima benannt, der Frau ʿAlīs und Mutter von Ḥasan und al-Ḥusain, auf die er sich – genealogisch umstritten – zurückzuführen suchte). Er kam im Maghreb an die Macht, nachdem er mit einer Armee von tunesischen Berbern die abbasidentreue Dynastie der Aghlabiden aus Kairuan hatte vertreiben können. Seinen Sohn proklamierte er im übrigen als den erwarteten *qāʾim*, der für die Sache Gottes aufstehen und soziale Gerechtigkeit bringen würde.[11]

Ein Jahrhundert später wurde Ibn Tūmart al-Mahdī, der Begründer der Almohaden-Dynastie (ursprünglich eine religiöse Reformbewegung), von seinen Anhängern als der verheißene *Mahdī* anerkannt. Unter ʿAbd al-Muʾmin (reg. 1130-63) eroberten die Almohaden den ganzen Maghreb und das islamisch gewordene Spanien.

In neuerer Zeit ist vor allem die *Mahdī*-Bewegung von Muḥammad Aḥmad im Sudan (1843-1885) bekannt und politisch bedeutsam geworden. Im Kampf gegen die ägyptisch-britische Kolonialherrschaft gelang es ihm sogar, den ganzen östlichen Sudan zu erobern. 1898 wurden die Truppen seines Nachfolgers ʿAbdallāh allerdings von den Briten besiegt. Doch das Mahdītum blieb im Land über viele Jahrzehnte lebendig. Seine Nachfahren gründeten die Nationalpartei *Ḥizb al-Umma* der *Anṣār*-Bewegung und wagten 1970 erneut einen Aufstand. Sie besetzten die traditionsreiche Insel Aba und riefen dort eine unabhängige Herrschaft aus. Bald darauf sollte aber auch diese Erhebung von Regierungstruppen niedergeschlagen werden.

10 W. E. Mühlmann: *Chiliasmus und Nativismus*. Berlin 1961, S. 223.
11 G. Endreß: *Der Islam*. Dachau 1991, S. 56.

Am für Muslime geschichtsträchtigen Tag des 20. November 1979 wurde in Saudi-Arabien Juḥaimān Ibn Muḥammad al-ʿUtaibī zum *Mahdī* proklamiert. Mit 400 bis 500 Anhängern besetzte er die große Moschee von Mekka mit dem Ziel, die als *Dajjāl* bezeichnete saudische Herrscherfamilie herauszufordern. Die sich *ikhwān* („Brüder") nennende Gruppierung verlangte die Ausweisung nichtmuslimischer Gastarbeiter aus Saudi-Arabien und unbegrenzte Einreisemöglichkeit für Muslime. Die Aktion endete mit der Hinrichtung von insgesamt 63 Rebellen.

Es gab in der Geschichte des Islam auch *Mahdī*-Bewegungen, die sich zu selbständigen Relgionsgemeinschaften entwickelt haben. Dazu gehören die im 19. Jahrhundert im Iran entstandene, der Schia gedanklich nahestehende *Bahāʾī*-Religion und die sunnitische Erneuerungsbewegung der *Aḥmadīya*, die von Mīrzā Ghulām Aḥmad (1839?-1908) aus dem Pandschab gegründet wurde. Aḥmad nahm aufgrund göttlicher Offenbarungen für sich in Anspruch, der maßgebende Reformer seiner Zeit wie auch islamischer *Mahdī* und christlicher Messias zugleich zu sein. Fanatische Mullahs hielten ihn für einen Abtrünnigen und lassen noch heute *Aḥmadīya*-Muslime verfolgen.

4. Eschatologische Vorstellungen und Erwartungen im Islamismus

Seit den 70er Jahren des letzten Jahrhunderts sind im Islam verstärkt Strömungen und Bewegungen hervorgetreten, die man als neo-fundamentalistisch oder korrekter islamistisch bezeichnen kann. Der Islamismus ist eine Folgeerscheinung krisenhafter Entwicklungen im Nahen und Mittleren Osten. Er läßt sich darüber hinaus als Reaktion auf die (westliche) Moderne verstehen, ist aber zugleich ein Produkt und Bestandteil dieser Moderne.

Was er an der Moderne ablehnt, sind deren Begleiterscheinungen. Islamistische Bewegungen wollten die säkularen Ideologien des arabischen Nationalismus und arabischen Sozialismus, deren Verheißungen unerfüllt blieben, ablösen, oder besser gesagt, deren Rollen als säkularisierte und politisierte Religion übernehmen. Obwohl die verschiedenen Gruppierungen in manchen Einzelheiten voneinander abweichende Anschauungen vertreten, haben sie doch bestimmte gemeinsame Merkmale:

Koran und Propheten-Überlieferung sind für Islamisten – wie für alle gläubigen Muslime – Bezugspunkte der Theologie, des Rechts und der Ethik. Sie geben Handlungsorientierung im diesseitigen Leben, das unter dem Blickwinkel der künftigen, jenseitigen Welt betrachtet wird. Im Grundsatz gilt: Jedes Wort und jeder Buchstabe im Koran ist von Gott offenbart. Und jedes über den buchstäblichen Sinn hinausgehende Verständnis des Textes widerspräche der Unterwerfung unter den Willen Gottes und wäre damit blasphemisch. Trotzdem gibt es islamistische Ideologen, die je nach Opportunität zwischen wörtlichem und nicht-wörtlichem Verstehen hin- und herschwanken.

Der Islam ist für Islamisten Religion und Staat (*dīn wa-daula*) zugleich, ein allumfassendes, vollkommenes System, das sämtliche Bereiche des menschlichen Lebens bestmöglich regelt. Ein erneuerter Islam bietet die Lösung aller Probleme. Voraussetzung ist aber die Wiedereinführung der islamischen Rechtsordnung (*sharīʿa*), über deren Ausgestaltung jedoch unterschiedliche Vorstellungen bestehen. Berührungspunkte mit totalitären Ideologien sind unverkennbar.

Radikale Ideologen blenden in ihren Verlautbarungen zumeist den größten Teil der islamischen Geschichte aus, ja verurteilen die seit Muḥammads Offenbarung vergangene Zeit als Irrweg. Sie verklären die Urgemeinde, sind aber trotz dieser Idealisierung davon überzeugt, daß die ewige Ordnung unter der Herrschaft Gottes in der Zeit des Propheten nicht endgültig vollendet worden sei, sondern erst noch verwirklicht werden müsse – ein folgenreicher „revolutionärer Traum zur Erlösung der Zukunft."[12]

Die schonungslose Kritik an den gegenwärtigen Verhältnissen der arabisch-islamischen Welt und der internationalen Politik geht Hand in Hand mit ihrer vom revolutionären Willen getragenen Zukunftsorientierung. Die Gegenbilder zur unheilvollen Gegenwart entnehmen die Radikalen auch den eschatologischen Traditionen des Islam. Am Ende der Zeiten – so ihre Spekulation – werde der *Mahdī*, der im schiitischen Kontext mit dem verborgenen Imām identifiziert wird, erscheinen, um auf Erden ein Reich des Friedens und der Gerechtigkeit zu errichten. Das „doppelt gerichtete Geschichtsverständnis,"[13] also Rückbezug zur islamischen Urgemeinde und eschatologische Erwartung, kann unter bestimmten Bedingungen zu einer gewaltauslösenden Dynamik führen.

Die Vorbereitung des kommenden Reiches stellt man sich je nach Radikalisierungsgrad unterschiedlich vor. Sie kann geschehen durch Überzeugungsarbeit und Vorbildwirkung in der muslimischen Bevölkerung, durch gesellschaftliche und politische Reformen und vor allem aber durch den „Heiligen Krieg" genannten *jihād*.

Dieser mit der eschatologischen Thematik eng verknüpfte Begriff hat durch militante Islamisten eine sehr einseitige Deutung erfahren. Während gemäßigte muslimische Theologen – meist unter Verweis auf die linguistische Herkunft des Begriffes vom arabischen Verbum *jahada* („sich bemühen, anstrengen") – darum bemüht sind aufzuzeigen, daß es sich beim *jihād* nicht *per se* um das bewaffnete Vorgehen gegen Andersgläubige, sondern um eine allgemeine Bemühung und Anstrengung um des Glaubens willen handle, verstehen radikale Islamisten den Begriff im Sinne des bewaffneten Kampfes gegen Abtrünnige im eigenen Lager und gegen äußere Feinde, also „Ungläubige" im Westen, insbesondere Amerikaner und Juden. Heinz Halm schreibt in diesem Zusammenhang:

---

12 F. Büttner: „Islamischer Fundamentalismus – Politisierter Traditionalismus oder revolutionärer Messianismus?" In: H. Bielefeldt u. W. Heitmeyer (Hrsg.): *Politisierte Religion*. Frankfurt a.M. 1998, S. 205.

13 Ebd., S. 206.

> „[...] jeder Befreiungskampf, jedes Kommandounternehmen, jeder Selbstmordanschlag oder revolutionäre Umsturzversuch läßt sich leicht mit dem Etikett ‚jihad' versehen und so mit einer religiösen Legitimation ausstatten."[14]

Der *jihād* wird auch mit dem Hinweis gerechtfertigt, daß man von Feinden eingekreist und angegriffen werde; man sei daher gezwungen, sich mit allen Mitteln zu verteidigen. Als Märtyrer werden dann auch diejenigen Muslime bezeichnet und verehrt, die im „Heiligen Krieg" zu Tode kommen; nach ihrem Opfertod gelangen sie nach Überzeugung der Extremisten unmittelbar ins Paradies. Der *jihād* der Militanten wird an mehreren Fronten – national, regional und global – ausgetragen. Dieser Kampf gegen konkrete Feinde (Regierungen, Völker, Soldaten und Zivilisten) wird nicht selten durch religiöse Deutungen universalisiert und auf eine mythische Ebene transzendiert. Es ist dann die Rede von einer mythisch-kosmischen Konfrontation zwischen Gut und Böse, zwischen göttlichen und satanischen Mächten und deren Agenten. Die Akteure dieser Auseinandersetzung erhalten dadurch welt- und heilsgeschichtliche Bedeutung; sie werden Teil eines eschatologisch-apokalyptischen Dramas.

5. Eschatologie und extreme Militanz

Belege für Zusammenhänge zwischen eschatologisch-apokalyptischen Vorstellungen und extremer Militanz sollen nun anhand von drei Beispielen aus dem breiten Spektrum radikaler islamistischer Gruppierungen aufgezeigt werden. Es handelt sich dabei um den ehemaligen iranischen Revolutionsführer Āyatullāh Khumainī, um die palästinensische *Ḥamās* und Usāma bin Lādin.

a.) Āyatullāh Khumainī

Schon Anfang der 1960er Jahre wandte sich der Āyatullāh gegen die Absicht des persischen Shāhs, amerikanischen Militärberatern Diplomatenstatus zu gewähren. Er nannte den Monarchen öffentlich den „Yazīd unserer Zeit," eine Anspielung auf den Kalifen gleichen Namens, der für das Kerbela-Massaker an al-Ḥusain, dem Propheten-Enkel, verantwortlich war.

Khumainī geißelte die widergöttliche Politik des Shāhs, verwarf überhaupt die Monarchie als Staatsform, was einem Bruch mit der traditionellen zwölferschiitischen Lehre gleichkam. Die Schia zeichnete sich bisher überwiegend durch politischen Quietismus und eine prämillenarische Imāmatslehre aus. Das ersehnte Millennium, Reich des Friedens und der Gerechtigkeit, wird demzufolge durch den wiederkehrenden *Imām Mahdī* herbeigeführt, nicht durch Menschenhand. Nach dem Sturz des Shāh-Regimes sollte nach Khumainī der bestqualifizierte

[14] Heinz Halm: *Der Islam*. München 2002, S. 88.

und in der Bevölkerung die größte Anhängerschaft aufweisende Rechtsgelehrte oder ein Kollegium solcher Gelehrter an die Macht kommen, um die wahre islamische Ordnung im Lande – wie zu Zeiten des Imāms ʿAlī (reg. 656-661) – wiederherzustellen. Das Reich der Gerechtigkeit müsse in der Abwesenheit des *Imām Mahdī* vertreten oder auch teilweise vorweggenommen werden. Es geht hier um eine relative, nicht absolute Statthalterschaft; diese könne allein dem erwarteten *Mahdī* zukommen. In ihrer Funktion unterscheiden sich die genannten Gelehrten laut Khumainī nicht vom Propheten und den Imāmen, wohl aber in ihrem Status.

Quietismus und gottergebenes Warten hatten für den Āyatullāh bald ausgedient. Er verschrieb sich der aktivistischen Form des Islamismus, nachdem er traditionelle Lehren der Schia innovativ interpretiert hatte. Ein weiteres Mittel zur Massenmobilisierung bestand darin, die von der Volksfrömmigkeit geprägten Trauerfeierlichkeiten am *ʿāshūrāʾ*-Tag umzudeuten und als Anleitung zum politischen, ja revolutionären Handeln zu verstehen. Die von ihm und der iranischen Geistlichkeit angestrebte Revolution führte 1978/79 zum Erfolg, weil es gelungen war, die Bevölkerung im Iran auf breiter Basis zu mobilisieren. Die danach proklamierte Islamische Republik war für Khumainī der relativ beste Staat, der sich von kolonialer Tyrannei und autoritärer Herrschaft befreit hatte. Dieser Staat ist keine Theokratie im strengen Sinne, sondern eher ein totalitärer Weltanschauungsstaat, denn es ist nicht Gott oder ein mit göttlichem Charisma ausgestatteter Imām, der die Geschicke des Gemeinwesens lenkt, sondern die Rechtsgelehrtenschaft, die in Vertretung und Statthalterschaft – aber ohne göttliches Charisma – die Staatsgeschäfte versieht.

Der Krieg gegen den Erzfeind Irak, die sunnitische Übermacht, war für den Revolutionsführer „gottgewollt“ und „heilig,“ auch eine Parallele zu Kerbela. Der Aufruf zum Selbstopfer im „Heiligen Krieg“ wurde von Tausenden junger Iraner freudig befolgt. Verheißen wurden ihnen der unmittelbare Zugang zum Paradies nach dem Märtyrertod. Der Glaube ans Jenseits verhindere, soll Khumainī sinngemäß gesagt haben, daß sich jemand vor dem Einsatz im Krieg fürchtet. Die Märtyrer-Kandidaten waren davon überzeugt, daß der Wiederkunft des verborgenen Imāms nichts dienlicher sein könnte als ihr Selbstopfer. Der „Heilige Krieg“ sollte im übrigen nicht nur den Sieg über den Tyrannen Ṣaddām Ḥusain bringen, sondern darüber hinaus alle Muslime der Region befreien und den Weg ebnen zur Befreiung Kerbelas und Mekkas, die sich in der Hand der „Ungläubigen“ befänden. Der erwartete Sieg über den Irak wurde schließlich auch als wichtige Etappe zum islamischen Weltstaat angesehen.

Die anvisierten Ziele des eschatologisch denkenden und militanten Āyatullāhs sind überwiegend nicht erreicht worden. Die Frage ist, wie lange sich die „Statthalterschaft der Rechtsgelehrten“ (*velāyat-i faqīh*) im Iran halten wird, und wie lange die Geistlichkeit Reformen noch bremsen kann.

b.) Ḥamās – Bewegung des islamischen Widerstands

Ḥamās, ursprünglich ein Zweig der Muslim-Bruderschaft, ist heute die am stärksten in Erscheinung tretende islamistische Gruppierung sunnitischer Prägung in Palästina. 1987, zur Zeit der ersten Erhebung (*intifāḍa*) gegen die israelische Besetzung von Westbank und Gaza, wurde sie vom fast völlig gelähmten, charismatischen Shaikh Aḥmad Yāsīn gegründet. Er war bis zu seiner gezielten Liquidierung durch das israelische Militär im März 2004 ihr geistlicher Führer.

Die Bewegung entwickelte sich rasch zu einer militant-islamistischen Alternative zum säkularen Nationalismus der Palästinensischen Befreiungsfront (PLO). Der ideologische Grunddissens gegenüber diesem „inneren" Gegner besteht in der Frage des Säkularismus, der für *Ḥamās* nichts anderes ist als eine durch den Kolonialismus hervorgerufene Entfremdung vom Islam. *Ḥamās* hat durch ihre Prediger großen Einfluß auf die Moscheen in den besetzten Gebieten. An den Universitäten kann sie auf eine nicht geringe Anhängerschaft zählen. Bei Wahlen, zum Beispiel in Berufsverbänden, Handelskammern und Universitätsgremien, gewinnt sie nicht selten mehr Stimmen als die PLO.

Populär wurde sie nicht zuletzt durch ihr weitgespanntes Netz an religiösen, sozialen und karitativen Einrichtungen, deren Funktion als Rekrutierungsorgan für potentielle Aktivisten allerdings nicht verschwiegen werden sollte. *Ḥamās* wollte von Anfang an die zum Teil verweltlichten Muslime wieder zu strikterer Religiösität zurückführen, um sie für den Kampf gegen Israel zu stärken. Die israelische Besetzung wird als Strafe für religiöse Indifferenz angesehen. Unabhängigkeit, wirtschaftliche Entwicklung und menschliche Würde seien nur durch Re-Islamisierung der palästinensischen Gesellschaft zu erreichen.

Die für jeden Muslim bestehende Pflicht zum *jihād* ist nach *Ḥamās* mit dem Koran und einer Reihe von *ḥadīthen* vereinbar. Der „Heilige Krieg" sei Selbstverteidigung des eigenen Territoriums und der islamischen Religion. Sind es denn nicht Juden, die Palästina besetzen, illegal Siedlungen errichten und die Muslime angreifen und töten? Selbstmord-Attentate, die extremste Form der Gewalt bei *jihād*-Missionen, wurden von der *Ḥamās* eingeführt, nachdem der jüdische Arzt Baruch Goldstein im Februar 1994 am Patriarchen-Grab in Hebron ein Massaker an betenden Muslimen anrichtete. Von islamistischen Geistlichen werden diese Attentate als die einzige Möglichkeit wirksamen Widerstandes gegen den übermächtigen Feind gerechtfertigt. Solche „Operationen" hätten nichts mit Selbstmord zu tun, es handle sich dabei um Märtyrertum, das von den Jihadisten selbst gewählt worden sei.

Ḥamās, schon Anfang der 1990er Jahre der gefährlichste Feind Israels, wird in weiten Teilen der palästinensischen Bevölkerung wegen ihrer Standfestigkeit geschätzt und als wichtiges Korrektiv zu ʿArafāts korrupter Autonomiebehörde betrachtet. Die Stärke der Bewegung sehen manche Kenner radikal-islamischer Gruppierungen in deren religiösen Prinzipien. Der Historiker und Terrorismusforscher Walter Laqueur spricht davon, daß die *Ḥamās*, im Unterschied zur PLO, „tiefreligiös“ sei.[15]

Der „Heilige Krieg“ gegen die Juden ist nach der Charta der Bewegung aus dem Jahre 1988 langwierig und voller Gefahren, er beanspruche alle Kräfte der Muslime. Palästina, das Herz der Erde, ist mit seinen heiligen Stätten in Jerusalem – so die Charta – „eine islamische Stiftung [...] bis zum Tag der Auferstehung.“[16] Und die letzte Stunde komme erst dann, wenn die Juden besiegt und getötet seien.

Die von *Ḥamās* sorgfältig ausgewählten Märtyrer-Kandidaten sind meist junge Palästinenser, in Einzelfällen auch junge Frauen. Sie kommen immer häufiger aus wirtschaftlich gut gestellten Familien, manche sind Studenten oder sogar gut ausgebildete Akademiker. Ihr Leidensdruck unter israelischer Besatzung ist immens groß. Sie sind nicht länger bereit, Demütigungen, Ohnmacht und ein Leben „in Schande“ zu ertragen. Durch ihr Martyrium wollen sie Heil und Seligkeit im wahren Leben des Paradieses finden, dadurch aber auch ihrem Volk auf dem Weg zu einer friedlichen und gerechten islamischen Ordnung dienen – sicherlich ein Beispiel für die Verbindung von persönlicher und kollektiver Endzeitvision.

In der jenseitigen Welt glauben sie, Gott, dem Herrn des Himmels und der Erden, persönlich begegnen zu können. Sie freuen sich auf ihren Lohn im Paradies, nicht wenige auch auf die dort verheißenen Jungfrauen. Wahrscheinlich spielt bei manchen Attentats-Kandidaten auch der Aspekt eine Rolle, daß ihnen bei ihrem Vorhaben eine Art von ultimativer Macht gegeben wird und sie im Erfolgsfalle Heldenstatus bei ihrem Volk erlangen werden. Nach Shaikh Yāsīn ist der Befreiungskampf des palästinensischen Volkes Teil einer größeren, noch verborgenen Konfrontation von übernationaler, ja universell-kosmischer Bedeutung. Es gelte nicht nur den jüdischen Feind, sondern auch den hinter dem imperialistisch-kapitalistischen Westen stehenden Welt-Zionismus als satanische Mächte zu bekämpfen und zu besiegen.

c.) Usāma Bin Lādin

Der Terroristenführer Usāma bin Lādin, Amerikas Todfeind, steuert mit seinem Netzwerk al-Qāᶜida und Ablegern nach wie vor islamistische Anschläge in vielen Teilen der Welt. Das Netzwerk ist auch mit diversen Zellen im Irak präsent. Terrorattacken gegen Amerikaner und Verbündete in Afghanistan gehen zum Teil ebenfalls von al-Qāᶜida aus. Bin Lādin ist „messianischer“ Eiferer des militanten Wahhabismus und gleichzeitig Gegner des in Saudi-Arabien institutionalisierten religiösen Denksystems des rigiden Islam. Er ist andererseits auch Pragmatiker in

15 W. Laqueur: *Die globale Bedrohung*. München 2001, S. 179.
16 Hisham H. Ahmad: *Hamas*. Jerusalem 1994, S. 137.

der Verwirklichung seiner „göttlichen" Mission. Was ihn vor allem auszeichnen soll, ist seine Fähigkeit, die unterschiedlichen Richtungen des militanten Islamismus zu einer kohärenten Kraft zu vereinigen und wirkungsvoll einzusetzen. Bin Lādins Ideen und Anschauungen lassen sich so zusammenfassen:

Der christlich-jüdisch geprägte Westen und sein Imperialismus haben Islam und Muslime über Jahrhunderte in die Defensive gedrängt und gedemütigt. Eigene politische Ideologien wie der panarabische Nationalismus und der arabische Sozialismus haben die Entwicklung in der islamischen Welt nicht zum Positiven gewendet. Den meist autoritär geführten nahöstlichen Regimen ist es weithin nicht gelungen, die anstehenden massiven wirtschaftlichen und sozialen Probleme zu lösen.

Die Gründung des Staates Israel 1948 und die Niederlage der Araber im Sechs-Tage-Krieg 1967 haben die Krisensituation noch verschärft. Die Mächte des großen Betrügers *Dajjāl* stehen hinter diesen kaum mehr zu ertragenden Entwicklungen.

Es gibt nur einen Weg, diese Strafen Gottes abzuwenden, nämlich den Weg der Rückkehr zum Islam und zur wahren islamischen, d.h. göttlichen Ordnung. Diese Ordnung wird durch den *jihād*, die Unterwerfung der inneren und äußeren Feinde, herbeigeführt. Feinde sind die „Ungläubigen" und die gottlosen Regime im eigenen Lager, die „Kreuzzügler" (der Westen und vor allem Amerika und seine Verbündeten) und Juden (Israel und der Zionismus weltweit). Der als Selbstverteidigung gerechtfertigte bewaffnete Kampf ist an vielen Fronten und mit unterschiedlichen Taktiken (Guerilla-Krieg, Terroranschläge, Selbstmord-Attentate, nötigenfalls ABC-Waffeneinsatz) zu führen. Der im Koran geforderte Kampf auf dem Wege Gottes ist religiöse Pflicht eines jeden Muslims. In einer durch Video aufgezeichneten Freitagspredigt äußerte bin Lādin:

> „Wie stehen wir denn am Tage des Gerichts da, wenn wir gefragt werden, ob wir unsere Aufgabe erfüllt haben?"

Diese Aufgabe hätten insbesondere die islamischen Märtyrer des 11. September 2001 erfüllt, indem sie dem Westen in New York (der „Hure Babylons") und Washington den ersten wirklich großen Schlag im *jihād* zugefügt haben. Bin Lādin spricht nach apokalyptischer Manier von einem „Armageddon." Seine Bitte an Allāh:

> „We implore to Allah to accept those brothers within the ranks of the martyrs, and to admit them to the highest levels of Paradise."[17]

Wie andere Islamisten universalisiert und mythisiert bin Lādin den *jihād*, wenn er von einem kosmischen Kampf des Guten (Allāhs Krieger) gegen das Böse (christlich-jüdischer Feind) spricht. Bis zur „letzten Stunde" werde der heilige Krieg andauern und mit dem Triumph der islamischen Religion enden. Der von

[17] Interview mit einem *al-Jazīra*-Reporter am 21. Oktober 2001.

Muḥammad angekündigte, rechtgeleitete Kalif werde erscheinen und die *umma* unter dem Banner des Koran vereinigen. Wer sich nicht zum Islam bekehre, werde durch Gewalt vernichtet. Im Zentrum des apokalyptischen Dramas steht nach bin Lādin Palästina, vor allem der Tempelberg mit der *al-Aqṣā*-Moschee in Jerusalem. Am Tag des Gerichts schließlich werde die Kaᶜba („die erste Stätte des Monotheismus") von Mekka nach Jerusalem gebracht.

6. *Fazit*

Man kann davon ausgehen, daß bei Teilen von radikalen Islamisten Zusammenhänge zwischen eschatologischen Anschauungen und Gewaltausübung bestehen. Diese Aussage gilt mit gewissen Einschränkungen auch für Khumainī und seine Anhänger, für *Ḥamās* und bin Lādin mit al-Qāᶜida. Eschatologische Vorstellungen und Überzeugungen wie diejenigen vom *jihād* als „Heiligem Krieg" mit universal-kosmischer Bedeutung, vom unmittelbaren Zugang islamischer Märtyrer ins Paradies und künftigem Reich des *Mahdī* sind aber nur ein Element zur Erklärung von Gewalt und Terror durch Islamisten.

In Frage kommen mehrere Faktoren, die zusammenwirken und sich gegenseitig verstärken können. Es gibt also keine monokausale Erklärung, im übrigen auch keine simple Verknüpfung von Ursachen und Wirkungen. Gewaltauslösend ist die Verbindung von objektiven und subjektiven Faktoren, vor deren Hintergrund sich eine eschatologisch-apokalyptisch geprägte Weltdeutung, die auch extremste Militanz rechtfertigt, entwickeln kann.

Massive Krisenerscheinungen in Politik, Wirtschaft, Gesellschaft und Religion des Nahen und Mittleren Ostens spielen ebenso eine Rolle wie die von radikalisierten Muslimen im alltäglichen Leben auf besonders intensive Weise erfahrenen Deprivationen und Frustrationen. Dazu gehören tiefe Verunsicherung, Demütigungen, Ohnmachtsgefühle, Orientierungs- und Identitätskrisen, also ein erheblicher Leidensdruck. Hinzutreten können Momente wie Verschwörungstheorien, Verfolgungswahn, Außenseitertum, Fixierung auf eine charismatische Leitfigur im radikal-islamischen Milieu usw.. Es erübrigt sich fast, darauf hinzuweisen, daß es unter den Extremisten im Islamismus auch eine Rollenverteilung gibt. Die Führungspersonen sind u.a. fürs Religiös-Ideologische und die Indoktrination zuständig, überzeugte Anhänger mit Kompetenz zum Beispiel für schwierigste Märtyrer-Operationen und weniger gut Ausgebildete für einfachere Missionen.

Was vor allem schwer fällt, ist, die Grenzen zwischen authentischem Endzeitglauben von Islamisten, bloßer religiöser Rhetorik und Instrumentalisierung von Eschatologie zu bestimmen. In jedem Falle dürften die Übergänge fließend sein. Wie ernst auch immer eschatologische Aussagen zu nehmen sein mögen, die Verwendung von heilsgeschichtlichem Vokabular kann ein Klima von extremer Entschlossenheit und Radikalität entstehen lassen. Vor Massenmord wie im Falle des 11. September schrecken die Erfüllungsgehilfen der „göttlichen" Missionen dann nicht mehr zurück.

In westlichen Diskursen ist eschatologisches Denken weitgehend in den Hintergrund getreten, die Sensibilität für entsprechende Themen geschwunden. Islam- und Terrorismusexperten wären aber gut beraten, wenn sie endzeitliche Sichtweisen von radikalen Islamisten nicht einfach ignorierten.

Das Terrornetzwerk al-Qā^c^ida: Vom nahöstlichen zum internationalen Terrorismus

Rainer Hermann

Nur auf den ersten Blick widersprechen sich die Fakten: Einerseits ist mehr als die Hälfte des Führungszirkels um bin Lādin seit Oktober 2001 verhaftet oder getötet geworden, große Erfolge wurden auch bei der Kontrolle der internationalen Finanzströme erzielt. Im Grenzgebiet von Afghanistan und Pakistan engen pakistanische und amerikanische Soldaten die Bewegungsfreiheit des Restkaders um bin Lādin zunehmend ein; eine Kommunikation, die sich der internationalen Überwachung entzieht, war aus den afghanischen Bergen auch zuvor kaum möglich gewesen. Andererseits nehmen die Anschläge von Terroristen, die sich auf al-Qāʿida berufen, nicht ab. Flüge über den Atlantik werden gestrichen, und das amerikanische Heimatschutzministerium betreibt einen außergewöhnlichen Aufwand, um Anschläge auf dem Boden der Vereinigten Staaten zu verhindern.

1. Die Gegenwart: Das weltumspannende Terrornetzwerk

Die Kreise von bin Lādin werden enger, und doch steht die Welt weiter im Bann seines internationalen Terrornetzwerks. Längst hat sich al-Qāʿida dem äußeren Druck angepaßt: Das Netzwerk hat seine Hierarchie abgeflacht und mit Hilfe der Globalisierung seine Organisation dezentralisiert. Einiges spricht dafür, daß die Strategen von al-Qāʿida weitere große Anschläge vorbereiten, vom afghanischen Bergland aus und mit der Geduld vieler Jahre. Um diese Mutter al-Qāʿida hat sich indessen ein Netzwerk vieler kleiner, unabhängiger Terrorgruppen gebildet. Sie haben erst in den vergangenen Jahren an al-Qāʿida angedockt. Überwiegend haben sie seit dem 11. September 2001 den „Wirbelsturm der Operationen“[1] ausgelöst.

1.1 Keine Organisation, sondern eine Ideologie

Seit Dezember 1999 weiß die Welt, daß sich al-Qāʿida zu einem weltumspannenden Netzwerk des Terrors entwickelt hat. In jenem Monat sind rechtzeitig die Pläne von Anschlägen aufgedeckt worden, die al-Qāʿida für die Millenniumsnacht in Los Angeles, Jordanien und im Jemen vorbereitet hatte. Damit bestand Klarheit, daß das Terrornetzwerk global denkt und lokal handelt: Bin

1 Peter L. Bergen: *Heiliger Krieg Inc*, Berlin 2003, S. 309.

Lādin gibt die großen Entscheidungen vor und vor allem die Strategie. In der zweiten Ebene setzen autonome Terrorzellen die ideologischen Vorhaben weltweit in Terror um. Al-Qāᶜida stellt in ihren afghanischen Lagern den Anhängern das Gewußt-wie des Terrors bereit, sie beschafft auch Gelder. Regionale Organisationen und ihre lokalen Zellen handeln dann selbständig, ohne hierarchische Führung. Die Zentrale von al-Qāᶜida bestreitet den

> „regionalen Führern weder die politische Definitionskompetenz noch die strategische Entscheidungsbefugnis“.[2]

Damit werden die Ziele und Strategien des Netzwerks diffus. Jenseits des Leitmotivs eines *jihād* gegen die Vereinigten Staaten und den Westen werden viele Spielarten und Begründungen des Terrors möglich.

Der Zusammenhalt von al-Qāᶜida ist in den vergangenen Jahren lockerer geworden und die Hierarchie extrem flach. Dem Terrornetzwerk bringt diese Diversifizierung der Organisationsstruktur erhebliche Vorteile. Diese angepaßte Struktur erlaubt, daß einzelne Einheiten je nach Bedarf zusammenkommen, um einen Anschlag durchzuführen. Die lokalen Zellen können situationsabhängig handeln, was ihren Terror unberechenbar macht. Sie erhöhen die Flexibilität von al-Qāᶜida und steigern das Tempo der Anschläge. Al-Qāᶜida kann in mehr Ländern zuschlagen und bei einer erweiterten Palette von Zielen. Lahmlegen läßt sich dieses Netzwerk kaum. Denn es ist schwer zu infiltrieren, und es bewegt sich wie Sand.

Bin Lādin hat den islamistischen Terror globalisiert. Als Person erfüllt er zwei Aufgaben: Erstens steht er an der Spitze seiner Terrorgruppe al-Qāᶜida, sozusagen als deren *Chief Executive Officer*. Bin Lādins Terror zielt auf Symbole der politischen, militärischen und wirtschaftlichen Macht der Vereinigten Staaten – wie das Kriegsschiff USS Cole, das Pentagon, das World Trade Center. Denn die Motive des Kriegs, den bin Lādin ausgerufen hat, sind politisch: Sie nähren sich aus amerikanischer Präsenz und Politik im Nahen Osten. Zweitens ist bin Lādin zum ideologischen Vater des Terrornetzwerks al-Qāᶜida aufgestiegen und zur Ikone des globalen Terrors. Dessen Gruppen und Zellen gehen gegen Ziele vor, die weiter reichen als die von al-Qāᶜida. Ihre Ziele waren etwa das indische Parlament in Neu-Delhi und Kirchen in Islamabad, Hotels in Bali und Synagogen in Istanbul. Sie greifen nicht allein die Politik des Westens an, sondern seine Kultur, den Westen als Ganzes.

---

2 Herfried Münkler: „Grammatik der Gewalt: Über den Strategiewandel des Terrorismus.“ In: *FAZ* 16. Oktober 2002.

1.2 Die Ikone des Terrors und ihre konzentrischen Kreise

Die Ideologie des *jihād* bindet das lose, globale Terrornetzwerk al-Qāᶜida zusammen. Viele radikale Gruppierungen der islamischen Welt teilen diese Ideologie. Bin Lādin profitiert davon, daß in der arabischen Welt der religiös und politisch motivierte Haß gegen den Westen in den vergangenen Jahren erheblich zugenommen hat.[3] Die islamistischen Extremisten machen sich bin Lādins Ideologie des *jihād* und des Terrors zu eigen. Immer mehr wird diese Ideologie zum Selbstläufer. Eine Mafia kann durch das Ausschalten ihres Kopfs zerschlagen werden; selbst der Tod von bin Lādin änderte aber wenig an der Lebensfähigkeit von al-Qāᶜida. Auch nach seinem Tod würden Menschen mutmaßlich bereit sein, die Ideen des *jihād* weiterzutragen. Bin Lādin ist die zentrale Identifikationsfigur für eine neue Generation islamistischer Terroristen geworden. Er bildet sie aus und finanziert sie. Dann läßt er sie aber ihre eigenen Wege gehen.

Zellen werden gegründet, immer wieder tauchen neue auf, kein Außenstehender kennt sie. Einige von ihnen stehen mutmaßlich untereinander in Kontakt. Möglicherweise fügen sie sich nicht in ein Organisationsschema, das das westliche Auge sucht, aber nicht findet. Kein Zentralkomitee dirigiert al-Qāᶜida von der Spitze aus, und die Mitglieder versammeln sich nicht zu Kongressen. In den Anfangsjahren war al-Qāᶜida noch lockeren Organisationsstrukturen gefolgt. Heute aber, nach der Globalisierung und Dezentralisierung des Netzwerks, besteht offenbar keine Organisationsstruktur mehr mit klaren Linien.

Die wichtigste Eigenschaft des Gebildes al-Qāᶜida sind die konzentrischen Kreise, die um das Zentrum von bin Lādin entstehen und die elastisch auf äußeren Druck rasch reagieren. Die Kerngruppe um bin Lādin und seinen Stellvertreter Aymān aẓ-Ẓawāhirī besteht aus mehreren hundert Männern, die kampferprobt sind und hoch motiviert. Sie bindet ein Schwur der Selbstaufopferung an bin Lādin, und sie sind bereit, für ihren *amīr* zu sterben. Ein erster Kreis um diese Kerngruppe umfaßt mehrere tausend Glaubenskämpfer (*mujāhidīn*), die ihre Schulung zu Terroristen in den Lagern bin Lādins erhalten haben. Sie sind direkt mit bin Lādin verbunden und vertreten al-Qāᶜida auf allen Kontinenten und in mehreren dutzend Ländern. Dort beschaffen sie vor Ort Finanzen, stellen Logistik bereit und unterhalten Kontakte zu lokalen Terrorzellen. [4] In einem weiteren, ungleich größeren Kreis finden sich in Terrorzellen Personen zusammen, die mit bin Lādin nicht direkt verbunden sind. Viele von ihnen bewegen sich mühelos von einem Staat zum nächsten.

---

3 Burce Maddy-Weitzmann (Hrsg.): *Middle East Contemporary Survey [MECS]* 24 (2000), S. 92f.

4 Peter L. Bergen: *Heiliger Krieg...*, S. 308.

1.3 Der Druck auf al-Qāʿida nimmt zu

Bin Lādin aber kann sich nur noch in einem kleinen Gebiet frei bewegen. Über dieses herrschen Stämme, die von den Zentralregierungen Afghanistans und Pakistans kaum kontrolliert werden. Zum Jahresbeginn 2004 hat die pakistanische Armee aber offenbar das Vertrauen einiger dieser Stämme gewonnen, so daß sie in dieser Region zu einer Offensive ansetzte. Noch ist die Jagd tausender amerikanischer und pakistanischer Soldaten so erfolglos wie die nach 1993 auf den somalischen Kriegsherrn Aidid. Das Rückzugsgebiet von al-Qāʿida verkleinert sich aber weiter, und neue Festnahmen könnten den Führungszirkel um bin Lādin schrumpfen lassen. Als erster in diesem Kader war der Militärchef Muḥammad Ātif (Kampfname: Abū Ḥafẓ al-Miṣrī) bei einem amerikanischen Bombenangriff im November 2001 auf Kabul getötet worden. Bin Lādin hatte ihn zu seinem Nachfolger erkoren.[5] Der neue Militärchef Abū Zubayda wurde bereits im März 2002 in Pakistan verhaftet.[6]

Genau ein Jahr später, am 1. März 2003, ging Khālid Shaikh Muḥammad[7] in der pakistanischen Stadt Rawalpindi den Fahndern ins Netz. Er gilt als der operative Planer von allen Anschlägen, die al-Qāʿida seit 1993 unternommen hat. Der Belutsche mit kuwaitischem Paß war an der Planung all dieser Anschläge beteiligt, und zur Unterstützung der Attentäter gründete er Briefkastenfirmen. Er besorgte die Finanzierung und hielt zu den Attentätern persönlichen Kontakt. So plante er bereits den ersten Anschlag auf das World Trade Center 1993, den sein Neffe Ramzī Yūsuf in die Tat umsetzte. Khālid Shaikh Muḥammad war an der Planung des Anschlags auf das amerikanische Kriegsschiff USS Cole beteiligt und gilt als das Gehirn hinter den Anschlägen vom 11. September. Muḥammad bin Muḥammad Nawār hatte mit ihm im April telephoniert, bevor er drei Stunden später den Selbstmordanschlag gegen die Synagoge auf der tunesischen Insel Djerba durchführte.

Zusammen mit dem Indonesier Ḥanbalī bereitete Khālid Shaikh Muḥammad mehrere Anschläge vor: den im Oktober 2002 auf die Touristenhotels in Bali, bei dem fast zweihundert Menschen getötet worden sind, sowie fehlgeschlagene Attentate, etwa die für 1995 in Manila geplante Ermordung von Papst Paul Johannes II. und der Angriff mit entführten Flugzeugen auf das CIA-Hauptquartier in Langley. Vor seiner Verhaftung hatten amerikanische Sicherheitskreise befürchtet, er plane in Manhattan einen großangelegten Angriff auf Tankstellen und Hängebrücken. Neben ʿAbdallāh ʿAẓẓām und Aymān aẓ-Ẓawāhirī soll

5 *ash-Sharq al-Awṣāṭ* 15. Januar 2001.
6 *FAZ* 4. April 2002.
7 Matthew Levitt: „KSM in Custody." auf: www.washingtoninstitute.org/media/levitt/levitt030503.htm. Levitt hatte beim FBI in der Terrorismusaufklärung gearbeitet und ist heute Terrorforscher am „Washington Institute for the Near East Policy" in Washington DC.

Khālid Shaikh Muḥammad einen wesentlichen Anteil an der Radikalisierung des Denkens und Handelns von bin Lādin gehabt haben. Das erste Mal hatten sie sich in den achtziger Jahren in Afghanistan getroffen, und lange vor bin Lādin hatte Khālid Shaikh Muḥammad dafür plädiert, den *jihād* gegen die Rote Armee in Afghanistan auf die Vereinigten Staaten auszuweiten, wo er sein Studium absolviert hatte.

Gemeinsam mit Ramzī bin ash-Shibh hatte Khālid Shaikh Muḥammad dem arabischen Nachrichtensender *al-Jazīra* ein Fernsehinterview gegeben, in dem sie bekannten, daß das Ziel des abgestürzten vierten Flugzeugs am 11. September 2001 das Gebäude des amerikanischen Kongresses gewesen sei. Bin ash-Shibh wurde bereits wenige Tage nach der Ausstrahlung des Interviews im September 2002 in Pakistan gefaßt. Zuletzt wurde am 15. August 2003 in Thailand der Indonesier Ridwān ʿIsāmuddīn (Kampfname: Ḥanbalī) verhaftet. Er war der einzige Nichtaraber im Führungskader von al-Qāʿida gewesen und deren Verbindungsmann zur Terrororganisation Jamāʿa Islāmīya (JI) in Südostasien.[8]

1.4 Was hat al-Qāʿida erreicht?

Wichtige Personen aus dem Führungszirkel von al-Qāʿida wurden verhaftet, geplante Anschläge wurden aufgedeckt. Die Liste der Fehlschläge von al-Qāʿida läßt sich fortsetzen: Die Anschläge des 11. September 2001 lösten in der islamischen Welt keine Massenbewegung gegen die Vereinigten Staaten aus, kein Regime in der islamischen Welt stürzte wegen des Terrors. Das war aber bin Lādins Ziel. Als dessen „höchste Zwillingstürme" hatte Sandy Berger, der unter Präsident Clinton Chef des Nationalen Sicherheitsrats gewesen war, Pakistan und Saudi-Arabien identifiziert. Selbst nach dem Irak-Krieg blieb der Aufstand der islamischen Massen gegen die Vereinigten Staaten aus. Länder wie Libyen und, weniger sichtbar, Iran nähern sich Washington aber an.

Trotz der fehlgeschlagenen kurzfristigen Ziele hat al-Qāʿida im Westen das Leben verändert. Die Verunsicherung und die Angst vor Terroranschlägen sind Teil des Alltags geworden. Sie haben einen *Streß* erzeugt, unter dem die Menschen bereit sind, auch Beschränkungen der Freiheit hinzunehmen. Hinzu kommen die wirtschaftlichen Kosten des Terrors. Nur zum Teil werden sie durch den enormen Ausbau der Sicherheitsvorsorge in den Vereinigten Staaten erfaßt. Trotz dieser Teilerfolge stehen bin Lādin und al-Qāʿida unter Handlungszwang. Denn die letzten großen Anschläge sind nicht mehr vom Kern um bin Lādin durchgeführt worden, sondern von autonomen Zellen, die sich zu al-Qāʿida bekennen.

---

[8] *FAZ* 16. August 2003.

1.5 Die Ziele von al-Qāʿida

In der ersten Runde des Kriegs gegen den Terror hat al-Qāʿida kaum Erfolge verbuchen können und geriet zunehmend in die Defensive. Darauf hat bin Lādin mit seinem ersten Tonband des Jahres 2004 reagiert.[9] In seiner Ansprache richtete er seine Angriffe wieder mehr auf die arabischen Golfländer als auf die Vereinigten Staaten. Er warf den Golfstaaten vor, weder die Regeln des Islam zu befolgen noch die Muslime zu verteidigen. Das Tonband könnte ein Indiz für einen Strategiewechsel bin Lādins sein: Möglicherweise sieht er nun den Sturz von Regimen in der Region als den nächsten Schritt, um im Nahen Osten eine große Krise auszulösen, die seine Dominotheorie anstößt und zur Errichtung islamistischer Theokratien führt.

Im Visier des Terrornetzwerks sind muslimische Staaten bereits seit Ende 2002: Mit Anschlägen in Indonesien, Saudi-Arabien und der Türkei. Überall haben die Attentäter hohe Opferzahlen von Muslimen in Kauf genommen. Prognosen über Ort und Zeitpunkt weiterer Anschläge sind mit großen Unsicherheiten behaftet. Al-Qāʿida übt sich in Geduld und lebt vom Element der Überraschung, wofür die Anschläge am 11. März 2004 in Madrid ein weiteres Indiz waren. In der islamischen Welt scheint Saudi-Arabien am meisten gefährdet. Bin Lādin will dessen Herrscherfamilie stürzen und durch eine ungleich rigidere islamistische Theokratie ersetzen. Eher unwahrscheinlich sind Terrorangriffe auf die heiligen Stätten Mekka und Medina. Denn sie könnten in der islamischen Welt nicht als ein Anschlag auf das saudische Königshaus verstanden werden, sondern als ein Angriff auf den Islam.

Ein Königsziel wäre Ägypten, das noch enger mit dem Westen kooperiert und wo die Vereinigten Staaten ihre größte Botschaft weltweit unterhalten. Ein dankbares Terrain bietet schließlich der Irak, in den Terroristen leicht einsickern können. Aufgrund der fehlenden Ordnung können sie sich dort frei bewegen, Waffen sind in dem Land leicht zu beschaffen. Ihre Ziele sind amerikanische Soldaten, die in den Straßen patrouillieren, immer mehr aber auch die lokale Bevölkerung, die beim Wiederaufbau des Irak mit der Besatzungsmacht zusammenarbeitet.

Im Westen benutzt al-Qāʿida viele Länder Europas, vor allem Deutschland und Großbritannien, als Ruheraum. Anschläge in diesen Ländern könnten den Preis haben, daß al-Qāʿida diese Ruheräume verliert. Insbesondere in England sind bisher bedeutende Mengen Sprengstoff gefunden worden. Die Sicherheitsbehörden stellen sich die Frage, weshalb der Sprengstoff nicht eingesetzt wurde und wann er eingesetzt werden könnte. In den Vereinigten Staaten könnte das Wahljahr 2004 Anlaß für einen abermaligen Terroranschlag sein. Sollte eine Abwahl von Präsident George W. Bush unter dem Eindruck eines Terroran-

9 *FAZ* 5. Januar 2004.

schlags zustandekommen, könnte das die Popularität von al-Qāᶜida in der islamischen Welt steigern.

1.6 Die Waffen von al-Qāᶜida

Im Irak hat sich die Hoffnung der Vereinigten Staaten nicht erfüllt, daß mit der Festnahme von Ṣaddām Ḥusain die Guerilla zurückgehen würde. Statt dessen ist seit dem Herbst 2003 eine strukturelle Verschiebung der Gewalt zu erkennen: Die konventionellen Angriffe von Anhängern des gestürzten Regimes auf amerikanische Besatzungssoldaten, etwa aus dem Hinterhalt oder mit Autobomben, nehmen einerseits ab. Ihre Anschläge werden geringer, je mehr der irakischen Guerilla Waffen und Geld ausgehen, je mehr Anhänger des gestürzten Regimes verhaftet werden. Andererseits sind spektakuläre Selbstmordanschläge mit einer sehr viel höheren Zahl von Opfern als bei konventionellen Angriffen Erkennungszeichen von al-Qāᶜida-Terroristen. Die Vereinigten Staaten führen die Zunahme dieser Art von Anschlägen auf das Einsickern islamistischer Terroristen zurück. Dabei fallen immer wieder die Namen von Abū Muṣᶜāb az-Zarqāwī, einem engen Vertrauten von bin Lādin, und von ᶜImād Mughnīya, des Militärchefs der libanesischen *Ḥizbullāh*, der seit Herbst 2003 im Irak sein soll.

Bei den Selbstmordanschlägen setzen die islamistischen Terroristen meist große Mengen von Sprengstoff ein, die sie auf Kleinlastwagen zünden. Im Westen besteht aber auch die Furcht, daß sich ein konventioneller Terroranschlag in der Art des 11. September 2001 mit entführten Flugzeugen wiederholen könnte. In den Vereinigten Staaten und in Europa geht aber auch die Furcht um, daß al-Qāᶜida erstmals biologische, chemische oder „schmutzige“ atomare Waffen einsetzen könnte. Bereits 1999 hatte die arabischsprachige Tageszeitung *al-Ḥayāt* berichtet, al-Qāᶜida habe aus Nachfolgestaaten der Sowjetunion 1997 und 1998 biologische und chemische Waffen erworben,[10] und CNN strahlte in Afghanistan gefundene Videos aus, die zeigen, wie al-Qāᶜida mit chemischen Kampfstoffen experimentiert hat.[11]

Der für den FBI arbeitende amerikanische Terrorexperte Paul Williams schrieb, al-Qāᶜida habe 1998 von der tschetschenischen Mafia und ehemaligen Agenten des sowjetischen Geheimdiensts KGB für 30 Millionen Dollar zwanzig „Nukleartaschen“ erworben. Zudem habe al-Qāᶜida für den Aufbau eines Atomlabors in Kandahar arbeitslose Atomexperten, beispielsweise aus Turkmenistan, angeworben. [12] Im November 2003 hat ein Expertenpanel der Vereinten Nationen darauf hingewiesen, daß al-Qāᶜida die Grundsatzentscheidung getroffen habe, biologische und chemische Waffen einzusetzen. Die Experten kamen in dem

[10] *al-Ḥayāt* 20. April 1999.
[11] *FAZ.* 20. August 2002.
[12] Paul L. Williams: *Al Qaeda: Brotherhood of Terror.* Indianapolis [Ind.] 2002, S. 169-173.

vertraulichen Bericht zu dem Ergebnis, daß lediglich fehlende technische Praxiskenntnisse al-Qāʿida vorläufig an der Ausführung dieser Pläne hindere. Daher würde sie die Weiterentwicklung konventioneller Sprengstoffe vorantreiben, die in Scannern nicht auffallen sollen.[13]

2. Die Anfänge: Terrorgruppen in Ägypten und arabische Legionäre in Afghanistan

Bis zu seiner Ausbürgerung 1994 ist bin Lādin zwar saudischer Staatsbürger gewesen. Entstanden ist al-Qāʿida aber in Afghanistan, wo arabische Fremdenlegionäre bis 1989 gegen die Rote Armee gekämpft hatten. Ohne den Einfluß Ägyptens ist das Terrornetzwerk jedoch nicht denkbar. Denn bin Lādin hat von ägyptischen Theoretikern des Terrors die Ideologie übernommen und von ägyptischen Praktikern des Terrors die Vorgehensweise. Geprägt haben bin Lādin die Ideen eines Saiyid Quṭb, der 1966 in Nāṣirs Gefängnissen gehängt wurde, und die Methoden eines Aymān az-Ẓawāhirī, der als Führer der ägyptischen Terrorgruppe *Jihād* reichlich Erfahrungen gesammelt hatte und mit bin Lādin als dessen *alter ego* al-Qāʿida führt. Ẓawāhirī wird immer wieder als „bin Lādins Gehirn" beschrieben und als derjenige, der bin Lādin auf den Weg der Gewalt gebracht hat.[14] Zudem war der frühere ägyptische Polizist Muḥammad ʿAṭif lange Jahre bin Lādins militärischer Befehlshaber gewesen.

2.1 Aus den Muslimbrüdern der Jihād *und die* Jamāʿat

Am Anfang aber stand Ḥasan al-Bannā. Er hatte 1928 die erste moderne Massenbewegung der arabischen Welt gegründet, die Muslimbrüder. Sie nahmen dem Islam alle Freiheiten und reduzierten ihn auf ein vormodernes Strafrecht. Der ägyptische Staatspräsident Nāṣir verbot sie 1954 und steckte ihre Führer in seine berüchtigten Gefängnisse. Dort schrieb Saiyid Quṭb, der drei Jahre in den Vereinigten Staaten gelebt hatte, seine Bücher. Sie wurden die Bibeln aller folgenden Islamistengenerationen. Sein berühmtestes Werk trägt des Titel „Wegmarken" (*maʿālim fī ʾṭ-ṭarīq*). In ihnen predigte Quṭb, wie Jahrzehnte später bin Lādin, Haß auf den Westen, und er forderte, die unislamischen Regime der arabischen Welt durch die „Herrschaft Allāhs" zu ersetzen.

Im Untergrund existierten die Muslimbrüder weiter. In den fünfziger Jahren spalteten sich zunehmend gewaltbereite Gruppen ab. Anfang der siebziger Jahre entstanden die *Jamāʿāt al-Islāmīya* („Die Islamischen Gruppen"); ihr spiritueller Führer ist Shaikh ʿUmar ʿAbd ar-Raḥmān, der den Anschlag auf das World Tra-

---

13 www.debka.com (Stand: 15. November 2003): „Qaeda has decided to use chemical and biological weapons."

14 Peter L. Bergen: *Heiliger Krieg...*, S. 268.

de Center 1993 gutgeheißen hatte. 1973 gründete der damalige Medizinstudent Aymān aẓ-Ẓawāhirī mit anderen die Terrorgruppe *Jihād*. Sie plante 1981 das Attentat auf Staatspräsident Sādāt und einen Aufstand in Oberägypten. Dazu schloß sich der *Jihād* mit den *Jamāʿāt al-Islāmīya* zusammen. Ein Bruder des Sādāt-Mörders Khālid Islāmbūlī, Muḥammad Shauqī Islāmbūlī, ist heute Mitglied des engen Führungszirkels um bin Lādin.

Drei Jahre verbrachte Ẓawāhirī nach dem Mord an Sādāt in ägyptischen Gefängnissen. Nach seiner Freilassung setzte er sich 1985 in die pakistanische Stadt Peshawar ab. Zuvor hatte die Regierung in Kairo auf Drängen der Vereinigten Staaten junge Ägypter dazu aufgerufen, mit den afghanischen *mujāhidīn* die Rote Armee zu bekämpfen. Dem Ruf sollen 6.000 ägyptische Islamisten gefolgt sein.[15] Einer von ihnen war Aymān aẓ-Ẓawāhirī.

2.2 Die arabische Fremdenlegion in Afghanistan

Bin Lādin war 1984 nach Peshawar gekommen, Ẓawāhirī folgte ein Jahr später. Beide gründeten an der Grenze zu Afghanistan ein Gästehaus für arabische Kriegsfreiwillige, die am *jihād* gegen die Rote Armee teilnehmen wollten. Amerikanische Schätzungen sprechen von bis zu 20.000 Arabern, die an der pakistanischen Grenze zu Afghanistan militärisch geschult und im Islam unterwiesen worden sind. Zwei Personen sollten in jenen Jahren entscheidend zur Radikalisierung von bin Lādin beitragen: Ẓawāhirī, der Führer des ägyptischen *Jihād*, und der palästinensische Theologe ʿAbdallāh ʿAẓẓām, in dessen Bannkreis bin Lādin zunächst geriet.

ʿAẓẓām[16] hatte von 1967 an zeitgleich mit ʿUmar ʿAbd ar-Raḥmān[17], dem späteren spirituellen Führer der ägyptischen *Jamāʿāt al-Islāmīya*, an der islamischen Universität al-Azhar in Kairo studiert. ʿAẓẓām schloß sich den Muslimbrüdern an, später sollte er die palästinensische Terrorbewegung *Ḥamās* mitbegründen. 1980 lehrte der eloquente und fanatische Theologe an der Universität Jidda. Dort war der junge bin Lādin sein Schüler, und er zog den jungen Bauunternehmersohn in seinen Bann. Noch 1980 ließ sich ʿAẓẓām an die Islamische Universität in Islamabad berufen, um sich mit ganzer Kraft dem *jihād* in Afghanistan zu widmen. Er hielt den *jihād* für eine Pflicht, die nicht mit dem Sieg in Afghanistan enden würde, sondern bis zur Vereinigung aller Muslime und zur Wiederherstellung des Kalifats zu führen habe. Verhandlungen und Dialoge lehnte er stets kompromißlos ab.

ʿAẓẓām und ʿUmar ʿAbd ar-Raḥmān trafen sich in Peshawar wieder. ʿAbd ar-Raḥmān gründete ein Gästehaus für Kriegsfreiwillige, und ʿAẓẓām baute von

---

15 *NZZ* 9. November 2001.
16 Zu ʿAbdallāh ʿAẓẓām siehe Paul L. Bergen: *Heiliger Krieg...*, S. 75-79.
17 Zu ʿUmar ʿAbd ar Raḥmān Siehe: *NZZ* 8. Dezember 1997.

1982 an als Chefrekrutierer für arabische Kriegsfreiwillige, die „Arabischen Afghanen", das Anwerbebüro *Maktab al-Khidma* auf. Von 1984 an finanzierte es bin Lādin. Neben seinem Vermögen setzte er Spenden ein, die er auf Reisen in der arabischen Welt und bei islamischen „Wohlfahrtsorganisationen" sammelte. Am 15. Februar 1989 verließ der letzte sowjetische Soldat Afghanistan, im selben Jahr wurde ʿAẓẓām in Pakistan ermordet. Die „Arabischen Afghanen" kehrten von 1990 an in ihre Heimat zurück. In Afghanistan waren sie Zeugen eines brutalen Kriegs geworden und nahmen von dort eine radikale Version des Islam mit. Nach dem Tod seines Mentors ʿAẓẓām beschloß bin Lādin, nun selbst ein Netzwerk zu gründen, das für die Einheit der islamischen Welt kämpfen und ein Auffangbecken für Islamisten und *mujāhidīn* sein sollte. Bin Lādin nannte es al-Qāʿida („die Basis"), seine ersten und wichtigsten Mitglieder waren führende ägyptische Extremisten.[18] Zurück in Saudi-Arabien, war er daran beteiligt, für den sozialistischen Südjemen eine *jihād*-Gruppe zu formen. Sein Zorn galt nach der irakischen Besetzung Kuwaits aber der Präsenz amerikanischer Soldaten auf saudischem Boden. Bereits 1991 verwies ihn Saudi-Arabien des Landes. Bin Lādin wich in den Sudan aus.[19]

2.3 Die „Arabischen Afghanen" zurück in ihrer arabischen Heimat

Die meisten „Arabischen Afghanen" taten es bin Lādin gleich und wandten sich, zurück in ihren Heimatländern, gegen ihre Regierungen. 1991 begannen die bewaffneten Zusammenstöße in Algerien, in Ägypten hatten bereits 1990 islamistische Extremisten den Parlamentspräsidenten Rifāʿa al-Maḥjūb umgebracht. Auf das Konto des *Jihād* gingen 1993 die Anschläge auf Innenminister Ḥasan al-Alfī und Ministerpräsident ʿAṭif Ṣidqī, im Juni 1995 scheiterte in der äthiopischen Hauptstadt Addis Abeba ein Attentat der *Jamāʿāt al-Islāmīya* auf Staatspräsident Mubārak. Von 1990 bis 1997 töteten islamistische Extremisten des *Jihād* und der *Jamāʿāt* in Ägypten 1.200 Menschen, unter ihnen Polizisten, koptische Christen und Touristen.[20] Höhepunkt des Terrors war das Massaker von Luxor, bei dem die Extremisten 58 Touristen abgeschlachtet haben. Damit verloren sie aber in der Bevölkerung die letzten Sympathien, und der Staat ging nun in aller Härte gegen sie vor.

Am 18. April 1999 verurteilte ein ägyptisches Sondergericht 13 „ägyptische Afghanen" zum Tode, unter ihnen in Abwesenheit Aymān aẓ-Ẓawāhirī. Den Rahmen hatte ein Massenprozeß gegen „Rückkehrer aus Albanien" gegeben, wo bin Lādin 500 arabische *mujāhidīn* in „Wohlfahrtsorganisationen" untergebracht

[18] Roland Jacquard: *In the Name of Osama Bin Lādin: Global Terrorism and the Bin Lādin Brotherhood.* Durham u. London 2002, S. 24 u S. 78.
[19] *NZZ* 14. September 2001: „Die Golfaraber und ihr Renegat bin Ladin."
[20] Paul L. Bergen: *Heiliger Krieg...*, S. 265.

hatte und von wo aus sie im Kosovo mit der UCK kämpften.[21] Die ägyptischen Islamisten waren also unter Druck geraten. Militärisch waren sie besiegt, ihre Führer saßen teilweise im Gefängnis. Zudem waren sie intern in der Frage des Waffenstillstands gespalten. Den hatten die *Jamāᶜāt al-Islāmīya* und der *Jihād* der ägyptischen Regierung 1998 einseitig angeboten. Eine Mehrheit in beiden Terrorgruppen unterstützt den Waffenstillstand, und in Ägypten hat sich seither kein islamistischer Terroranschlag mehr ereignet.

ᶜUmar ᶜAbd ar-Raḥmān, der geistige Führer der *Jamāᶜāt al-Islāmīya*, nahm aber bald seine Unterstützung für den Waffenstillstand zurück. Auch der Führer des militärischen Flügels der *Jamāᶜāt*, der in Afghanistan lebende und zum Führungszirkel um bin Lādin gehörende Rifāᶜī Aḥmad Ṭāha, verwarf den Waffenstillstand, ebenso der Führer des *Jihād*, Ẓawāhirī. Die in Ägypten lebende Führung des *Jihād* nahm das im Februar 2000 zum Anlaß, Ẓauāhirī als *amīr* (Anführer) abzusetzen. Eine Rolle hat bei dieser Entscheidung gespielt, daß die Mehrheit des *Jihād* nicht billigte, daß Ẓawāhirī 1998 Gründungsmitglied von bin Lādins „Islamischer Front" geworden war. Denn der *Jihād* wollte der Gewalt innerhalb und außerhalb Ägyptens abschwören, um keinem zusätzlichen Druck ausgesetzt zu sein.[22]

2.4 Bin Lādin bündelt die islamistischen Gruppierungen

Gescheitert war die Integration der zurückkehrenden arabischen *mujāhidīn* in die Gesellschaften ihrer Heimatländer. Viele fanden in Westeuropa Exil, etwa der Ägypter Yāsir Sirrī in London, aber auch andere, die zu Schläfern von al-Qāᶜida wurden. Nicht wenige tauchten als *mujāhidīn* im Kosovo, in Bosnien und Tschetschenien unter. Die meisten aber kehrten nach Afghanistan zurück. Dort wartete bin Lādin auf sie. Er war 1996 aus dem Sudan ausgewiesen worden, und zurück in Afghanistan, hatte er bereits fünf Lager gebaut, in denen er *Jihādisten* aus einer Vielzahl von Gruppen ausbildete. Er finanzierte sie, besorgte ihnen über „Wohltätigkeitsorganisationen" Gelder und erlangte Kontrolle über sie. Schließlich etablierte er sich als Führer dieser Gruppen, die sich unter dem Namen al-Qāᶜida in Afghanistan sammelten.[23] Ihm unterstanden damals bis zu 6.000 Kämpfer, die ihm ganz und gar verpflichtet waren. Hinzu kamen über die Jahre nichtmilitärische Mitglieder, die in den Bereichen Technik und Finanzen für den Terrorismus nützliches Wissen mitbrachten.[24]

Für die Verschmelzung regionaler Terrorgruppen zu einem globalen Netzwerk war entscheidend, daß sich bin Lādin und sein späterer Stellvertreter aẓ-Ẓawāhirī

---

21 *NZZ* 25. Oktober 2001 und *NYT* 21. November 2001.
22 *MECS* 24 (2000), S. 105f. und *NZZ* 25. Januar 2000.
23 *MECS* 23 (1999), S. 123.
24 *MECS* 22 (1998), S. 134f..

gegenseitig beeinflußt haben. Der terrorerfahrene Ẓawāhirī führte bin Lādin auf den Weg eines militanten *Jihādisten*. Andererseits gelang es bin Lādin, daß die ägyptischen Terrorgruppen *Jihād* und *Jamāʿat al-Islāmīya* ihre Rivalitäten begruben, sich ihm unterstellten und bereit waren, gemeinsam mit anderen gegen amerikanische und israelische Interessen vorzugehen.

Bin Lādin bündelte islamistische Gruppierungen und richtete sie auf amerikanische und israelische Ziele aus. Erleichtert wurde diese Neuausrichtung dadurch, daß Benjamin Netanyahu 1996 zum israelischen Ministerpräsidenten gewählt wurde und die Vereinigten Staaten Luftangriffe gegen den Irak flogen. Die Beziehungen zwischen den Palästinensern und Israel spitzten sich zu, auch die zwischen der arabischen Welt und den Vereinigten Staaten. Anstatt auf den Sturz der eigenen Regierung und die Islamisierung ihrer Gesellschaft zu betreiben, wandten sich die islamistischen Extremisten nun ganz den externen Feinden zu: den Vereinigten Staaten und Israel.[25] So veröffentlichte bin Lādin am 23. August 1996 eine „Erklärung des Jihād an die Amerikaner, die das Land der beiden heiligen Stätten besetzt halten".[26]

2.5 Die Gründung der „Islamischen Weltfront" 1998

Am 23. Februar 1998 meldete die in London erscheinende nationalistische arabische Zeitung *al-Quds al-ʿArabī*, daß sich in Afghanistan fünf islamistische Gruppen unter Führung von Usāma bin Lādin zusammengeschlossen haben. Sie nannten ihr Bündnis „Die islamische Weltfront für einen *jihād* gegen die Juden und die Kreuzzügler" (*al-jabha al-islāmīya li-jihād al-yahūd wa-ʾṣ-ṣalībīyīn*). Unterzeichnet haben den Gründungsaufruf bin Lādins für al-Qāʿida, Aymān aẓ-Ẓawāhirī für den ägyptischen *Jihād*, Rifāʿī Aḥmad Ṭāha für die ägyptischen *Jamāʿāt al-Islāmīya*, Shaikh Mīr Ḥamza als Sekretär der *Jamʿīyat ʿUlamāʾ Pākistān* und Fazlūl Raḥmān als Führer des *Jihād* in Bangladesch. Entscheidend für das Zustandekommen war, daß bin Lādin die Meinungsverschiedenheiten zwischen den beiden wichtigsten Gruppierungen, dem ägyptischen *Jihād* und der *Jamāʿat al-Islāmīya* überwand und sich ihm beide unterstellten. Hauptquartier der „Weltfront" wurde die afghanische Stadt Kandahar.

Die Gründungserklärung beschrieb die Präsenz amerikanischer Soldaten auf der Arabischen Halbinsel, das Leiden des irakischen Volkes sowie die Existenz des Staates Israel und die „Besetzung von Jerusalem" als „Kriegserklärung an Allāh, seinen Propheten und die Muslime". In einem Zusatz zur Gründungserklärung sprach bin Lādin eine *fatwā* aus. Dabei sagte er, es sei die Pflicht eines jeden Muslims, die Amerikaner und ihre Verbündeten, ob Zivilisten oder Mili-

[25] *MECS* 23 (1999), S. 114.
[26] Peter L. Bergen: *Heiliger Krieg...*, S. 126 und Roland Jacquard: *In the Name...*, S. 73.

tärs, in jedem Land zu bekämpfen und zu töten. Dies gelte, bis die Moschee al-Aqṣā in Jersualem sowie die heiligen Stätten Mekka und Medina befreit seien.[27]

2.6 Die ersten Anschläge

Es verging kein halbes Jahr, und die Drohungen der „Islamischen Front" wurden Wirklichkeit. Am 7. August 1998 starben bei den Anschlägen auf die amerikanischen Botschaften in Nairobi und Daressalam 258 Menschen, über fünftausend wurden verletzt. Wichtige Erkenntnisse förderte der Prozeß gegen die 22 Planer der Anschläge zutage. Es zeigte sich, wie bin Lādin unter dem Schutz von „Wohltätigkeitsorganisationen" seine Anschläge vorbereiten und finanzieren konnte. Der Prozeß zeigte ferner, wie eng bin Lādin mit dem militärischen Chef des libanesischen *Ḥizbullāh*, ᶜImād Mughnīya, zusammenarbeitete. Der wird unter anderem für die Anschläge auf die jüdischen Einrichtungen 1992 und 1994 in Argentinien verantwortlich gemacht.[28]

Bin Lādin konnte unter dem Schutz der radikalislamischen Ṭālibān handeln, die in Afghanistan die Macht übernommen hatten. Sie hielten allen Verlockungen der Vereinigten Staaten stand. Weder durch das Angebot diplomatischer Anerkennung noch durch wirtschaftliche Hilfe ließen sie sich dazu bewegen, bin Lādin auszuliefern. Bin Lādin drohte jedoch wiederholt in Interviews, den *jihād* fortzusetzen, bis die Vereinigten Staaten Saudi-Arabien und die anderen islamischen Länder verlassen hätten.[29]

Verwirklicht wurde die Drohung mit einem Anschlag auf das amerikanische Kriegsschiff USS Cole, als dieses am 12. Oktober 2000 für wenige Stunden im Hafen von Aden auftankte. Der Anschlag, bei dem 17 amerikanische Soldaten starben, war technisch schwieriger und anspruchsvoller als der auf die beiden ostafrikanischen Botschaften, auch wenn sie sich strukturell ähnlich waren: Als Sprengstoff verwendeten die Terroristen TNT, eingesetzt haben sie lokale Zellen. Das FBI ging jedoch davon aus, daß bin Lādin den Anschlag auf die USS Cole erstmals nicht mehr selbst angeordnet habe. Aufgrund der forcierten Verfolgungsjagd auf al-Qāᶜida, die nach dem Anschlag auf die beiden Botschaften eingeleitet worden war, sei er nicht mehr in das Tagesgeschäft des Terrors eingebunden. Er sei nun lediglich der geistige Führer eines Netzwerks, das in vielen Ländern eine Infrastruktur unterhalte.[30]

---

27 Peter L. Bergen: *Heiliger Krieg...*, S. 128f. und *MECS* 22 (1998), S. 130.
28 *MECS* 24 (2000), S. 96.
29 *MECS* 23 (1999), S. 133.
30 *MECS* 24 (2000), S. 114-116.

3. Die Reichweite: Globale Finanzierungsströme und Matrix des Terrors

Mehrere Voraussetzungen waren nötig, damit sich der islamistische Terror zu einer Hydra entwickeln konnte: Die Person von bin Lādin, das Umfeld Afghanistan, schließlich die Globalisierung. Denn die Mitglieder von al-Qāᶜida reisen ebenso selbstverständlich um die Welt wie die Manager von Konzernen. Sie nutzen die Möglichkeiten, die ihnen die moderne Finanzwelt und noch mehr die moderne Kommunikation bieten.

3.1 Globale Finanzierungsströme

Bin Lādin hat al-Qāᶜida gegründet und finanziert. Gewaltig überschätzt wird indessen das persönliche Vermögen, das der Miterbe eines großen Baukonzerns dazu mitgebracht hat und das gelegentlich auf mehrere Milliarden Dollar geschätzt worden war.[31] Aus dem Erbe seines Vaters, das auf 20 Söhne aufgeteilt wurde, standen ihm nach Angaben von Kreisen, die der Familie nahestehen, 35 Millionen Dollar zu.[32] Im Sudan, wo er von 1991 an lebte, investierte er nicht wenig davon in den Straßenbau und in landwirtschaftliche Projekte. Als er das Land 1996 endgültig verlassen mußte, ließ er einen Großteil des investierten Geldes in den Projekten zurück.

Dennoch verfügte er auch in Afghanistan stets über Liquidität. Al-Qāᶜida beschaffte sich Gelder über den Drogenhandel und über legale Unternehmen. Insbesondere im Sudan und in Ländern Ostafrikas besaß bin Lādin eigene Firmen, die überwiegend im Bau, der Verarbeitung von Nahrungsmitteln sowie im Import-Export tätig waren. Bedeutende Summen flossen bin Lādin von Sympathisanten zu, möglicherweise von Mitgliedern seiner reichen Familie, vor allem jedoch von islamischen „Wohltätigkeitsorganisationen“, die vorgeben, humanitären Zwecken zu dienen, in Wirklichkeit aber seinen Terror finanzierten. Gesammelt haben sie die Gelder meist in Moscheen und von Privatpersonen, die aus Solidarität mit notleidenden Muslimen in anderen Ländern spenden. Die amerikanischen Bombenangriffe auf eine Arzneimittelfabrik im Sudan und in Afghanistan 1998 haben die Spendenbereitschaft nochmals ansteigen lassen.

Bedeutende Wohlfahrtsorganisationen, über die Gelder an al-Qāᶜida geleitet wurden, waren insbesondere die „International Islamic Relief Organisation“ (IIRO) und die „Islamic Relief Agency“. Beide unterstehen der Islamischen Weltliga in Saudi-Arabien. Von 1986 bis 1994 hatte ein Schwager von bin Lādin, Muḥammad Jamāl Khalīfa, das Büro der IIRO auf den Philippinen geleitet und deren Gelder an die Terrorgruppen *Abū Ṣayyāf* und die Islamische Befreiungsbewegung *Moro* weitergeleitet. In Kanada war bei der IIRO ein Mitglied des ägypti-

31 Roland Jacquard: *In the Name...*, S. 126-134.
32 Peter L. Bergen: *Heiliger Krieg...*, S. 136.

schen *Jihād* beschäftigt. Die IIRO hat Gelder auch an palästinensische Wohltätigkeitsorganisationen im Umfeld der Terrorgruppe *Ḥamās* weitergeleitet.

Bis zum 11. September 2001 sind die Geldbeträge meist legal von Banken in den Vereinigten Arabischen Emiraten und Saudi-Arabien, aber auch in den Vereinigten Staaten und Großbritannien an Mitglieder von al-Qāʿida überwiesen worden. Daneben setzte al-Qāʿida das im Nahen Osten verbreitete Überweisungssystem *Ḥawāla* ein. Dabei zahlt der Überweisende Geld bei einem Makler ein; der benachrichtigt einen ihm bekannten Makler in der Nähe des Empfängers; gegen einen Code kann der Empfänger den Betrag abholen. Das System basiert auf Vertrauen, Geld fließt nicht. Langfristig sollen sich die Salden zwischen den beteiligten Maklern ausgleichen. Keiner der Beteiligten macht Notizen, und das System hinterläßt keine Spuren. Da die arabischen Golfstaaten keine Einkommensteuer erheben, hatten sie nie Mechanismen zur Kontrolle illegaler Geldströme entwickelt. Erst nach dem 11. September 2001 waren sie bereit, zu deren Erfassung Vorschriften für das *Ḥawāla*-System zu erlassen. Damit konnte der Geldzufluß an al-Qāʿida ebenso eingedämmt werden wie durch die verschärfte Überwachung der legalen Bankkonten.

Auf acht Empfehlungen hat sich die internationale Staatengemeinschaft geeinigt, um den Spielraum für Überweisungen unter Terroristen einzuengen. Konkrete Maßnahmen hat die internationale „Financial Task Force on Money Laundering" erarbeitet. Das Austrocknen der Geldströme hat sich in den vergangenen Jahren als ein wichtiges Mittel zur Terrorbekämpfung erwiesen. Bereits 1999 hatte der damalige FBI-Chef Louis Freeh vor einem Ausschuß des Kongresses ausgesagt, daß 1993 der Anschlag auf das World Trade Center wesentlich verheerender ausgefallen wäre, hätten die Attentäter über das erforderliche Geld verfügt. Das Aufdecken von Finanztransaktionen war auch der erste Schritt, um nachzuweisen, daß al-Qāʿida hinter den Anschlägen vom 11. September 2001 gestanden hat.[33]

3.2 Die Matrix des islamistischen Terrors

Die Organisationen, in denen sich islamistischen Terroristen zusammenfinden, haben sich zunehmend zu wenig strukturierten, durchlässigen Netzwerken entwickelt. Wohl hat al-Qāʿida die ideologische Führung übernommen. Inzwischen arbeiten aber andere radikalislamische Gruppen, die lange unabhängig voneinander agiert hatten, bei Bedarf zusammen – finanziell, logistisch und bei der Durchführung von Anschlägen. „Diese Matrix der Beziehungen macht die Be-

---

33 Matthew Levitt: „Stemming the Flow of Terrorist Financing." Auf: www.washingtoninstitute.org/media/levitt/ levittws03.pdf.

drohung durch den internationalen Terrorismus so gefährlich."[34] Nachgewiesen ist, daß viele der älteren Terrorgruppen heute mit al-Qāʿida zusammenarbeiten. Die Matrix des Terrors umfaßt neben al-Qāʿida die libanesische *Ḥizbullāh*, in Palästina die *Ḥamās* und den *Islamischen Jihād*, ferner die Gruppe *at-Tauḥīd* um ihren spirituellen Führer Abū Qatāda. Dem Kommando von az-Zarqāwī unterstehen die verzweigte Terrorgruppe *Bīʾat al-Imām* sowie im nordirakischen Bergland die *Anṣar al-Islām* und die *Jund ash-Shams*. Ferner werden neue Terrorzellen gegründet. Ein Beispiel sind die Brigaden des Abū Ḥafẓ al-Miṣrī, in denen sich Anhänger des getöteten Militärkommandanten von al-Qāʿida zusammenfinden.

Bin Lādin soll einer engeren Zusammenarbeit mit anderen islamistischen Terrorgruppen zugestimmt haben, nachdem al-Qāʿida als Folge des Sturzes der Ṭālibān vorübergehend von Afghanistan in den unzugänglichen Nordwesten von Pakistan hatte ausweichen müssen.[35] Al-Qāʿida und die *Ḥizbullāh* arbeiten heute in der militärischen Ausbildung und Logistik zusammen. Erstmals hatte der CIA-Chef George Tenet im Februar 2000 davon gesprochen, daß bin Lādin mit Hilfe der *Ḥizbullāh*, von *Ḥamās* und *Palästinensischem Islamischen Jihād* Angriffe auf amerikanische und israelische Ziele plane. Die *Ḥamās* könne chemische Waffen einsetzen, sagte Tenet.[36] Andererseits unterstütze der Militärchef der *Ḥizbullāh*, ʿImād Mughnīya, den *Palästinensischen Islamischen Jihād* und *Ḥamās* bei der Entwicklung und dem Bau neuer Bomben. Die Amerikaner sehen in *Mughnīya* einen der Planer des Anschlags auf die amerikanischen Kasernen in der saudischen Stadt Khobar, bei dem 1996 neunzehn amerikanischen Soldaten starben. Ein weiteres Beispiel für die eng verwobene Matrix ist die Internationale Stiftung *al-Aqṣā*, die für die palästinensische *Ḥamās* im westlichen Ausland Gelder gesammelt hat. Deren Vertreter im Jemen hat auch Waffen und Geld an al-Qāʿida weitergeleitet.[37]

Aufschlußreich ist das Beispiel von Abū Muṣʿāb az-Zarqāwī (bürgerlicher Name: Aḥmad Fāḍil Khalayla).[38] Der in Jordanien aufgewachsene Palästinenser und Veteran des *jihād* gegen die Rote Armee gehört zum Führungskreis von al-Qāʿida. Zarqāwī hat seit dem *jihād* gegen die Rote Armee eine gewisse Unabhängigkeit von bin Lādin bewahrt. Er gilt aber als Verbindungsmann von al-Qāʿida zu einer Vielzahl von Gruppen und als deren operativer Führer, insbesondere von den *Anṣār al-Islām* und den *Jund ash-Shams* im Nordirak, ebenso von den Gruppen *Bīʾat al-Imām* und *at-Tauḥīd*. Kontakte unterhält Zarqāwī auch zur libanesischen *Ḥizbullāh*. Bei der Planung der rechtzeitig aufgedeckten „Millenniums-

---

34 Matthew Levitt: „Untangling the Web. Crossovers Among International Terrorist Groups." Auf: www.intelligence.org.il/eng/ml_gen/ml8_12_03.htm.

35 *IHT* 1. Juli 2002.

36 *al-Ḥayāt* 3. Feburar 2000.

37 Matthew Levitt: „Untangling the Web..."

38 Matthew Levitt: „The Zarqawi Node in the Terror Matrix", Auf: www.washingtoninstitute.org/media/levitt/ levitt020603htm.

attentate“ von al-Qāᶜida war er mit der Planung der Anschläge auf ein Luxushotel in Amman sowie auf christliche, amerikanische und israelische Einrichtungen in Jordanien beauftragt gewesen. Im Jahr 2000 kehrte er nach Afghanistan zurück. Er übernahm ein Trainingslager und wurde zum Spezialisten von al-Qāᶜida für biologische und chemische Waffen. Im Februar 2002 wurden drei Mitglieder der Gruppe *Bīʾat al-Imām*, die in Afghanistan ausgebildet worden waren, bei der Einreise in die Türkei verhaftet, wo sie Anschläge hätten durchführen sollen. Zwei Monate später wurden in Deutschland acht Mitglieder von *at-Tauḥīd* verhaftet, weil sie Anschläge gegen amerikanische und israelische Einrichtungen geplant hatten. Gegen vier von ihnen ist vor dem Düsseldorfer Oberlandesgericht ein Verfahren eingeleitet worden.

3.3 Beispiele für die Reichweite von al-Qāᶜida

Anfang 2004 nahmen die Amerikaner in Bagdad den Pakistaner Ḥasan Ghul fest, der als Kurier für al-Qāᶜida arbeitete. Durch ihn fiel den Amerikanern ein Dokument in die Hände, das Zarqāwī zugeschrieben wird. Darin brüstet er sich, al-Qāᶜida habe seit dem Sturz des Regimes von Ṣaddām Ḥussain im Irak 25 Selbstmordanschläge verübt, unter anderem auf den schiitischen Āyatullāh al-Ḥakīm, auf das Hauptquartier der Vereinten Nationen in Bagdad und auf italienische Soldaten in Nassiriya. In dem Dokument entwickelt Zarqāwī eine Strategie, um im Irak den Terror eskalieren zu lassen. Angriffe auf die Schiiten sollen diese zu Racheaktionen gegen die Sunniten anstacheln. Die entstehende Radikalisierung unter den Sunniten soll es al-Qāᶜida erleichtern, Nachwuchskräfte zu rekrutieren. Anfang April 2004 kursierte im Internet eine 33minütige Tonaufnahme. In ihr forderte ein Sprecher, der sich als Zarqāwī ausgab, die Sunniten ebenfalls zu Terrorakten gegen die irakischen Schiiten auf, die er als „die Augen und die Ohren der Amerikaner“ im Irak bezeichnete. Zarqāwī gilt auch als der operative Kopf hinter den Terroranschlägen am 15. und 20. November 2003 in Istanbul [39] sowie hinter denen am 11. März in Madrid.[40]

Am 21. April 2004 führte al-Qāᶜida erstmals in zwei Ländern koordinierte Anschläge durch. In Basra starben bei Angriffen auf vier Polizeistationen und zwei Schulbusse 68 Personen, in Riad verloren bei dem Selbstmordangriff vor dem Gebäude der Sicherheitsdienste sechs Menschen ihr Leben. Nur ein Tag zuvor war in Jordanien ein Anschlag aufgedeckt worden, der ebenfalls am 21. April hätte stattfinden sollen. Die jordanische Polizei hatte aber einen Lastwagen abgefangen, der mit Sprengstoff beladen war; bei einem anschließenden Schußwechsel kamen drei der Terroristen ums Leben.

---

39 *FAZ* 11. Februar 2004.
40 *BBC* 6. April 2004.

Der Einfluß von al-Qāʿida reicht unterschiedlich weit. Der Irak wird zunehmend zum wichtigsten Betätigungsfeld von al-Qāʿida. Da bin Lādin aber das saudische Herrscherhaus stürzen will, bleibt Saudi-Arabien das „Königsziel". In Saudi-Arabien hat al-Qāʿida eine geographisch breit gestreute Infrastruktur aufgebaut. 15 der 19 Attentäter des 11. September 2001 waren saudische Staatsbürger gewesen. Die saudische Polizei hat seit Anfang 2003 Mitglieder von al-Qāʿida in allen Provinzen verhaftet, bedeutende Mengen von Sprengstoff stellte sie vor allem in den heiligen Städten Mekka und Medina sicher. Erstmals hat al-Qāʿida am 12. Mai 2003 und am 8. November 2003 mit großangelegten Attentaten in der saudischen Hauptstadt Riad zugeschlagen. Im Dezember veröffentlichte die Polizei eine Liste mit 22 gesuchten Terrorverdächtigen Saudi-Arabiens.

Der Führer von al-Qāʿida in Saudi-Arabien, Khālid ʿAlī al-Ḥājj, kam am 15. März bei einem Schußwechsel mit der saudischen Polizei um. Seine Stelle nahm ʿAbd al-ʿAzīz al-Muqrin ein. Unmittelbar nach der Übernahme der Führungsfunktion rief er dazu auf, als Ziele auch „Renegaten" vorzunehmen, zu denen er den ägyptischen Staatspräsidenten Mubārak und die Herrscher der Arabischen Halbinsel zählte. Anfang April 2004 wurde im Internet eine Tonaufnahme mit dem Titel „Die Vertreibung der Polytheisten von der Arabischen Halbinsel" verbreitet. Darin fordert Muqrin seine Anhänger auf, Amerikaner zu töten und alle, die mit den Vereinigten Staaten zusammenarbeiten.

Unmittelbar nach dem Anschlag im Mai 2003 hat die saudische Regierung mehreren tausend Predigern und Imāmen im Rahmen einer „Fortbildung" die Lizenzen entzogen. Die radikalsten Prediger hat sie verhaftet. In ihrem Kampf gegen den Terror gibt sich die Regierung nicht mehr allein mit der Verfolgung verdächtiger Personen zufrieden. Sie zielt auch auf die Wurzeln des Terrorismus und verknüpft den Kampf gegen den Terror mit ihrer Reformpolitik. Unter Druck sind die Religionsgelehrten (*ʿulamāʾ*) geraten. Lauter werden die Forderungen nach Reformen im Erziehungssystem und nach neuen Formen der Vermittlung des Islam.[41]

In Ägypten, der Wiege des islamistischen Terrors, hat der islamistische Extremismus seinen Einfluß eingebüßt, seitdem sich der *Jihād* und die *Jamāʿāt al-Islāmīya* an ihren einseitig verkündeten Waffenstillstand halten und Ẓawāhirī als „*amīr* des *jihād*" abgelöst worden ist. Die staatlichen Sicherheitsdienste haben den *Jihād* und die *Jamāʿāt* heute völlig unter Kontrolle, sie sind nicht mehr relevant. Gelegentlich gründen zwar Mitglieder der beiden Terrorgruppen neue Zellen, wobei Aktivisten der älteren Generation junge Anhänger um sich scharen, die aufgrund der Wirtschaftskrise leicht zu finden sind. Regelmäßig geben die Sicherheitskreise bekannt, daß sie solche Zellen ausgehoben und ihre Mitglieder verhaftet hätten. Gegenüber dem Terrorismus verfolgt Ägypten eine doppelte Strategie: Zum einen werden die Universitäten, die Moscheen und die Prediger

41 *FAZ* 2. Oktober 2003.

genau beobachtet; immer wieder kommt es zu Verhaftungswellen. Zum anderen verbessert der Staat aber die Haftbedingungen der Islamisten, entläßt Tausende und versucht, sie in die Gesellschaft zu integrieren, zum Beispiel über eine Beschäftigung im öffentlichen Dienst.

Ähnlich verläuft die Entwicklung in Algerien. Der „Front Islamique du Salut" (FIS) und sein militärischer Arm „Armée Islamique du Salut" (AIS) hatten, von der massiven staatlichen Verfolgung geschwächt, der Regierung einen Waffenstillstand angeboten. Die AIS nahm Anfang 2000 unter Führung von Madanī Mirzāq das Amnestieangebot des Staats an. 2400 ihrer Kämpfer kamen in den Genuß der Amnestie. Andererseits lehnte die rivalisierende „Groupe Islamique Armée" (GIA) den Waffenstillstand stets ab; ein Flügel des GIA steht in Verbindung mit bin Lādin.[42] Daher ging der islamistische Terror weiter, wenn auch auf vermindertem Niveau. Als größte und aktivste Terrororganisation Algeriens gilt heute die „Salafitische Gruppe für Predigt und Kampf" (GSPC). Gegründet hatte sie 1998 Mokhtar Belmokhtar. Er hatte in Afghanistan gekämpft und dort bin Lādin kennengelernt. Im Sommer 2003 war die GSPC für die Entführung deutscher Saharatouristen verantwortlich.[43]

Eine der für al-Qāʿida wichtigsten Alternativen zu Afghanistan ist der Jemen, wo bin Lādins Vater geboren worden war, bevor er nach Saudi-Arabien auswanderte. Der jemenitische Stammesführer Shaikh Muḥammad bin Shājī hatte bin Lādin 1998 angeboten, ihn in seinem unwegsamen Herrschaftsgebiet entlang der Grenze zu Saudi-Arabien aufzunehmen, sollten die Ṭālibān ihn an Washington ausliefern. Bereits im Jahr zuvor hat bin Lādin erwogen, seine Basis von Afghanistan in das Land seiner Vorfahren zu verlegen. Nach dem Rückzug der Roten Armee aus Afghanistan waren viele jemenitische *mujāhidīn* in den Jemen zurückgekehrt. Für sie finanzierte bin Lādin in der Provinz Abyān eine Ausbildungseinrichtung. Bereits in Afghanistan hatte er Ṭarīq al-Faḍlī kennengelernt, den Sohn des abgesetzten Sultans von Abyān. 1992 organisierte Faḍlī ein Attentat auf zwei Hotels in Aden, in denen sich amerikanische Soldaten auf ihren Weg nach Somalia vorbereitet hatten.[44] Ein anderer Afghanistan-Gefährte bin Lādins, Zain al-ʿAbidīn al-Miḥdar, gründete 1997 als Ableger des ägyptischen *Jihād* die „Islamische Armee Aden-Abyān." 1999 wurden zwei Prozesse gegen die Terrorgruppe eröffnet, und al-Miḥdar wurde wegen Beteiligung an einer Touristenentführung gehängt. Seine Gruppe soll aber keine operativen Verbindungen zu al-Qāʿida unterhalten haben.[45]

Spürbarer ist der Einfluß von al-Qāʿida in Tschetschenien. An der Eskalation der beiden Kriege seit 1994 hatte der Afghanistan-Veteran Ibn al-Khaṭṭāb, der um 1970 in Saudi-Arabien geboren wurde, entscheidenden Anteil. Zu bin Lādin

42 *MECS* 23 (1999), S. 127f und *MECS* 24 (2000), S. 107.
43 *FAZ* 19. August 2003.
44 Peter L. Bergen: *Heiliger Krieg...*, S. 227-232.
45 *MECS* 23 (1999), S. 124f.

hatte er angeblich eine „Vater-Sohn-Beziehung", von 1996 an stand er in den Kaukasusrepubliken Tschetschenien und Dagestan an der Spitze der dort kämpfenden arabischen *mujāhidīn*, der *Jaish Junūd Allāh*. Von bin Lādin soll er den Auftrag erhalten haben, das Modell eines „Ṭālibān-Staats" in die Nachfolgerepubliken der Sowjetunion zu exportieren. Dazu stattete bin Lādin ihn mit 25 Millionen Dollar und 150 ehemaligen Afghanistan-Kämpfern aus. Khaṭṭāb wird für zahlreiche blutige Anschläge in Moskau und für die Geiselnahme in einem Theater der Stadt verantwortlich gemacht, die mit 130 Toten endete.[46] Der russische Geheimdienst soll ihn 2002 ermordet haben. Seine Führungsaufgabe übernahm das frühere Mitglied der saudischen Nationalgarde und *jihād*-Kämpfer Abūʾl-Walīd al-Ghāmidī. Bis zu seiner mutmaßlichen Ermordung durch russische Soldaten im April 2004 kommandierte er die überwiegend arabischen *jihād*-Kämpfer Tschetscheniens, auch soll er das Sammeln von Unterstützungsgeldern auf der Arabischen Halbinsel koordiniert haben. Die russische Regierung macht ihn für die Geiselnahme im genannten Theater mitverantwortlich, ebenso soll er den Anschlag auf die Moskauer Metro im Februar 2004 geplant haben.

Offensichtlich ist der Einfluß von bin Lādin auch in Zentralasien. Der militärische Führer der „Islamischen Bewegung Usbekistans" (*Özbekiston Islomiy Harakati*, ÖIH), Jumʿa Chodschijew (Kampfname: Namangani) hat sich wiederholt mit ihm getroffen; seine Verbände haben sich am Krieg der Ṭālibān gegen die Nordallianz beteiligt. Zuvor hatte die gewaltbereite Guerilla der ÖIH unter den Ṭālibān in Mazar-i Sharīf und Kunduz Lager unterhalten. Im Herbst 2002 soll Namangani in Afghanistan gefallen sein. Die ÖIH ruft zum Sturz des Regimes von Staatspräsident Islam Karimow auf.[47]

In Kaschmir arbeitet die Terrorgruppe *Ḥarakatu-ʾl-Mujāhidīn*, die 1985 für den Kampf gegen die Rote Armee in Afghanistan gegründet worden war, eng mit al-Qāʿida zusammen. Einige ihrer Kämpfer wurden getötet, als 1998 amerikanische Flugzeuge in Afghanistan Lager von al-Qāʿida bombardierten. Die Splittergruppe *Jaish-i Muḥammad* („Die Armee Muḥammads"), die sich Anfang 2000 von ihr abgespalten hatte, wird mutmaßlich von bin Lādin finanziell unterstützt. Sie wird für Bombenanschläge im indischen Teil Kaschmirs und für Attentate auf hohe indische Beamte verantwortlich gemacht.[48] – Schließlich finanziert bin Lādin auf den Philippinen militärische Lager der Terrorgruppen *Abū Ṣayyāf* und „Islamische Befreiungsbewegung Moro."[49] Abū Ṣayyāf, Khālid Shaikh Muḥammad und Ramzī Yūsuf hatten 1994 Pläne mit dem Ziel ausgearbeitet, elf Passagierflugzeuge in die Luft zu sprengen und Papst Johannes Paul II. in Manila zu ermorden.[50]

46 *MECS* 23 (1999), S. 121 und S. 129 sowie, *MECS* 24 (2000), S. 97f.

47 *NZZ* 29. September 2001, *FAS* 17. November 2002.

48 Peter L. Bergen: *Heiliger Krieg...*, S. 273-284.

49 *MECS* 24 (2000), S. 98.

50 Peter L. Bergen: *Heiliger Krieg...*, S. 284-286.

3.4 Die Terroranschläge in Istanbul vom November 2003

Die Handschrift von al-Qāʿida trugen auch die Terroranschläge in Istanbul vom 15. und 20. November 2003. An beiden Tagen verübten Selbstmordattentäter jeweils zeitgleich einen Doppelanschlag gegen jüdische und britische Einrichtungen. Die türkischen Sicherheitskreise vermuten, daß den Attentätern zur Durchführung der Anschläge 500.000 Dollar zur Verfügung gestanden haben – weit mehr, als türkische Extremisten alleine aufbringen könnten.[51] Türkische Islamisten haben die Attentate durchgeführt, als Drahtzieher im Hintergrund wird Abū Mushʿāb az-Zarqāwī vermutet. Die meisten der türkischen Selbstmordattentäter waren 1996 und 1997 in den afghanischen Camps von bin Lādin ausgebildet worden,[52] einige kämpften in Tschetschenien und Bosnien.[53] In der Türkei gehörten viele zum lokalen Ḥizbullāh, der keine Beziehungen zur libanesischen *Ḥizbullāh* unterhält. Nachdem die türkischen Sicherheitskräfte die *Ḥizbullāh* weitgehend unschädlich gemacht hatten, entstand vermutlich aus dem gewaltbereiten Restkern der türkische Ableger der von Zarqāwī kontrollierten Terrorgruppe *Bīʾat al-Imām*. Mutmaßlich hatte die Gruppe in der Türkei zum Zeitpunkt der Anschläge acht voneinander unabhängige Zellen unterhalten. Neben der Türkei soll *Bīʾat al-Imām* auch in Afghanistan und Pakistan, in Iran und Syrien sowie Georgien und Deutschland mit Zellen vertreten sein.[54]

3.5 Die Unterstützung Syriens für palästinensische Terrorgruppen

Die palästinensischen Terrorgruppen „Islamischer Jihād“ und *Ḥamās* greifen zur Geldbeschaffung auf islamische „Wohltätigkeitsorganisationen“ zurück, auch arbeiten sie mit einzelnen Mitgliedern von al-Qāʿida zusammen. Daneben nutzen sie den Schutz, den ihnen Syrien bietet. Beide Terrorgruppen unterhalten Büros in Damaskus. Dort residieren Khālid Mashʿal als Vorsitzender des Politischen Büros der *Ḥamās*, sein Stellvertreter Mūsā Abūʾl-Marzūq und ʿImād al-ʿAlamī, der Vorsitzende des Innenausschusses von *Ḥamās*. Israel behauptet, *Ḥamās* bilde in Syrien arabische Freiwillige für Anschläge gegen israelische Ziele aus.

Ebenfalls in Damaskus wohnen der Generalsekretär des „Palästinensischen Islamischen Jihād“, Ramaḍān Shallāh, und sein Stellvertreter Ziyād Nakhla. Beim letzten großen Selbstmordanschlag des *Jihād* sind im Oktober 2003 in Haifa 21 Personen getötet worden. Gegründet worden war der „Palästinensische Islamische Jihād“ in den 1970er Jahren von Fatḥī Shiqāqī, der sein Studium in Kairo als Linker begonnen hatte, dann aber unter den Einfluß der verbotenen Muslimbrüder geraten war. Von 1981 an baute er den *Jihād* in Gaza als reine Terror-

51 *Radikal* (Istanbul) 6. Dezember 2003.
52 *Cumhuriyet* (Istanbul) 4. Dezember 2003.
53 *Hürriyet* (Istanbul) 27. November 2003.
54 *Cumhuriyet* (Istanbul) 4. Dezember 2003.

gruppe auf, wenig später gründete er als deren Arm für Attentate die „Jerusalem Brigaden“ (*Sarāyā al-Quds*). Nach seiner Ausweisung aus Gaza ließ sich Shiqāqī 1988 in Damaskus nieder. Als er 1995 ermordet wurde, übernahm Ramaḍān Shallāh, der in Tampa (Florida) unauffällig als Ökonom gelebt hatte, sein Amt. Im selben Jahr verlegte die *Ḥamās* ihr operatives Büro nach Damaskus, so daß die beiden früheren Rivalen zusammenarbeiteten.[55]

Der syrische Staatspräsident Ḥāfiẓ al-Asad gewährte den beiden Terrorgruppen gewisse Freiheiten. Er versprach sich davon eine Aufwertung des militärisch und wirtschaftlich schwachen Syrien gegenüber Israel. Zuvor hatte er zu Beginn der 1990er Jahre einen Schwenk vollzogen. Er setzte nun weniger auf die linksextremen Gruppen der Palästinenser und mehr auf die islamistischen.

4. Der Hintergrund: Die Ideologen des jihād *und ihre Medien*

Al-Qāʿida hat sich von einer reinen Organisation des Terrors immer mehr zu einer Ideologie des *jihād* verwandelt. Eine Ideologie braucht Medien: Bei al-Qāʿida sind es das Satellitenfernsehen, das der breiten Mobilisierung dient, und das Internet, über das die theologisch-ideologischen Traktate verbreitet werden.

4.1 Bin Lādins Fernsehpredigten

Über einen Satellitentelefon kann bin Lādin nicht mit der Außenwelt in Verbindung stehen. Sonst würde sein Aufenthaltsort umgehend lokalisiert werden. Seine Botschaften spielt er aus demselben Grund den großen arabischen Nachrichtensendern *al-Jazīra* und *al-ʿArabīya* über verschlungene Wege zu. Anders als frühere Generationen revolutionärer Prediger und Ideologen müssen seine Ansprachen nicht mehr auf Kassetten unters Volks gebracht werden. Denn die arabischen Nachrichtensender lassen sich bin Lādins Videos und Tonbänder zur Quotensteigerung nicht entgehen. Verzichtet *al-Jazīra* einmal darauf, besorgt sich CNN eine Kopie davon und strahlt sie aus. So hatte *al-Jazīra* ein Interview mit bin Lādin, in dem er die Tötung von „Kreuzrittern und ungläubigen Zivilisten“ ausdrücklich billigte, nicht ausgestrahlt. CNN tat es aber im Februar 2002, wenn auch ohne Zustimmung von *al-Jazīra*.

Das erste Video nach den Anschlägen von New York und Washington hatte *al-Jazīra* am 8. Oktober 2001 ausgestrahlt. Es zeigte bin Lādin im Kreis seines Stellvertreters, des Ägypters Aymān aẓ-Ẓawāhirī, und seines Sprechers, des Kuwaiters Abū Ghaith. bin Lādin drohte darin den Vereinigten Staaten:

[55] Matthew Levitt: „Sponsoring Terrorism: Syria and Islamic Jihad.” Auf: www.washingtoninstitute.org/media/ levitt/levitt11_1202.htm.

„Weder Amerika noch die Menschen, die dort wohnen, werden von Sicherheit träumen, bevor wir diese in Palästina erleben und bevor alle ungläubigen Armeen das Land Muḥammads, Friede sei mit ihm, verlassen haben."[56]

In einem weiteren Video, das am 9. November 2001 in Kandahar entstand und ihn mit einem querschnittsgelähmten saudischen Kleriker zeigt, übernahm bin Lādin die Verantwortung für die Anschläge des 11. September 2001 und schilderte Details ihrer Vorbereitung. bin Lādin gestand:

„Wir hatten die Zahl der Opfer vorher berechnet."[57]

Seine nächste Videopredigt zeigte ihn am 28. Dezember 2001 zwar müde und erschöpft, aber kompromißloser denn je: Er kündigte den Endsieg der Muslime an.[58]

Erst im November 2002, also Monate nach dem Sturz der Ṭālibān, strahlte *al-Jazīra* wieder eine Botschaft von bin Lādin aus, diesmal nur noch über Tonband. Nach den Anschlägen von Bali fragte er seine Zuhörer rhetorisch, wie lange noch Furcht, Massaker und Zerstörung das Schicksal der islamischen Welt sei, während Sicherheit, Stabilität und Wohlstand das Vorrecht des Westens bleibe.[59] Am 12. Februar 2003, kurz vor dem Beginn des Irak-Kriegs, rief er zum *jihād* an der Seite des „islamischen irakischen Volks" auf, und am 5. Januar 2004 griff er erstmals die arabischen Golfstaaten stärker an als die Vereinigten Staaten. Einen Monat nach den Anschlägen in Madrid vom 11. März 2004 bot er in einem Tonband an, alle „Operationen" gegen die Staaten einzustellen, die sich verpflichten, Muslime nicht anzugreifen. Die „Versöhnung" werde beginnen, sobald der letzte Soldat aus „unserem Land" abgezogen sei, sagt er auf dem Tonband, das die Nachrichtensender *al-Jazīra* und *al-ᶜArabīya* ausstrahlten. In allen Aufzeichnungen spricht bin Lādin in großer kontemplativer Ruhe, ohne Hast, und mit einer Rhetorik, die bei vielen Arabern gut ankommt.

4.2 Das Internet als neue Plattform

Im afghanischen Bergland hat bin Lādin höchstwahrscheinlich keinen Zugang zum Internet. Für die Verbreitung seiner Ideologie ist es jedoch das wichtigste Medium. Viele Theologen, Ideologen und Publizisten, die seine vagen Vorgaben weiterentwickeln, können ihre Aufsätze und Bücher in ihren Heimatländern nicht legal veröffentlichen. Zur Verbreitung ihrer „grauen Literatur" benutzen sie daher das Internet. Damit kann überall auf ihre Schriften zugegriffen werden. Der Sturz der Ṭālibān hat zwar die Bewegungsfreiheit von al-Qāᶜida eingeengt; gleichzeitig ist aber über das Internet eine offene *jihād*-Universität entstanden.

56 *FAZ* 9. September 2001.
57 *FAZ* 15. Dezember 2001.
58 *FAZ* 29. Dezember 2001.
59 *FAZ* 13. November 2002.

Ihre ideologische Palette ist so breit, daß Raum besteht für lokale Strukturen und die Anhänger nicht mehr auf bin Lādin angewiesen sind.

Als das wichtigste Propagandainstrument von al-Qāʿida gilt das „Zentrum für islamische Studien und Forschungen" (*Markaz ad-Dirāsāt wa-ʾl-Buḥūth al-Islāmīya*), das im Internet lange eine Zeitschrift herausgeben konnte, deren Artikel nicht namentlich gezeichnet waren. In einem solchen Beitrag, der am 17. März 2003 im islamistischen Internetforum *Ṣadā al-Jihād* verbreitetet worden war, hatte es unter der Überschrift *„Die Kultur des jihād"* geheißen:

> „Der Shaikh [Bin Lādin] hat uns gezeigt, daß, solange wir danach streben, Allāh uns helfen wird, dem Islam durch den *jihād* das zu geben, was wir sollen. Auch mit dem Ende des Schaikhs sollen wir nicht stehenbleiben."[60]

4.3 Palästinenser und Saudis anstelle von Ägyptern

Mit al-Qāʿida hat bin Lādin in der islamischen Welt eine neue politische Bewegung des *jihād* angestoßen. Der „Shaikh" meldet sich jedoch selten zu Wort, und seine Botschaften sind vage. Daher bedarf es einer neuen Generation von Gesinnungsgenossen, die die Verlautbarungen von ʿAbdallāh ʿAẓẓām und bin Lādin interpretieren und verdichten. Aufschlußreich waren die Bekenntnisse der mutmaßlichen Planer des Terroranschlags vom 8. November 2003 in Riad, die das saudische Fernsehen am 12. Januar 2004 ausstrahlte. Die verdächtigten Attentäter gaben an, ihre geistlichen Führer nicht persönlich zu kennen. Geprägt worden seien sie vielmehr durch die Lektüre theologischer Traktate und *fatwās* im Internet. Bei den Geständnissen fielen besonders oft die Namen der Palästinenser Abū Muḥammad al-Maqdisī (bürgerlicher Name: ʿIṣṣām Muḥammad al-Barqāwī) und Abū Qatāda (bürgerlicher Name: ʿUmar Ibn Maḥmūd Abū ʿUmar) sowie des Saudis ʿAbd ar-Raḥmān al-Azdi (bürgerlicher Name: Yūsuf al-ʿAyirī) und des Syrers Abū Buṣair (bürgerlicher Name: ʿAbd al-Munʿim Muṣṭafā Ḥalīma). Daneben gelten der radikale saudische Theologe ʿAbd al-ʿAzīz al-Jarbuʿ sowie der etwas weniger radikale ʿAṭiyat Allāh, ebenfalls aus Saudi-Arabien, als wichtige Interpreten von bin Lādin.[61] Zum *jihād* rufen daneben saudische Theologen auf wie Salmān bin Fahd al-Ẓauda, Sulaimān bin Nāṣir al-ʿUlwān, Ḥamūd bin Ūqla ash-Shuʿaibī und ʿAlī al-Khuḍair.

Die Interpreten des *jihād* sind heute überwiegend Palästinenser und Saudis, die Bedeutung ägyptischer Denker wie Saiyid Quṭb geht zurück, auch wenn die junge saudische Generation durchaus noch seinen Klassiker „Wegmarken" liest, in dem er fordert, „nichtislamische Regime" in der islamischen Welt mit Gewalt zu beseitigen.[62] In der heranwachsenden Islamistengeneration Ägyptens ist bis-

---

60 http://members.lycos.co.uk/himmame/vb/printthread.php?threadid=1881.
61 www.yalewis.com.
62 *ash-Sharq al-Auṣāṭ* 14. Januar 2004.

her kein Denker auszumachen, der Einfluß auf die ganze arabische Welt haben könnte. ʿAẓẓām, al-Maqdisī und Abū Qatāda sind hingegen Palästinenser, und durch sie gewinnt der Palästinakonflikt innerhalb des islamistischen Diskurses wieder an Bedeutung. In diesem Diskurs nimmt auch das Gewicht einer neuen saudischen Generation streng wahhabitischer Theologen zu, die in Opposition zum saudischen Königshaus stehen. Möglich geworden war diese Entwicklung durch den Tod des langjährigen saudischen Großmufti ʿAbd al-ʿAzīz Ibn Bāz, den sowohl die königstreuen wie die oppositionellen Theologen geachtet hatten.[63]

4.4 Die Interpreten Bin Lādins

Der vielleicht einflußreichste Interpret bin Lādins ist der Palästinenser Maqdisī geworden.[64] Er gilt als der geistliche Führer der Terrorgruppe *Bīʾat al-Imām*. Er wuchs in Kuwait auf und gründete dort 1979 eine Islamistenzelle zur Unterstützung jener Gruppe, die im selben Jahr die Große Moschee von Mekka besetzt hatte. Nach der Besetzung Kuwaits durch den Irak ging er nach Afghanistan. Später lebte er in Saudi-Arabien und Jordanien. Auf ihn hatten sich bereits die Extremisten berufen, die am 13. November 1995 in der saudischen Hauptstadt Riad einen Anschlag durchgeführt hatten, bei dem sieben amerikanische Staatsbürger getötet wurden. Sein wichtigstes Buch *Millat Ibrāhīm* ähnelt der Grundaussage von Quṭbs *Wegmarken*: Maqdisī ruft dazu auf, sich wie Ibrāhīm Allāh zu ergeben, den Tyrannen aber des Unglaubens zu bezichtigen. Maqdisī bezeichnet die Demokratie als die Herrschaft des Heidentums und eine Erfindung, die dem Werten des Islam widerspreche. Den Juden und Christen entzieht er den Status von Schutzbefohlenen des Islam (*dhimmī*), da sie durch ihre bloße Teilnahme an Wahlen zu Ungläubigen und Polytheisten geworden seien.[65] Maqdisī betrieb eine eigene Webseite „at-Tauḥīd wa-ʾl-Jihād“ (Die Einheit Gottes und der *jihād*). Auf ihr hatte er geschrieben, bin Lādin sei der „Imām des Jahrhunderts“, und nur ein Ungläubiger könne dies bestreiten. In seine Webseite hatte er auch Traktate und *fatwās* von ʿAbdallāh ʿAẓẓām gestellt, ebenso von dem radikalen mittelalterlichen Theologen Ibn Taimīya sowie von al-ʿAyirī und Abū Qatāda.

Anders als Maqdisī lebt Abū Qatāda[66] nicht mehr in Freiheit, sondern sitzt seit 2002 in einem Londoner Gefängnis. Zunächst war der 1962 in Nablus geborene Abū Qatāda der geistige Führer der radikalen Palästinensergruppe *at-Tauḥīd*

63 Reuven Paz: „Sawt al-Jihad: New Indoctrination of Qa'idat al-Jihad.“ Auf: www.e-prism.org/image/ PRISM_no_8.doc.

64 *ash-Sharq al-Awṣāṭ* 14. Januar 2004.

65 Zitiert nach: Jonathan D. Halevi: „Al-Qaeda's Intellectual Legacy: New Radical Islamic Thinking Justifying the Genocide of Infidels.“ Auf: www.intelligence.org.il/eng/g_j/dh/_01_04.htm.

66 *ash-Sharq al-Awṣāṭ* 14. Januar 2004.

gewesen, die in den achtziger Jahren entstand.[67] In Afghanistan hatte Abū Qatāda seine Gesinnungsgenossen ʿAẓẓām und bin Lādin kennengelernt. 1993 kam er als politischer Asylsuchender nach Großbritannien, den Asylstatus erhielt er 1997. In London profilierte er sich als der geistliche Führer von al-Qāʿida in Europa. Wiederholt rief er seine Anhänger zu Anschlägen in Europa auf. Er richtete eine eigene Webseite „at-Taʾifa al-Manṣūra" ein, 18 Videos seiner haßerfüllten Predigten fanden sich in den Hamburger Wohnungen der Attentäter des 11. September 2001. In ihnen rief Abū Qatāda zu Angriffen gegen amerikanische Ziele auf. Deshalb wurde er im November 2002 verhaftet. Sein Name hatte bereits zuvor auf der Liste der 39 Personen und Einrichtungen gestanden, deren Gelder eingefroren wurden. *At-Tauḥīd* unterhält heute Zellen in 16 Ländern, eine in Deutschland wurde am 23. April 2002 in einer großen Razzia ausgehoben.[68]

Abū Qatāda sitzt im Gefängnis, der ebenfalls einflußreiche bin Lādin-Interpret Yūsuf al-ʿAyirī[69] ist indessen bei einem Zusammenstoß mit saudischen Polizisten umgekommen. Er starb, als die Polizei im Juni 2003 gegen islamistische Extremisten vorgegangen war, die in Verbindung mit den Anschlägen vom 12. Mai 2003 in Riad gestanden haben sollen. ʿAyirī galt als einer der strategischen Köpfe von al-Qāʿida, und er war für die Internetseite *an-Nidāʾ* (der Ruf)[70] des „Zentrums für Islamische Studien und Forschungen" von al-Qāʿida verantwortlich. Vor seinem Tod hatte der junge Theologe Bücher mit den Titeln *al-Ḥurūb aṣ-Ṣalībīya al-Jadīda* („Die neuen Kriege der Kreuzritter") und *al-Jihād – Ḥikmuhu wa-Anwāʿuhu* („Der *jihād*, seine Weisheit und seine Arten") veröffentlicht. Ins Internet stellte er zahlreiche eigene, nicht namentlich gezeichnete Artikel, daneben eigene Beiträge mit dem Titel *al-Qāʿida – Daula bilā Ḥudūd* („al-Qāʿida, Staat ohne Grenzen") und das 460 Seiten umfassende Buch *Bin Lādin – Mujaddid az-Zamān wa-ʾl-Qāhir al-Amrikān* („Bin Lādin, der Erneuerer unserer Zeit und der Sieger über die Amerikaner").

5. Fazit

Al-Qāʿida stützt sich weiter auf eine Organisation, die jedoch immer weniger greifbar ist. Die Organisation ist einem Amalgam loser Gruppen gewichen. Die Mitgliedschaften in den lokalen Terrorgruppen können wechseln, je nach Bedarf und Ziel finden sie zusammen. Den Kern von al-Qāʿida bilden vermutlich wenige hundert Mitglieder; in mehreren konzentrischen Kreisen kommen zunächst Afghanistanveteranen hinzu; dann Muslime, die in bin Lādins afghanischen La-

67 *FAZ* 25. April 2002.
68 *FAS* 12. Mai 2002.
69 *ash-Sharq al-Auṣāṭ* 14. Januar 2004 und Reuven Paz: „Sawt al-Jihad...."
70 www.cybcity.com/image900/index.htm.

gern ausgebildet worden sind; den äußeren konzentrischen Ring bilden schließlich einfache Sympathisanten.

Die Ideologie von al-Qāʿida ist wichtiger geworden als die Organisation selbst. Sie spricht bestehende Terrorgruppen und neu gegründete Terrorzellen an, die sich auf al-Qāʿida berufen und deren verlängerter Arm sein wollen. Al-Qāʿida verkündet die Botschaft des *jihād* gegen den Westen und gegen die Vereinigten Staaten. Diese Botschaft ist in der islamischen Welt populär, selbst wenn nur wenige Muslime in letzter Konsequenz den Weg der Gewalt von bin Lādin einschlagen wollen. Trotz seiner Popularität hat er keine Massenbewegung angestoßen.

Die spektakulären Terroranschläge und die spürbare Angst des Westens vor dem Terror von al-Qāʿida haben bin Lādin zu einem schwer faßbaren Mythos gemacht, dem viele Muslime eine weitere Steigerung des Terrors zutrauen. Sein wirklicher und unmittelbarer Einfluß auf den Gang der Dinge ist indessen umstritten. Vermutlich ist er immer weniger der Organisator des Terrors und immer mehr dessen Ideologe. Gebrochen werden kann die Anziehungskraft der „Ikone Bin Lādin“ nur dann, wenn es den westlichen Sicherheitsdiensten gelingt, über längere Zeit spektakuläre Anschläge zu verhindern, die in seinem Namen und dem von al-Qāʿida erfolgen, und wenn in der islamischen Welt ein Modell entsteht, das die Vereinbarkeit von Islam und Demokratie glaubwürdig demonstriert.

Islamismus: Vom Umgang des Westens mit einem weltpolitischen Problem

Heinz-Dieter Winter

Madeleine K. Albright, die Außenministerin der Clinton-Administration, die sich im außenpolitischen Umgang mit den Problemen arabischer und islamischer Länder nicht gerade durch großes Feingefühl auszeichnete, leitete einen außerordentlich kritischen Artikel über die internationale Politik der Bush-Regierung in *Foreign Affairs*, der nach dem Irak Krieg erschien, mit der Gegenüberstellung zweier diametral entgegengesetzter Weltsichten ein, um zu zeigen, daß die Art und Weise, wie George W. Bush die Welt interpretiert, kein allgemeingültiges Weltdeutungsmuster ist. Der amerikanische Präsident sagte:

> „Every nation, in every region, now has a decision to make. Either you are with us, or you are with the terrorists."[1]

Die ehemalige Außenministerin stellte dem die Äußerung eines sunnitischen Geistlichen aus Bagdad entgegen:

> „There are only two powers now in the world. One is America, which is tyrannical and oppressive. The other is a warrior who has not yet been awakened from his slumber and that warrior is Islam."[2]

Es handelt sich eben um diese ideologischen Ausschließlichkeitsansprüche, die der Generalsekretär der Vereinten Nationen Kofi Annan in seiner Weltethos-Rede an der Universität Tübingen am 12. Dezember 2003 dezidiert mit den folgenden Worten zurückwies:

> „Wir müssen den kaltblütigen Nihilismus von Attentaten, wie sie am 11. September 2001 gegen die Vereinigten Staaten begangen wurden, entschlossen verurteilen. Wir dürfen aber nicht zulassen, dass solche Anschläge einen ‚Zusammenprall der Kulturen' provozieren, in dem Millionen Menschen aus Fleisch und Blut einer Schlacht zwischen zwei Abstraktionen – ‚dem Islam' und ‚dem Westen' – zum Opfer fallen, als ob islamische und westliche Werte unvereinbar wären."[3]

Wenn im folgenden Beitrag vom Islamismus als internationalem Problem die Rede ist, dann soll dies nicht heißen, daß die Akteure dieses Problemfeldes – die ‚islamische Welt' auf der einen, und die Gruppe hoch industrialisierter Staaten Europas, Nordamerikas und Australiens, die man gemeinhin als ‚den Westen'

---

1 Madeleine K. Albright: „Bridges, Bombs, or Bluster?" In: *Foreign Affairs (Sep./Okt. 2003)*, Internetausgabe.

2 Ebd..

3 http://www.weltethos.org/st-2xx/s-3202.htm.

bezeichnet, auf der anderen Seite – als Gegenpole einer möglichen neuen bipolaren Welt nach dem Ende des Ost-West-Konfliktes dargestellt und verstanden werden sollen. Es ist vielmehr das Anliegen dieses Beitrages, vor den Gefahren zu warnen, die von einer falschen Politik des Westens gegenüber dem Islamismus, ebenso wie von der Zunahme undifferenzierter antiwestlicher Positionen in der islamischen Welt für Frieden und internationale Sicherheit ausgehen. Auch soll hier darauf aufmerksam gemacht werden, daß die vom US-Präsidenten ausgegebene Losung „either you are with us, or you are with the terrorists" der Komplexität und den differenzierten Befindlichkeiten der islamischen Welt in keiner Weise gerecht wird und damit gefährliche Entwicklungen provoziert.

Der Islamismus hat sich in den letzten Jahrzehnten zu einem der wichtigesten Problemfelder internationaler Politik entwickelt. Die Frage, wie sich das Verhältnis des Westens zur islamischen Welt in Zukunft gestalten wird, ist von nicht zu unterschätzender Bedeutung, beläuft sich der Anteil von Muslimen an der Weltbevölkerung doch auf 18,5%. Insgesamt 52 Staaten bezeichnen sich selbst als „islamisch." Der größte Teil der Welterdöl- und gasreserven befinden sich auf dem Territorium solcher – nach ihrem Selbstverständnis – islamischer Staaten. Angesichts der Ereignisse des 11. September 2001, des von George W. Bush ausgerufenen „War on Terrorism" und des Irakkrieges des Jahres 2003, dessen Folgen bis heute noch nicht absehbar sind, stellen sich die folgenden drängenden Fragen:

- Wird die zukünftige internationale Situation durch eine dramatische Konfrontation zwischem dem Westen und der islamisch-arabischen bzw. islamischen Welt insgesamt geprägt sein?
- Wird die Prophezeiung von Harvard-Professor Samuel Huntington über den „Clash of Civilizations" Wirklichkeit?
- Oder gibt es doch die Alternative einer friedlichen Koexistenz?

In der Tat kann man sagen, daß sich die Anzeichen für eine Verschärfung der bereits skizzierten Konfrontation in den letzten 15 Jahren vermehrt haben. Die Anschläge vom 11. September und die Kriegshandlungen in ihrer Folge haben die bereits existenten, diffusen Ängste Europas und der USA gegenüber „dem Islam" noch verstärkt. UNO-Generalsekretär Kofi Annan wandte sich im Januar 2004 vehement gegen die zunehmende Islamophobie und gegen die Verdächtigungen, Einschüchterungen und Diskriminierungen, denen sich viele Muslime seit dem 11. September ausgesetzt sehen. Zu viele Menschen würden „den Islam" in diametrale Opposition zu „dem Westen" stellen und ihn darüberhinaus als homogenen Block verstehen.[4]

Vor allem die arabischen Staaten, aber auch die gesamte islamische Welt, empfinden die militärische Niederlage des Irak und die Präsenz von US-Truppen in dieser Weltregion als eine erneute Demütigung durch die Supermacht USA. Dies gilt auch für diejenigen, die keine besondere Sympathie für den Despoten

4 Vgl. *Frankfurter Rundschau* vom 15. Januar 2004.

Ṣaddām Ḥussain hegen. Seit dem Sturz des säkularen Baʿth-Regimes im Irak gewinnen die Islamisten im Lande, insbesondere unter den Schiiten, an Einfluß. Die Entstehung eines islamistisch geprägten Staates läßt sich also nicht ausschließen, auch wenn Großayātullāh Sistānī als höchste geistliche Autorität, anders als Khumainī, nichts von einer direkten Herrschaft der schiitischen Geistlichkeit zu halten scheint. So ist eben diejenige Option, die die USA auf jeden Fall verhindert wollten, in greifbare Nähe gerückt, auch wenn die unter der Ägide der Vereinigten Staaten ausgearbeitete Verfassung für den Irak starke säkulare Anteile enthält.

Nach dem Zerfall des Ostblockes wurde das Verhältnis von westlicher und islamischer Welt zu einen zentralen Punkt sicherheitspolitischer Strategiediskussionen. In der Nachfolge der Auflösung des Sowjetimperiums begannen Führungskreise der NATO, einen „neuen Feind" in Gestalt des Islamismus auf der südlichen Hemisphäre auszumachen. Der ehemalige Generalsekretär der NATO, Manfred Wörner, schrieb im NATO-Brief N° 1 aus dem Jahre 1991 die folgenden symptomatischen Sätze:

> „Entlang der gesamten Südgrenze des NATO-Gebietes entwickelt sich ein Spannungsbogen vom Maghreb bis zum Nahen Osten. Die ohnehin dort herrschenden Spannungen werden nicht nur durch die Existenz absolutistischer und ehrgeiziger Herrscher wie Saddam Hussein, sondern auch durch das erneute Auftauchen tiefverwurzelter Entwicklungsprobleme verschärft, die zu einem noch größeren Bevölkerungswachstum, Ressourcenkonflikten, religiösem Fundamentalismus und Terrorismus führen."[5]

Während Wörner den religiösen Fundamentalismus, den er mit dem Islamismus gleichsetzt, in einen durchaus vorhandenen Zusammenhang mit den Entwicklungsproblemen der islamischen Welt einordnete, warnte sein Nachfolger im Amt, Wilhelm Claes, auf sehr direkte Weise in einem Interview mit der Süddeutschen Zeitung vom 02. Februar 1995 vor dem islamischen Fundamentalismus, der nach seiner Meinung die abendländische Kultur bedrohe, mit Demokratie unvereinbar und für den Westen mindestens genau so gefährlich sei, wie es der Kommunisus gewesen wäre.[6]

Der frühere Oberbefehlshaber der NATO, John Galvin, erklärte 1991, daß sich die Konfrontation des Islam mit dem Westen über mehr als tausend Jahre hingezogen hätte, über die Kreuzzüge des Mittelalters bis hinein in die Neuzeit. Er führte weiter aus, daß es nach dem Ende des Ost-West-Konfliktes, der zu Gunsten des Westens entschieden worden sei, nun eine neue große Konfliktachse gäbe. Diese sei eben die große Auseinandersetzung mit dem Islam.[7]

---

5 Manfred Wörner: „Die atlantische Allianz in der neuen Ära." In: *NATO-Brief-Brüssel* 1 (1991), S. 6.

6 Vgl. zu dieser Position: Henner Fürtig: „Außenpolitik angesichts islamistischer Bewegungen: Rußland und die USA." In: *Orient-Journal* 2,2 (2001), S. 19.

7 Vgl. Theo Sommer, Gräben und Brücken, in *Zeitpunkte*, Hamburg Nr.1/1993, S. 5.

Die Ansichten Galvins stimmen im wesentlichen mit den Thesen Samuel P. Huntingtons überein, der zwei Jahre später in seinem Aufsatz „The Clash of Civilizations" die Meinung äußerte, daß nach dem Ende des Kalten Krieges die internationale Politik vom Gegensatz zwischen dem Westen und den nichtwestlichen Zivilisationen, zu denen er in erster Linie die islamische Welt zählte, bestimmt sein würde.[8] Dieses Feindbilddenken gegenüber der islamischen Welt hat im Zusammenhang mit dem Terroranschlag vom 11. September 2001 und dem „Krieg gegen den Terror" einen neuen Auftrieb erfahren und dem wechselseitigen Verhältnis von Westen und islamischer Welt erheblichen Schaden zugefügt.

Bush bezeichnete diesen Krieg in einer ersten Erklärung nach dem 11. September als „Kreuzzug". Wenige Tage später äußerte er sich in einer Kongreßrede folgendermaßen über das Terrornetzwerk al-Qāʿida:

> „Diese Gruppe und ihr Führer – eine Person namens Osama Bin Laden, werden mit vielen anderen Organisationen in verschiedenen Ländern in Verbindung gebracht, einschließlich des ägyptisch-islamischen Dschihad und der islamischen Bewegung Usbekistans. Es gibt Tausende dieser Terroristen in mehr als 60 Ländern. Sie werden in ihren eigenen Ländern und Nachbarschaften rekrutiert und in Lager, wie beispielsweise in Afghanistan, gebracht, wo sie in der Taktik des Terrors ausgebildet werden."[9]

Ohne es direkt auszusprechen, hatte der Präsident schon zu diesem Zeitpunkt zum Ausdruck gebracht, daß fast alle islamischen Länder zum Zielgebiet des „Krieges gegen den Terror" werden könnten. Sabine Riedel meint dazu:

> „Mit der unterschwelligen These, dass alle 57 Mitgliedsstaaten der Organisation der Islamischen Konferenz (OIC) für eine potentielle Mittäterschaft islamistischer Gewalt in Betracht kämen, wird ein für die westliche Welt und die internationale Politik äußerst relevantes Bedrohungsszenario begründet. Es tradiert und belebt das jahrhundertelange westliche Bild vom Islam als ‚einer eroberungslustigen, kriegerischen und theokratischen Religion.'"[10]

Am 11. Dezember 2003 äußerte sich einer der Chefplaner der amerikanischen Nah- und Mitteloststrategie, Richard Perle, in einem ZDF-Interview besorgt angesichts der Tatsache, daß zu befürchten stünde, daß radikale Islamisten die ganze Welt „islamisieren" wollten, und die Bewohner dieser „islamisierten" Welt alle „Moslems" werden sollten. Sicherlich mag es einige radikale Islamisten geben, die derart phantastischen Ideen nachhängen und sie in Verbindung zu einer mythisch-verklärten Wiedererrichtung des Kalifatsstaates aus der Frühzeit des Islam setzen. Eine derart vereinfachende und das Wesen islamistischer Bewegungen in einem solchen Maße verkennende Einschätzung aus dem Munde eines maßgeblichen US-Politikers läßt nur zwei Schlüsse zu: Entweder sollen damit weitere

---

8 Vgl. Samuel P. Huntington: „The Clash of Civilizations." In: *Foreign Affairs* 72 (1993), S. 22ff.

9 Zitiert nach: Sabine Riedel: „Der Islam als Faktor in der internationalen Politik." In: *Aus Politik und Zeitgeschichte* 37 (2003), Internetausgabe.

10 Ebd..

Militäraktionen im Rahmen des „Anti-Terror-Krieges" gegen islamische Länder propagandistisch vorbereitet werden (Perle gehört zur Gruppe der vehementesten Befürworter eventueller Militärschläge gegen den Iran und Syrien), oder aber Perle selbst ist von den eigenen Ansichten selbst überzeugt. Das eine wie das andere wäre unheilvoll für das zukünftige Verhältnis Westen–islamische Welt. Erinnert sei hier auch an Äußerungen wie die des italienischen Ministerpräsidenten Berlusconi bezüglich der „Überlegenheit der westlichen Zivilisation"[11] gegenüber der islamischen Welt. Wenn Israels Ministerpräsident Ariel Sharon am 24. November 2003 erklärte, daß eine noch stärkere Präsenz von Muslimen in Europa die Sicherheit des Lebens von jüdischen Menschen gefährde, so zeugt dies von einer Denkweise, die die individuelle Religionszugehörigkeit von Menschen zu einem politischen Problem für den Staat Israel macht. Auch unter westlichen Politikern kommt es häufig vor, daß der irreführende Terminus „islamischer Terrorismus" Verwendung findet. Dieser Sprachgebrauch ist Symptom für eine Haltung, die das individuelle Glaubensbekenntnis von 1,3 Milliarden Menschen undifferenziert mit den Ansichten und Aktionen einiger weniger Radikalisten gleichsetzt. Angesichts solcher Äußerungen haben Orientalisten, Religionswissenschaftler, Diplomaten und auch manche Militärs seit Anfang der 1990er Jahre wiederholt auf die Gefahren solcher Vorurteile und eines solchen Feindbilddenkens hingewiesen.

In der islamischen Welt ist nicht unbeachtet geblieben, daß im Westen ein „Feindbild Islam" produziert wird. Islamisten gewinnen daraus neue Argumente für den Nachweis einer angeblichen westlichen Verschwörung gegen den Islam. Auch politische Eliten islamischer Staaten befürchten, daß eine falsche Perzeption des Islam sowohl im Westen, als auch in radikalisierten Gruppen der eigenen Bevölkerung das Verhältnis zwischen den beiden geopolitischen Regionen stark belastet. So stellte der ägyptische Präsident Ḥusnī Mubārak schon 1993 die Frage, welche Stellung die Muslime in der sich herausbildenden neuen Weltordnung haben sollten und formulierte:

> „Die Muslime wollen niemals illegale Terroristen in der neuen Weltordnung sein."[12]

Er betonte vielmehr das Interesse und die Bereitschaft der Muslime, mit der Weltgemeinschaft auf gleichberechtigter Grundlage zusammenzuarbeiten. Um dieses Ziel zu erreichen, sei es aber notwendig, die Parameter, auf deren Grundlage die gegenseitige Perzeption stattfinde, zu korrigieren. Auch verstand er durchaus, daß es zu einem Großteil eben die kriminellen Handlungen von Extremisten waren, die im Westen Meinungen förderten, den Islam als ganzes, als *die* neue Gefahr zu sehen, der es nach dem Ende des Kommunismus zu begegnen gelte.

---

[11] Vgl. Jochen Hippler u. Andrea Lueg: *Feindbild Islam oder Dialog der Kulturen?* Hamburg 2002, S. 24.

[12] Vgl. *Egyptian Gazette* vom 31. August 1993.

Auch US-Politiker haben in der Vergangenheit – vor allem in der Clinton-Ära – wiederholt darauf hingewiesen, daß es äußerst problematisch sei, die Aktivitäten einiger radikaler islamistischer Gruppen mit der islamischen Religion an sich gleichzusetzen. So erklärte Edward Djerijian, der Unterstaatssekretär der Clinton-Administration war, im Juni 1992, daß die USA nichts gegen den Islam als Religionsgemeinschaft hätten, sondern einzig in Opposition zu jenen stünden, die die Religion „als Deckmantel für Extremismus und Gewalt"[13] benutzen würden. Anthony Lake, Sicherheitsberater Clintons, wandte sich in einer Rede vom Mai 1994 ebenfalls gegen ein Welt- und Geschichtsverständnis, wie es sich in der Huntington'schen These vom „Clash of Civilizations" widerspiegelt, und gegen die Auffassung, daß „die USA nach dem Ende des Kalten Krieges als einzig verbleibende Supermacht auf der Suche nach einer neuen zu bekämpfenden Ideologie [...] sich einem neuen Kreuzzug gegen den Islam widmen"[14] sollten.

Auch nach den Anschlägen vom 11. September 2001 gab es solche Erklärungen. Zwei Interviews, die Außenminister Colin Powell am 17. September 2002 für den arabischen Sender *al-Jazīra* und am 28. Februar 2004 für die afrikanische Sendestation VOA African Service gab, waren für den äußeren Gebrauch bestimmt. Während der amerikanische Außenminister direkt nach den Anschlägen des 11. September besonders darum bemüht war, die negativen Reaktionen, die George W. Bushs Verwendung des Begriffes „Kreuzzug" in der islamischen Welt hervorgerufen hatte, einzudämmen, bemühte er sich im Jahre 2003 vor allem um die Unterstützung afrikanischer Staaten für den Militärschlag im Irak und um die Vermittlung der amerikanischen Position, bestanden doch auch in den islamisch geprägten Staaten Afrikas Ressentiments gegen die USA. Ihnen wurde eine undifferenziert islamfeindliche Haltung vorgeworfen.

Bei beiden Gelegenheiten beteuerte Powell, daß die kriegerischen Handlungen der Vereinigten Staaten nicht dem Islam als Religion, sondern klar definierten extremistischen Gruppen gälten, eben jenen,

> „who have forsaken the teachings of the Bible and the Koran."[15]

Der Krieg gegen den Irak sei "in no way against Islam."[16]

Auch der Golfkrieg von 1991, dessen Ziel die Befreiung Kuwaits von der irakischen Besatzung war, und die militärischen Intervention der USA im Kosovo sowie die Entmachtung der Ṭālibān in Afghanistan durch einen amerikanischen

[13] Zitiert nach: Judith Miller: „The Challenge of Radical Islamism." In: *Foreign Affairs* 72 (1993), S. 45.

[14] Anthony Lake: „Naher Osten für die USA weiterhin von vitalem Interesse: Rede vom 16. Mai vor dem Washingtoner Institute for Near East Policy." In: *Amerika-Dienst* 20 vom 25. Mai 1994, S. 2.

[15] http://www.usinfo.state.gov/topical/pol/terror/01091807.htm.

[16] http://www.usinfo.state.gov/topical/pol/terror/03030102.htm.

Militäreinsatz deutete Powell als Handlungen, die dem Wohl der Muslime gedient hätten.

Auch CIA-Direktor Tenet erklärte am 06. Februar 2002 ganz in diesem Sinne vor dem Senate Select Committee on Intelligence:

> „Islam itself is neither a threat nor an enemy to the United States. "[17]

Äußerungen dieser Art sind durchaus dahingehend zu deuten, daß die USA sowohl gezwungen sind, Rücksicht auf die muslimische Bevölkerung innerhalb der eigenen Grenzen zu nehmen, als sich auch außer Stande sehen, ihre internationale Politik ohne die Hilfe ihrer Hauptverbündeten in der islamischen Welt, wie z.B. Saudi-Arabien und Pakistan, umzusetzen. Zudem bemühen sich die USA, islamistische Kräfte bewußt und gesteuert zur Umsetzung ihrer politischen Interessen zu instrumentalisieren, wie dies derzeit durch die Annäherung an schiitische Islamisten im Irak geschieht.

Dabei entgeht dem Beobachter nicht, daß innerhalb der Bush-Administration durchaus geteilte Meinungen in der Frage der Formulierung politischer Ziele bestehen: Während Außenminister Colin Powell eher geneigt zu sein scheint, Dialogmöglichkeiten beispielsweise mit der iranischen Führung auszuloten, drängen die Neokonservativen um Vizepräsident Cheney und Richard Perle darauf, das iranische Regime zu stürzen und selbst die saudische Regierung aufgrund ihrer Mithilfe bei der Verbreitung einer „extremistischen Version des Islam" als Feind der USA zu behandeln.[18]

So ergibt sich zwar eine Unterscheidung zwischen Islam und Islamismus, diese wird aber oftmals einem politischen Pragmatismus untergeordnet. Vor allem Ressourceninteressen der Vereinigten Staaten scheinen bei der konkreten Ausgestaltung der politischen Handlungsoptionen eine gewichtige Rolle zu spielen. Jochen Hippler und Andrea Lueg fassen diesen Zwiespalt dahingehend zusammen, daß sich stereotype Feindbilder nur sehr bedingt für die Außenpolitik eignen. Andererseits benötigen

> „hochgerüstete Militärapparate und eine auf Vorherrschaft am Golf zielende Außenpolitik [...] eine plausible Begründung, [...] ein glaubwürdiges Feindbild [...]."[19]

Die Außenpolitik der Bundesrepublik Deutschland war sich nach dem 11. September 2001 bei aller Solidarität mit den USA der Gefahr bewußt, daß die amerikanische Antwort auf den Terrorakt eine gefährliche konfrontative Entwicklung mit politischen Kräften in der islamischen Welt einleiten könnte. Ludger Vollmer, Staatsminister im Auswärtigen Amt, warnte in seiner Rede im Deuschen

---

17 http://www.usinfo.state.gov/topical/pol/terror/02020808.htm.

18 Vgl. David Rennie: „Hawks Tell Bush to Win War on Terror." In: *Daily Telegraph* vom 31. Dezember 2003, Internetausgabe.

19 Vgl. Jochen Hippler u. Andrea Lueg, a.a.O., S. 192.

Bundestag vom 19. September 2001 vor übereilten Aktionen und plädierte dafür,

> „einen vernunftgesteuerten Plan zu entwickeln, wie die neue erschreckende Dimension des Terrorismus bekämpft werden kann, ohne die Falschen zu treffen, ohne potenzielle Freunde zu Gegnern zu machen, ohne den gezielten Kampf gegen Verbrecherorganisationen in einen allgemeinen Kampf der Kulturen münden zu lassen."[20]

Bundesaußenminister Fischer erklärte am 12. November 2001 in der UNO-Vollversammlung:

> „Das eigentliche Ziel der Terroristen ist es, einen Krieg der Kulturen auszulösen und den Nahen und Mittlere Osten in Brand zu setzen. In einen solchen Konflikt dürfen wir uns unter keinen Umständen hineintreiben lassen. Wir kämpfen gegen den internationalen Terrorismus und nur gegen ihn, nicht gegen den Islam. Wir müssen der Strategie des Terrorismus den ‚Dialog der Kulturen und Religionen' entgegensetzen. Wir brauchen eine vom gegenseitigen Verständnis getragene geistige Auseinandersetzung und den Versuch einer ehrlichen Verständigung über die Grundwerte, die uns verbinden."[21]

1. Historische Genese und Entwicklung

Islamismus (mitunter auch als politischer Islam oder Fundamentalismus bezeichnet) soll zum Zwecke dieser Untersuchung als Oberbegriff definiert werden, der diejenigen Bestrebungen umfaßt, die die islamische Glaubenslehre zur Durchsetzung innenpolitischer, sozialer und außenpolitischer Forderungen instrumentalisieren und darauf abzielen, bestehende Herrschaftsstrukturen durch ihre Interpretation als „unislamisch" zu destabilisieren und schließlich zu Gunsten einer „islamischen" Ordnung zu beseitigen. Der Islamismus bedient sich dabei zwar einer religiös geprägten Sprache, kann aber als Ideologie nicht direkt aus Religion abgeleitet werden, sondern beruht auf konkreten politischen, wirtschaftlichen und sozialen Ursachen, die mittels religiöser Vokabeln formuliert werden.

Unter den vielfältigen und sehr unterschiedlichen islamistischen Strömungen lassen sich zwei Grundtypen unterscheiden. Beim ersten Typus handelt es sich um islamistische Gruppierungen, die sich als politische Protest- und Oppositionsbewegungen religiöser Prägung gegen bestehende Regime der islamischen Welt formieren. Als Beispiele wären unter anderen die *Jamāʿat al-Islāmīya* und der *Jihād* in Ägypten oder die *FIS*[22] in Algerien zu nennen. Ebenfalls diesem Ty-

---

[20] Rede von Dr. Ludger Volmer, Staatsminister im Auswärtigen Amt, vor dem Deutschen Bundestag am 19. September 2001. USA/ Vereinigte Staaten. Mittwoch 19.09.01. AA-Homepage: Länder- und Reiseinformationen: USA/ Vereinigte Staaten/ Reden.

[21] Bundesaußenminister Joschka Fischer am 12. November 2001 vor der 56. Generalversammlung der Vereinten Nationen. AA-Homepage: Länder- und Reiseinformationen: USA/ Vereinigte Staaten/ Reden.

[22] Islamische Heilsfront: Front Islamique du Salut.

pus zuzurechnen sind Widerstandsbewegungen gegen ausländische Okkupation, wie z.B. die *Ḥizbullāh* im Libanon, die *Ḥamās* in Pälastina oder der *islamistische Widerstand* in Kaschmir gegen Indien.

Der zweite Grundtypus stellt sich als eine Form des institutionalisierten Islamismus dar: Herrschende Regimes bedienen sich dabei dieser ideologischen Strömungen zur Absicherung ihrer eigenen Machtpositionen, indem sie sich auf den Islam als Legitimationsgrundlage berufen: Die *Wahhābīya* in Saudi Arabien, die Ṭālibān in Afghanistan bis zur Zerschlagung durch die USA, die Regime in Iran und Sudan wären hier zu nennen.

Dabei ist eine starke Ausdifferenzierung der ideologischen Positionen zu verzeichnen. Das Spektrum reicht von radikal bis modernistisch. Die meisten islamistischen Bewegungen sind allerdings als „reformorientiert" zu bezeichnen, streben also keinen gewaltsamen Umsturz an. Es sei nur an den Fall der Türkei erinnert, wo seit den Parlamentswahlen des Jahres 2002 eine gemäßigte islamistische Partei (*Adalet ve Kalkïnma Partisi*)[23] regiert, die sich um die Aufnahme des Landes in die EU bemüht.

Nur eine Minderheit der Islamisten ist radikalislamistisch oder gar terroristisch. Diese Minderheit aber macht durch spektakuläre Gewaltakte von sich reden und verankert sich so im kollektiven Gedächtnis und der öffentlichen Meinung des Westens. Viele islamistische Gruppen verurteilten die Anschläge vom 11. September als verbrecherische und unislamische Taten und beziehen eine mehr als nur deutlich distanzierte Position zum ideologischen Denkgebäude Usāma bin Lādins. Die begriffliche Gleichsetzung von Islamismus mit Terrorismus ist also nicht haltbar.

Ein kurzer Exkurs in die Genese des Islamismus sei hier erlaubt: Als „eigentliche[r] Vater des Islamismus"[24] gilt der Ägypter Ḥasan al-Bannā, der 1928 die Muslimbruderschaft (*Ikhwān al-muslimūn*) als eine antikoloniale Sozialbewegung gründete.[25] Die in der Folgezeit von al-Bannā vertretenen Positionen, wie z.B. sein Eintreten für eine nach dem 2. Weltkrieg anzustrebende Friedensordnung und das in der atlantischen Charta verankerte Wertesystem, unterscheiden sich wesentlich von den radikalen Ansichten mancher späterer Islamisten. Auch fundamentalistische, auf ein „goldenes Zeitalter" des Islam ausgerichtete Elemente waren für ihn weniger wichtig als das Ziel einer muslimischen Aneignung der Moderne auf Grundlage muslimischer Tugenden. Die Muslimbrüder bevorzugen heute in der Regel den friedlichen Weg, leisten wichtige karitative Dienste, unterhalten Schulen, Kindergärten, Krankenhäuser, Sportvereine usw.. Sie wirken

23 *AKP*, aus der islamistischen Tugendpartei (*Fazilet Partisi*) hervorgegangen, die verboten wurde. Chef: Recep Tayyip Erdoyan.

24 Andreas Meier: *Der politische Auftrag des Islam: Programme und Kritik zwischen Fundamentalismus und Reformen: Originalstimmen aus der islamischen Welt.* Wuppertal 1994, S. 175.

25 Vgl. Ivesa Lübben: Die Muslimbrüder – eine islamische Sozialbewegung. In: *INAMO* 8, 31 (2002), S. 9ff.

überall dort, wo der Staat versagt und haben dadurch Ansehen und Einfluß im Volk gewonnen.

Die Ursachen des anhaltenden Zulaufs islamistischer Ideologien und ihrer antiwestlichen Orientierung sind sowohl historischer, als auch aktueller Natur. Wichtig zum Verständnis auch heutiger islamistischer Lehren ist Napoleons Ägyptenfeldzug von 1798. Die damals und in der Folgezeit der napoleonischen Expedition aufgeworfenen Fragen sind bis heute virulent. Auf dem Hintergrund des französischen Vorstoßes wurde den Muslimen die Diskrepanz bewußt, die zwischen dem Entwicklungsstand Europas und dem des Osmanischen Reiches bestand. Unter den Intellektuellen des Osmanischen Reiches begann man, sich die folgenden Fragen zu stellen: Warum ist Europa der islamischen Welt wirtschaftlich, militärisch, verwaltungstechnisch und auch auf anderen Gebieten überlegen? Wie kann diese Kluft überwunden werden? Sollten zu diesem Zwecke technische und geistige Errungenschaften des Westens übernommen werden? Wieviel und welche Elemente können übernommen werden, ohne die eigene Identität aufzugeben? Oder stellt eine Rückkehr zum „ursprünglichen Islam," also gleichsam eine konservative Reform, eine Möglichkeit dar, die eigene „Rückständigkeit" zu überwinden?

Die Erfahrung kolonialer und halbkolonialer Unterdrückung stellen eine bis heute fortwirkende Ursache für das Erstarken islamistischer Strömungen dar. Allerdings ist darauf hinzuweisen, daß sich der antikoloniale Befreiungskampf nach dem 2. Weltkrieg nicht vornehmlich unter dem grünen Banner des Islam entfaltete, sondern unter der Flagge nationalistischer und sozialistischer Ideologien. Die damaligen Machtblöcke buhlten um Einfluß auf die Entwicklungsländer und stilisierten ihre jeweiligen Ideologien als den einzig effizienten Weg zur Beseitigung der Unterentwicklung und Armut. Im Laufe der 1970er Jahre jedoch kristallisierte sich immer mehr heraus, daß die nationalistischen Regime der sogenannten Dritten Welt die Hoffnungen der Menschen auf ein besseres Leben, die sie zuvor geweckt hatten, nicht zu erfüllen in der Lage waren. Im Zuge dieser Desillusionierung verloren diese ihren ideologischen Rückhalt in der Bevölkerung. Auch die wachsende Einsicht, daß keines der ihnen angebotenen Wertesysteme – weder das westlich-kapitalistische, noch das sozialistische System des Ostblocks – dazu in der Lage war, die Probleme der Unterentwicklung nachhaltig zu lösen, trug zu dieser Entwicklung bei. Demgegenüber wurde der Islam von Islamisten als einzig richtiger Lösungsweg für die mannigfachen Probleme der islamischen Welt propagiert.

Doch die ursächliche Verknüpfung von Ost-West-Konflikt und dem Erstarken des Islamismus ist noch weit enger: Die Protagonisten der Auseinandersetzung versuchten – jeder auf seine Weise – islamistische Gruppen gegen den jeweiligen Gegner zu instrumentalisieren, wie das besonders in der Unterstützung islamistischer Widerstandskämpfer durch die USA in Afghanistan gegen die sowjetische Okkupation zum Ausdruck kam. Im arabischen Raum begann sich der Islamismus verstärkt nach der arabischen Niederlage im Krieg gegen Israel 1967 auszubreiten. Er erhielt weiteren Auftrieb von der islamischen Revolution im Iran (1978/79). Die weltpolitische Wende von 1989/90 führte zu einer weiteren Aktivierung islamistischer Tendenzen. Die islamistischen Ideologien begannen, das Wertevakuum für sich zu besetzen, das durch die Auflösung und das Scheitern nationalistischer und sozialistischer Konzepte entstanden war.

Diese Entwicklung läßt sich augenfällig auf der Ebene des politischen Vokabulars deutlich machen: Eine Reihe von Losungen sind leicht austauschbar: An die Stelle der säkularen „arabischen Einheit" trat die religiös konnotierte *umma*,[26] als die alle nationalen Grenzen überwindende islamische Gemeinschaft. Anstelle des Kampfes gegen den „Imperialismus" wurde nun von einer Auseinandersetzung mit dem „ungläubigen Westen" gesprochen, wobei darauf hingewiesen werden muß, daß auch die Vokabel „Imperialismus" einen prominenten Platz im politischen Vokabular islamistischer Propagandisten einnimmt.

So läßt sich der Islamismus als eine Protestideologie des Südens interpretieren. Es muß also beachtet werden, daß der Islamismus und seine politische Sprache durchaus das Potential besitzen, zum einenden Band zwischen den 1,3 Milliarden Muslimen der südlichen Hemisphäre zu werden, das diesen ermöglicht, eine gemeinsame Identifikationsgrundlage zu finden und ihre Weltsicht und Gesellschaftskritik zu formulieren. Es hat sich gezeigt, daß viele islamische Gesellschaften durchaus aufnahmefähig sind für eine politische Sprache, die sich einer ihnen vertrauten religiösen Terminologie zur Formulierung ihrer sozialen und politischen Forderungen bedient. Der „Club von Rom" hat in seinem Bericht zur Weltlage 1991 richtig prognostiziert:

> „In der Zeit nach dem Kalten Krieg wird sich die Kluft zwischen reichen und armen Ländern, zwischen Nord und Süd weiter vergrößern. Besonders die arabisch-muslimischen Länder werden die damit verbundene Ungerechtigkeit und Demütigung zunehmend als unerträglich empfinden."[27]

Das Ende des real existierenden Sozialismus in Europa und der Zusammenbruch des Ostblocks wurden von Seiten islamistischer Denker als eine Bestätigung der Richtigkeit ihrer Positionen gewertet. Diese Haltung fand ihre Entsprechung im Abzug der sowjetischen Truppen aus Afghanistan im Jahre 1989, der von den Islamisten als Sieg über die „atheistische Supermacht" gefeiert wurde. Gleichzeitig empfanden viele Muslime den ersten Golfkrieg der USA und die Stationierung amerikanischer Truppen auf saudischem Boden (der die beiden heiligsten Stätten des Islam beherbergt) als Erniedrigung. Der saudi-arabische Multimillionär Usāma bin Lādin, der zuvor in Afghanistan mit den USA kooperiert hatte, sah darin

[26] Ursprünglich: „Gemeinde." Im heutigen Verständnis die Gesamtheit der Muslime in aller Welt.

[27] *Die globale Revolution: Bericht zur Lage der Welt. Zwanzig Jahre nach „Die Grenzen des Wachstums."* Hrsg.: Club of Rome. München 1993, S. 15.

den Anlaß zum Beginn seines *jihād* gegen die Vereinigten Staaten. Der Zerfall der bipolaren Weltordnung sowie die im Feuer des Golfkrieges vom damaligen US-Präsidenten George Bush verkündete „Neue Weltordnung" wurden in der islamischen Welt als eine vom Westen, besonders aber von den USA, dominierte internationale Struktur empfunden, in denen die Muslime einen der marginalisiertesten Ränge einnehmen sollten. So schrieb die in Paris erscheinende und unter islamistischem Einfluß stehende Zeitschrift *al-Insān* („der Mensch"), die sich vor allem Fragen der internationalen Politik widmet:

> „Einmischung in innere Angelegenheiten und Verletzung der Souveränität sind wesentliche Charakteristika der neuen Weltordnung."[28]

Weiter hieß es, die „neue Weltordnung" sei selektiv: Gegen die irakische Rüstung, aber für die israelische Bewaffnung; gegen die Besetzung Kuwaits durch den Irak, aber für die Annexion Cisjordaniens durch den Staat Israel; für Demokratie, aber – mit Hinweis auf Algerien – nicht für die islamischen Länder.

Die sich nach dem Zerfall der bipolaren Weltordnung herausbildende neue Weltordnung zeichnet sich in ihrer derzeitigen komplexen und konfliktreichen Übergangsphase durch eine Reihe von Merkmalen aus, die vor allem der islamischen Welt als bedrohlich erscheinen. Die islamischen Gesellschaften sehen sich den Realitäten einer vom Westen dominierten, internationalen Ordnung ausgesetzt, die auf verschiedene Weise darum bemüht ist, ihnen ihre Wirtschaftsordnung und ihre Vorstellungen von liberaler Demokratie und Menschenrechten aufzuzwingen. Als besonders negativ wirkt sich dabei die amerikanische Nahostpolitik mit ihrer beinahe uneingeschränkten Unterstützung Israels aus, das von den Arabern als westlich-imperialistischer Vorposten wahrgenommen wird, aus. Hinzu kommt, daß kaum eine Region so stark westlichen Militäroperationen ausgesetzt war und ist wie der Nahe und Mittlere Osten.

Eine im Jahre 1995 erschienene Studie des Strategy and Doctrine Program of RAND's Arroyo Center in den USA kommt zu dem Ergebnis, daß

> „sich die islamische Welt in einem Belagerungszustand durch den Westen empfindet."[29]

Neben diesen internationalen Faktoren sind es vor allem die konkreten politischen, sozialen und wirtschaftlichen Gegebenheiten und Mißstände in den Ländern selbst, die den Islamisten Auftrieb verschaffen. In den 1970er Jahren bildeten sich in Ägypten, Syrien, dem Irak und Algerien sozioökonomische Bedingungen heraus, die den Nährboden für islamistische Gruppierungen darstellten: Industrialisierung und Landflucht sowie die damit einhergehende Vernachlässigung der Landwirtschaft führten zu massenhafter sozialer Entwurzelung. Die Ar-

---

[28] Zitiert nach: Ghassan Salamé: „L'Orient moyen dans un monde en mutation." In: *Monde Arabe, Maghreb-Machrek* 136 (1993), S. 11.

[29] Graham E. Fuller u. Ian O. Lesser: *A Sense of Siege: The Geopolitics of Islam and the West.* Boulder o.J., S. 81.

beitslosigkeit vor allem unter den Jugendlichen nahm zu. Viele junge Menschen erhielten zwar vom Staat eine kostenlose Ausbildung, sahen sich aber nach deren Beendigung mit einer Situation konfrontiert, die kaum Möglichkeiten zur Arbeitsaufnahme bot. So sind rund 80% der Arbeitslosen in Algerien Jugendliche und 60% der algerischen Bevölkerung unter 20 Jahre alt. Im Zusammenhang mit den Anschlägen auf jüdische und britische Einrichtungen in Istanbul im November 2003 wies der Präsident des Bundesnachrichtendienstes, August Hanning, auf einen direkten Zusammenhang zwischen dieser sozialen Situation und dem islamistischen Extremismus hin. Um diesen zu bekämpfen,

> „müsse man ganzen Generationen junger Menschen in den arabischen Ländern eine Zukunft geben. Nur soziale Verbesserungen könnten dem Terrorismus die Grundlage entziehen.“ [30] „Wir sind dabei, den Kampf um die Köpfe und Herzen zu verlieren.“[31]

Die radikalen Anhänger des Islamismus stammen vorwiegend aus dem Kleinbürgertum und der unteren Mittelklasse. Auch findet sich ein hoher Prozentsatz von Studenten unter ihnen. Diese Generation hat die heroischen Tage des Kampfes für die nationale Unabhängigkeit nicht mehr erlebt. Die herrschenden Regime können dieser Generation keine Zukunftsperspektiven mehr bieten. Ein Eintreten für Demokratie und Menschenrechte wird von diesen Regimen oft brutal unterdrückt. In einer solchen Atmosphäre erhielten die Islamisten starken Zulauf. Deutlich zeigt sich hier, daß die Triebfedern für politisches Handeln islamistischer Gruppierungen nicht etwa im Islam selbst zu suchen sind, sondern ihren Ausgangspunkt von der konkreten Lebensrealität der Muslime und ihren sozialen und wirtschaftlichen Bedürfnissen nehmen.

Während sich die meisten islamistischen Bewegungen um legale Wirkungsmöglichkeiten bemühen, gibt es eine Minderheit, die gewaltbereit ist. Ihr Anteil an der muslimischen Bevölkerung wird von einigen Experten mit 2% beziffert,[32] wobei wiederum darauf hingewiesen werden muß, daß nicht alle gewaltbereiten Muslime mit Terroristen gleichzusetzen sind. Da diese gewaltbereiten Gruppierungen aber aus dem Gesamtspektrum islamistischer Bewegungen hervorgehen, können wirksame Methoden zur Kontrolle und Eindämmung des Terrorismus nur über eine Auseinandersetzung mit dem Islamismus insgesamt erarbeitet werden. Nach Ansicht vieler islamischer Theologen und westlicher Islamwissenschaftler bietet der Koran keine textuale Legitimationsgrundlage für Terrorismus im allgemeinen und Selbstmordattentate im speziellen. Dieser terroristischen Ausprägung des Islamismus muß auf besondere Weise begegnet werden. Bundesaußenminister Fischer nannte eben diese Untergruppe auf der Münchner Sicherheitskonferenz im Februar 2004 „*jihād*-Terrorismus,“ den er als größte Bedrohung sah,

30 *Süddeutsche Zeitung* vom 21. November 2003.
31 *Uckermärker Kurier* vom 22. November 2003.
32 Vgl. Sabine Riedel a.a.O..

„die zu Beginn des Jahrhunderts unsere regionale und globale Sicherheit gefährdet."[33]

Dieser „*jihād*-Terrorismus" sei nicht nur eine Bedrohung für die Gesellschaften des Westens, so Fischer weiter, sondern vor allem auch eine Gefahr für die muslimische und arabische Welt selbst.

Es ist unabdingbar, die historische Genese dieser besonderen Art des radikalen Islamismus zu studieren, um in der Lage sein, dem Problem angemessen zu begegnen. So wäre zu analysieren, unter welchen Bedingungen Islamisten zu Terroristen werden.

Charakteristisch ist die Herausbildung terroristischer Gruppen aus der Moslembruderschaft als Antwort auf die staatliche Repression zur Zeit des ägyptischen Präsidenten an-Nāṣir. Die so entstandenen Gruppen, wie z.B. die ägyptische *Jihād*-Gruppe, wiesen von Anfang an ein großes Potential an gewalttätiger Dynamik auf. In Saiyid Quṭb, der 1966 unter an-Nāṣirs Herrschaft zum Tode verurteilt und gehenkt wurde, sehen sie ihren geistigen Vater. Seine hinterlassenen Schriften fordern zum kompromißlosen Kampf gegen den Westen auf. In ihnen propagiert er eine klare Teilung der Welt in zwei Hälften: Die Muslime (also die Rechtgläubigen) auf der einen, die Unwissenden oder Ungläubigen (*jāhilīya*) auf der anderen Seite. Durch die Fortführung und Umdeutung islamischer theologischer Konzepte wie die der Aufteilung der Welt in *dār al-islām* (Haus des Islam) und *dār al-ḥarb* (Haus des Krieges) und unter Instrumentalisierung und Verkürzung des *jihād*-Begriffes selbst mobilisierte er seine spätere Anhängerschaft.

Der *jihād*, so Saiyid Quṭb, sei notwendig zur Unterwerfung der „anderen Seite" unter die Herrschaft des Islam.[34] Der Begriff *jihād* leitet sich ab vom arabischen Verbum *jahada* („eine Anstrengung unternehmen, sich hart um etwas bemühen")[35] und bezeichnet eigentlich jedwede Bemühung des Gläubigen um die Religion und den Glauben. Von Ideologen und Denkern wie Saiyid Quṭb und Usāma bin Lādin wird der Begriff jedoch als „Heiliger Krieg" gegen den Westen und seine als gottlos und verderbt angesehenen Regierungen und Gesellschaftssysteme interpretiert. Man spricht in diesem Zusammenhang auch von *jihād*-Islamismus.

Wie in Ägypten, so ließ und läßt sich auch in anderen islamischen Ländern eine Tendenz beobachten, die darauf hinzudeuten scheint, daß vor allem diejenigen islamistischen Gruppen, denen eine legale Partizipation an den gesellschaftlichen Entscheidungsprozessen des Landes, wie z.B. Wahlen und Abstimmungen, verwehrt werden, am ehesten dazu neigen, sich zu radikalisieren. Mangels friedlicher, legaler Alternativen wird zum Mittel der gewaltsamen Destabili-

---

33 AA-Homepage: Außenpolitik: Reden – 07. Februar 2004: Rede von Bundesaußenminister Joschka Fischer auf der 40. Münchner Sicherheitskonferenz.

34 Vgl. Andreas Meier, a.a.O., S. 194ff..

35 Hadayatullah Hübsch: *Fanatische Krieger im Namen Allahs: Die Wurzeln des islamistischen Terrors.* München 2001, S. 28.

sierung der Gesellschaft aus dem Untergrund heraus gegriffen. So hatte die islamistische *FIS* in Algerien im Dezember 1991 die Parlamentswahlen und damit die Mehrheit im Parlament gewonnen. Die Annullierung der Wahlen durch das Militärregime führte daraufhin zu einer Spirale der Gewalt, der Schätzungen zufolge bis zu hunderttausend Algerier zum Opfer fielen. In den palästinensischen Gebieten wiederum spielten Islamisten – *Ḥamās* und *Jihād* – beim Ausbruch der ersten *intifāḍa* 1987 als auslösende politische Kräfte kaum eine Rolle. Erst unter den Bedingungen der israelischen Okkupation, der sich zunehmend verschärfenden Siedlungspolitik und des Scheiterns des Osloer Friedensprozesses entwikkelten sie ihre Strategie der Selbstmordanschläge und machten der säkularen PLO ihren Rang als einflußreichste politische Kraft in den besetzten Gebieten streitig.

Demgegenüber haben islamistische Organisationen und Gruppen in anderen Staaten, wie z.B. in Kuwait, im Jemen, in Jordanien oder im Libanon, durchaus einen legalen Status. Sie nehmen an Wahlen teil und sind im Parlament vertreten. Hier ist die Gefahr einer Radikalisierung und damit das Risiko islamistischer Terrorakte ungleich geringer.

In denjenigen Ländern, wo islamistische Regimes tatsächlich an die Macht kamen, zeigte sich bald, daß sie über keine wirksamen Strategien zur Lösung der drängenden Fragen ihrer Länder besaßen. Am deutlichsten zeigt sich dies vielleicht im Iran, wo die Herrschaft der Rechtsgelehrten immer stärker auf Unzufriedenheit und Kritik stößt. Immer mehr Menschen, vor allem auch Studenten, die einst die Speerspitze der islamischen Revolution gebildet hatten, fordern nun eine Einschränkung des Machtmonopols der *ʿulamāʾ*, umfassende Reformen, mehr Demokratie und Vollmachten für das Parlament und die Achtung der Menschenrechte. Es steht allerdings zu befürchten, daß die derzeit von Seiten der USA geäußerten Drohungen, den sogenannten Schurkenstaat Iran auf die Liste möglicher militärischer Ziele im „Krieg gegen den Terror" zu setzen, die reformerisch orientierten Kräfte des Landes schwächen könnten, bietet sich den konservativen Kräften im Iran doch so die Möglichkeit, errungene Freiheiten wieder unter Verweis auf die äußere Bedrohung zu beschneiden. Wie sich gezeigt hat, konnten die Demokratisierungsentwicklungen im Iran und der zahlenmäßige Rückgang von Anschlägen mit islamistischem Hintergrund in Ägypten und Algerien Ende der 1990er Jahre allerdings nicht als ein Zeichen dafür gewertet werden, daß die militanten Erscheinungsformen des Islamismus „ihren Höhepunkt überschritten haben."[36] Dennoch ist nicht zu leugnen, daß innerhalb islamistischer Bewegungen zunehmend über Anpassungsstrategien diskutiert wird, und daß eine Tendenz besteht, den Gruppen durch Umstrukturierung und Neudefinition der politischen Ziele und Mittel einen Platz innerhalb der

---

[36] Udo Steinbach: „Der Islamismus in seiner geographischen Dimension." In: *Orient Journal* 2,2 (2001), S. 6.

jeweiligen Gesellschaften zu schaffen, der eine direkte Partizipation an den Entscheidungsprozessen der Länder ermöglicht.

Der ägyptische Soziologe Saᶜd-ad-Dīn Ibrāhīm, der sich zum Zeitpunkt der Anschläge vom 11. September 2001 im selben ägyptischen Gefängnis in Haft befand wie einige Mitglieder der Führungsriege der *al-Jamāᶜ at-Islāmīya*, führte während seiner Haft mehrere Interviews mit den islamistischen Aktivisten dieser Gruppe und kam zu dem Schluß, daß die von der *Jamāᶜa at-Islāmīya* 1997 verkündete Ablehnung von Gewalt und die begonnene Neuverortung der Gemeinschaft durchaus ernst zu nehmen seien. Die Führung der Organisation, so Ibrāhīm weiter, strebe für die geschätzten 15.000 Mitglieder der Gruppe einen Prozeß der Reintegration in die ägyptische Gesellschaft an. Die Gewaltmethoden früherer Jahre würden abgelehnt. Obgleich die ursprünglichen Ziele sich nur wenig verändert hätten, sollten doch die Mittel und Wege neu definiert werden. Ziel sei es, die *Jamāᶜa al-Islāmīya* zu einer reformistisch orientierten islamistischen Gruppe zu machen. Dieser Prozeß wurde durch die Erfahrungen des 11. September noch verstärkt.[37]

Angesichts dieser Entwicklungen, die sich auch bei anderen radikalen Islamisten anzudeuten schienen, sprach Udo Steinbach in diesem Zusammenhang davon, daß sich ein grundlegender Paradigmenwechsel innerhalb des islamistischen Milieus abzeichne, der als „Kopernikanische Wende"[38] des Islamismus bezeichnet werden könne. Diese Wende würde zweifellos auch bessere Voraussetzungen für ein konstruktives Miteinander des Westens mit der islamischen Welt schaffen. Doch die jüngsten Entwicklungen haben gezeigt, daß der Nährboden für militanten Extremismus nicht geringer geworden ist. Die Attentate bisher unbekannter Dimension, wie etwa die Anschläge vom 11. September, die Attentate von Bali, Casablanca und Istanbul im Jahre 2003 oder die Madrider Terrorakte vom März 2004 haben gezeigt, daß die terroristischen Kräfte unter den Islamisten mit neuer Schlagkraft und gestärkter Logistik zurückgekehrt sind, mehr noch, daß sich ihr Aktionsradius stark vergrößert hat: Aus regional verwurzelten Gruppen sind internationale Netzwerke geworden.

Die überwältigende Mehrheit der Muslime verurteilt diese Verbrechen. Allerdings gehören islamistische Gruppierungen in vielen islamischen Ländern zu den wichtigsten oppositionellen Gruppen. Die Anzahl ihrer Wähler wird auf etwa ein Drittel geschätzt. In einigen Ländern, wie z.B. in Ägypten, wäre es nicht undenkbar, daß die Islamisten, würden sie als Parteien zugelassen, bei den Parlamentswahlen stärkste politische Kraft würden. Aufgrund solcher Szenarien und eingedenk der Tatsache, daß viele islamistische Positionen in den Bereichen internationale Politik, Globalisierung und Menschrechte etc. nur schwerlich mit dem Wertekanon in Einklang zu bringen sind, der vom Westen in Anspruch ge-

---

[37] Vgl. „Wir sind am Ende eines Zyklus: Inamo-Gespräch mit Sa'deddin Ibrahim." In: *INAMO* 8,31 (2002), S. 20ff..

[38] Udo Steinbach: a.a.O., S. 3.

nommen wird und Grundlage seiner Politik bildet, steht zu erwarten, daß die Auseinandersetzung mit dem Islamismus weiterhin ein drängendes und virulentes Problem internationaler Politik bleiben wird.

Besonders für Europa sind Islam und Islamismus keine geographisch weit entfernten Phänomene. In Europa leben ca. 25 Millionen Menschen, die sich zum Islam als Religion bekennen. In Deutschland allein sind es drei Millionen, von denen ca. 450.000 die deutsche Staatsbürgerschaft besitzen. Auch in Frankreich und Großbritannien leben große muslimische Minderheiten unterschiedlicher ethnischer und religiöser Prägung. In der OSZE sind seit Anfang der 1990er Jahre einige muslimisch geprägte Staaten, wie z.B. die ehemaligen zentralasiatischen Sowjetrepubliken (Tadschikistan [78% Muslime], Kasachstan [63% Muslime], Uzbekistan [82% Muslime]), mit einer Gesamtbevölkerung von ca. 57 Millionen Menschen als Mitglieder vertreten.

2. Versuch einer Bewertung des islamistischen Gefahrenpotentials

Wie ernst ist nun die von vielen westlichen Militärs und Politikern beschworene „islamistische Gefahr" zu nehmen? Schon in den 1990er Jahren sah man die Hauptgefahr in einer möglichen Machtübernahme islamistischer Kräfte in Staaten zwischen Persischem Golf und dem Maghreb. Die so entstehenden islamistischen Regime könnten, so die Befürchtungen und Bedrohungszenarien, aufgrund expansiver Politikstrategien gegenüber dem Westen und ihren Nachbarn danach streben, ihren Forderungen durch den Aufbau eines Arsenals von Massenvernichtungswaffen mehr Nachdruck zu verleihen.

Solche Entwicklungen, die auch für die Zukunft niemals ganz auszuschließen sind, müssen nicht zwangsläufig so interpretiert werden, als wären sie in einer islamistischen Staatsideologie begründet. Sie sind vielmehr allgemeine Ausdrucksformen regionalen Vormachtstrebens, das sich auch bei überwiegend säkularen Staatsapparaten im Nahen und Mittleren Osten, wie etwa Irak oder Syrien, nachweisen läßt. Die Gefahren, die von einer etwaigen Proliferation von Nuklearwaffen ausgehen könnte, sollte sicherlich nicht unterschätzt werden. Der mitunter verwendete Begriff der „islamischen Bombe" allerdings erscheint aus genannten Gründen nicht angebracht. Denn auch islamische Staaten wie z. B. Pakistan rüsteten nicht aus religiösen Gründen nuklear auf. Vielmehr vollzieht sich der Prozeß der nuklearen Bewaffnung im Kontext säkularer politischer und regionaler (Sicherheits)interessen.

Es muß festgehalten werden, daß bisher kein islamischer Staat das Potential besaß, zu einer ernst zu nehmenden militärischen Bedrohung für den Westen zu werden. Keines der in Frage kommenden Länder verfügt über die materiellen Ressourcen, um ein gleichwertiges Militärpotential aufzubauen. So gelangte eine 1995 von der RAND-Cooperation für die US-Regierung angefertigte Studie zu dem Ergebnis, daß die Möglichkeiten islamischer Staaten, den Westen direkt militärisch zu bedrohen, „außerordentlich begrenzt“[39] seien. Die Studie räumte aber ein, daß zunehmende Aufrüstung und die steigende Proliferation von Massenvernichtungswaffen zu „neuen strategischen Dilemmas“[40] führen könnten. Viel ernster schätzt die amerikanische Administration derzeit die Gefahr ein, daß transnationale Terrornetzwerke in den Besitz von Massenvernichtswaffen gelangen könnten.

Ob die Reaktionen der USA in der Folge des 11. September 2001 allerdings dazu beigetragen haben, diese Gefahren zu vermindern, ist mehr als fraglich. Der Militäreinsatz im Irak und die mit ihm verbundenen Destabilisierungsprozesse haben das Land zu einem „Tummelplatz“ für Terrornetzwerke gemacht. Der verminderte staatliche Zugriff und die fehlenden Kontrollmöglichkeiten schufen und schaffen eine breite Basis für Aktivitäten terroristischer Gruppen im entstandenen Machtvakuum. Auch in Pakistan könnten ähnliche Destabilisierungsprozesse dazu führen, daß die im Land vorhandenen Atomwaffen der staatlichen Kontrolle entgleiten. Diese Gefahren sind außerordentlich schwer zu kalkulieren, die Risiken kaum zu kontrollieren. Wenn es überhaupt einen gangbaren Weg gibt, eine solche Entwicklung gänzlich auszuschließen, dann ist dies die konsequente Durchsetzung und Weiterverfolgung einer strikten *non-proliferation-policy*, deren Ziel die weltweite Abschaffung dieser Waffen sein müßte.

Leider werden entsprechende internationale Abkommen, so z.B. der 1970 in Kraft getretene Nichtweiterverbreitungsvertrag, durch die USA und andere Staaten unterlaufen. Dieser Vertrag verpflichtete alle Staaten, die sich im Besitz von nuklearen Waffen befinden, zur Beseitigung dieser Systeme. Dessen ungeachtet unterzeichnete George W. Bush 2003 einen Gesetzentwurf, der die Entwicklung einer neuen Generation „kleiner“ bunkerbrechender Atomwaffen vorsieht. Rußland und Frankreich verfolgen ähnliche Projekte.

Gerade im Nahen und Mittleren Osten wäre es allerdings notwendig, eine von Atomwaffen und anderen Massenvernichtungswaffen freie Zone einzurichten. Arabische und islamische Staaten sind dazu bereit. Die Einrichtung einer solchen Zone ist allerdings bisher am Widerstand Israels gescheitert. Der im Dezember 2003 von Libyen erklärte Verzicht auf jegliche Massenvernichtungswaffen und die Bereitschaft des Landes, IAEO-Kontrollen auf seinem Staatsgebiet zu gestatten, bietet unter Umständen einen Ansatzpunkt für regionale *non-proliferation-policy*.

Ein weiteres Bedrohungsszenario ist das der Kontrolle der Erdöl- und Erdgasvorkommen des Nahen Ostens durch islamistische Kräfte mit dem Ziel, die von diesen Rohstoffen abhängigen westlichen Industrienationen zu erpressen. Dieses Szenario vernachlässigt jedoch den Umstand, daß die Volkswirtschaften der entsprechenden Länder in höchstem Maße vom Absatz ihrer Rohstoffe auf den in-

39 Graham E. Fuller u. Ian O. Lesser: a.a.O., S. 64.
40 Ebd..

ternationalen Märkten abhängig sind. Es handelt sich also nicht, wie oft fälschlicherweise betont wurde, um ein einseitiges Abhängigkeitsverhältnis des Westens von den ölfördernden Staaten, sondern um eine wechselseitige Interessengemeinschaft. Auch ein islamistisches Regime wäre gezwungen, auf diese Einnahmequelle zurückzugreifen, wollte es der Bevölkerung seines Landes wirtschaftliche und soziale Perspektiven bieten, die zum Machterhalt dringend notwendig wären.

3. Perspektiven und Handlungsoptionen

Die westliche Außen- und Sicherheitspolitik sieht sich seit den 1990er Jahren mit neuen Herausforderungen konfrontiert. Die Art und Weise, wie die USA auf die Terroranschläge vom 11. September 2001 reagierten, zeigt nur allzu deutlich, daß es bisher nicht gelungen ist, eine kohärente und wirksame Strategie zu entwickeln, um eventuellen Konfrontationen mit der islamischen Welt vorzubeugen oder diese konstruktiv zu überwinden. Schon die Tatsache, daß es überhaupt zu Ereignissen wie den Anschlägen auf das World Trade Center kommen konnte, weist auf diese politischen Defizite hin, die wiederum eine Erhöhung des Konfliktrisikos nach sich zieht. Dieser Strategiemangel zeigt sich in einem zunehmenden Feindbilddenken bezüglich Islam und Islamismus, in dem falschen, vorwiegend militärischen Ansatz von USA und NATO bei der Terrorismusbekämpfung sowie im zunehmenden Interventionismus in Regionen der islamischen Welt.

Aus sicherheitspolitischer Sicht ist es dringend erforderlich, eine auf Ursachenforschung und -bekämpfung basierende langfristige Strategie zu entwickeln. Eine Präventivkriegsdoktrin wie die der Bush-Administration, oder der zunehmende Interventionismus in Regionen der Dritten Welt, besonders in jenen mit Erdölreserven und Erdgastransitmöglichkeiten, sind nicht geeignet, den derzeitigen Konfliktlinien effizient zu begegnen. Eine eingehende Analyse der Ursachen, die zu den derzeitigen Entwicklungen geführt haben, müßte vor allem dahingehend orientiert sein, die politischen, wirtschaflichen, sozialen und kulturellen Gründe herauszuarbeiten, aus denen die Islamisten gegen den Westen agieren. Gleichzeitig erscheint es unabdingbar, diejenigen Muster zu bestimmen, die islamistischem politischem Handeln zugrunde liegen.

Diese Parameter können von Land zu Land, von Region zu Region unterschiedlich sein. Ein monokausales Erklärungsmuster wird der Komplexität der Zusammenhänge nicht gerecht.

Unterzieht man die Ansätze Deutschlands und anderer europäischer Staaten im Bereich der internationalen Politik seit dem 11. September 2001 einer genaueren Betrachtung, so wird deutlich, daß der Schock durchaus die Erkenntnis verstärkt hat, daß im Umgang mit Islamismus und Terrorismus neues strategisches Denken erforderlich ist. Bundeskanzler Gerhard Schröder sagte am 18. Oktober 2001 in einem Interview mit der Wochenzeitung *Die Zeit*:

> „Der Kampf gegen den Terrorismus erfordert eine umfassende Bereitschaft, die Spaltung der Welt in Arm und Reich aufzuheben."[41]

Ludger Volmer, Staatsminister im Auswärtigen Amt, erklärte am 19. September 2001:

> „Der 11. September 2001 hat die Welt von Grund auf verändert. Vieles, was über den Tag hinausweist, wird grundsätzlich neu zu beraten sein. Wir werden eine neue Sicherheitspolitik entwerfen müssen, die dem Terrorismus als Bedrohung Nummer eins begegnen kann. Diese wird nicht in erster Linie militärisch ausgerichtet sein. Eine umfassende Politik der Krisenprävention muß darauf abzielen, dem Terror mit den Mitteln einer internationalen Strukturpolitik den sozialen Resonanzboden zu entziehen. Vieles übrigens, was in der Globalisierungsdebatte der letzten Monate von Kritikern vorgetragen wurde, sollte ernsthaft bedacht werden. Auch wenn keine noch so ungerechte Struktur Terror rechtfertigen kann, müssen wir realistischerweise sehen, daß ein Mehr an Gerechtigkeit in der Welt, ein Mehr an Fairness bei der Lösung von Regionalkonflikten, ein Mehr an Dialogen auf Augenhöhe auch mit den kleineren und ärmeren Staaten ein Mehr an Sicherheit für uns bedeuten kann."[42]

Die Alternative zu dem bisher beschrittenen Weg des Westens wäre demnach eine Politik, die sich von dem Ziel des gleichberechtigten Dialogs, der friedlichen Koexistenz und des konstruktiven Zusammenwirkens mit der islamischen Welt leiten ließe. Dialog mit der islamischen Welt kann und darf nicht bedeuten, die Islamisten *per se* auszuklammern. Sie müssen sowohl in den internationalen Dialog, als auch in die inneren Entscheidungsprozesse ihrer Länder einbezogen werden. Auch eine Auseinandersetzung mit dialogbereiten radikalen Islamisten sollte dabei auf keinen Fall ausgeschlossen werden, um möglicherweise jene Konfliktursachen vorbeugend zu reduzieren, die radikale Islamisten zu Gewaltanwendung treiben.

Der Westen wird auf all diese Herausforderungen nur dann angemessen reagieren können, wenn er zu einer prinzipiellen Neuverortung der Grundsätze seiner internationale Politik bereit ist. Vor allem eine kritische Bewertung der seit dem Ende des Ost-West-Konfliktes vielerorts kultivierten Feindbilder erscheint von besonderer Wichtigkeit. Ein neues Verständnis für die Interessen des Südens zu entwickeln, ist dringlicher denn je. Dabei ist darauf zu achten, daß die muslimischen Völker in der „Neuen Weltordnung" einen Platz einnehmen können, der ihnen eine angemessene Berücksichtigung ihrer Interessen zusichert, ihnen das Recht auf eine eigenbestimmte Entwicklung garantiert und ihre Würde schützt.

Zu diesem Zwecke erscheint es dringlich, im Rahmen der UNO und der internationalen Finanz- und Wirtschaftsregime effektive Maßnahmen in die Wege

---

41 *Die Zeit* vom 18. Oktober 2001.
42 Rede von Ludger Volmer vom 19. September 2001, a.a.O..

zu leiten, die die negativen Folgen der Globalisierung für die Entwicklungsländer, wenn nicht abwenden, dann doch zumindest reduzieren könnten. Es geht, wie auch im 6. Menschenrechtsbericht der Bundesregierung gefordert wird, darum,

> „die Grundlagen einer kooperativen Ordnungspolitik für das neue Jahrhundert zu entwerfen, einer Politik, die auf eine Welt setzt, die allen Völkern eine gerechte Teilhabe am Wohlstand und politischen Entscheidungsprozessen ermöglicht.“[43]

Neben der Verbesserung der sozialen und wirtschaftlichen Verhältnisse in den benachteiligten Weltregionen muß der Westen gegenüber der islamischen Welt auf eine Politik setzen, die auf geeignete Weise der Entwicklung von demokratischen Strukturen und der Durchsetzung der Menschenrechte dient. Dies darf allerdings nicht unter äußerem Zwang und Mißachtung islamischer Traditionen geschehen.

Darüberhinaus werfen viele Muslime dem Westen, und vor allem den USA vor, eine Politik der doppelten Standards zu betreiben. Dort, wo es gewichtige strategische Interessen gibt, z. B. das Erdöl, schauen die USA nicht auf Demokratie und Menschenrechte. Ein anderes Beispiel, auf das von arabischer Seite im Zusammenhang mit diesen Vorwürfen immer wieder verwiesen wird, ist der Umstand, daß Israel seit Jahren UNO-Resolutionen ungestraft mißachtet, während die USA zum Mittel einer militärischen Intervention im Irak griffen, um die Durchsetzung von UNO-Resolutionen zu erzwingen.

Aber nicht nur der Westen ist gefordert. Auch in den islamischen Ländern sind Veränderungsprozesse notwendig. Die hier vorgestellten islamistischen Strömungen sind nicht zuletzt aus den konkreten politischen und historischen Kontexten der Länder, in denen sie aktiv sind, entstanden. Das Verhältnis der lokalen Regime zu den im Land aktiven islamistischen Gruppierungen ist demnach auch mit abhängig von der allgemeinen westlichen Haltung gegenüber den Islamisten. Die Praxis zeigt, daß es durchaus Möglichkeiten gibt, terroristische und gewaltbereite islamistische Gruppen zu isolieren und auszuschalten, da sie nur selten breiten Rückhalt in der Gesamtbevölkerung genießen. Der israelische Schriftsteller Amos Oz sagte:

> „Im Falle des fanatischen Islam ist der moderate Islam die einzige Macht der Welt, die ihn bewältigen kann.“[44]

Die historische Erfahrung lehrt, daß sich der gewaltbereite radikale Islamismus und seine terroristischen Ableger dort nicht entfalten können, wo legale Wirkungsmöglichkeiten bestehen, ordentliche Wahlen abgehalten und die modera-

---

43 AA-Homepage: Außenpolitik: Menschenrechte: Inhalte und Ziele: 6. Menschenrechtsbericht: Teil C: Menschenrechte weltweit.

44 Interview in *Die Zeit* vom 16. Januar 2003.

ten islamistischen Kräfte in die innerstaatlichen und gesellschaftlichen Entscheidungsprozesse integriert werden.

Sicherlich ist das Argument, eine solche Öffnung staatlicher Entscheidungsprozesse brächte die Gefahr einer legalen, nur schwer zu delegitimierenden Machtübernahme durch islamistische Gruppen mit sich, nicht ganz von der Hand zu weisen. Doch sei darauf hingewiesen, daß sich dieses Risiko als ein Faktor darstellt, der weit besser zu kontrollieren wäre als radikalislamistische Agitation aus dem Untergrund. Hinzu kommt, daß gerade die Verwirklichung von Demokratie und Menschenrechten auch jenen islamistischen Kräften Entfaltungsmöglichkeiten bieten würde, die dazu bereit sind, ihre Ideologie an die Realitäten der heutigen Welt anzupassen, ohne auf stereotype Feindbilder vom „gottlosen und per se dekadenten Westen" zurückzugreifen.[45]

Demokratie in muslimischen Ländern kann sich eigenständig auf der Grundlage vorhandener kultureller Traditionslinien entwickeln und darf nicht von außen oktroyiert werden. Namhafte Islamwissenschaftler, wie unter anderen Gudrun Krämer, haben durch ihre Untersuchungen nachgewiesen, daß es im Islam durchaus Traditionen und Institutionen gibt, die eine eigenständige Demokratieentwicklung ermöglichen können.[46]

Ein solcher eigenständiger Demokratisierungsprozeß in der islamischen Welt darf die Islamisten auf keinen Fall ausklammern. Ein kurzer Blick auf den aktuellen Irak möge dies illustrieren: Auch die USA sahen sich außer Stande – wenn auch aus pragmatischen Gründen – die zahlenmäßig stärkste irakische Religionsgemeinschaft, die Schiiten, von einer Partizipation an der Übergangsregierung auszuschließen. Nach einigen Presseberichten soll George W. Bush in Washington Ende Januar 2004 persönlich mit ʿAbd al-Aẓīẓ al-Ḥākim, einem der wichtigsten Schiitenführer des Irak, gesprochen haben, um ihn für den staatlichen Neuordnungsprozeß im Irak zu gewinnen. Möglicherweise werden die USA nicht verhindern können, daß die staatliche Neudefinition des Irak mit der Errichtung einer islamischen Republik endet. Es besteht aber doch die Chance, daß der Irak nicht dem Beispiel Irans folgt, sondern eine islamische Republik entstehen könnte, die den heterogenen ethnischen und religiösen Gruppen Entfaltungsmöglichkeiten und Gleichberechtigung ermöglicht.

Daß auch im Iran die Möglichkeit für eine Demokratisierung besteht, stellte Bundestagspräsident Wolfgang Thierse nach Gesprächen mit Religionsgelehrten des Landes fest und setzte sich für Fairneß gegenüber den iranischen Positionen ein. Er sagte:

45 Vgl. Graham Fuller: „De puissantes forces modernisatrices." In: *Le Monde Diplomatique: Manière de voir.* Juli/August 2002.

46 Vgl. Gudrun Krämer: „Islam, Menschenrechte und Demokratie: Anmerkungen zu einem schwierigen Verhältnis." In: *Stifterverband Wirtschaft & Wissenschaft* 3 (2003), S. 36ff. Diess.: „Spielräume und Grenzen: Zum Verhältnis von Islam und Menschenrechten" In: *Aus Politik und Zeitgeschichte* Nr. 03-04 / 18./25. Januar 2002, Internetausgabe.

> „Dort ist manche innere Entwicklung zu kritisieren. Wenn man dieses Land jedoch mit den anderen islamischen Nachbarstaaten vergleicht, dann ist es in vielen Bereichen demokratischer. Es gibt einen Prozess der Demokratisierung, der Anerkennung von Volkssouveränität, der stärker ist als etwa in Saudi-Arabien, im Irak oder bis vor kurzem in Afghanistan."[47]

Die europäische Politik wäre gut beraten, wenn sie, so Thierse weiter, Reformkräfte innerhalb der betreffenden Staaten zu unterstützte und versuchte,

> „existierende Regime durch Dialog, Hilfe und sanfte Konditionalisierung auf einen Reformweg zu bringen."[48]

Volker Perthes seinerseits merkt ergänzend an, daß es nicht im Interesse europäischer Politik liegen könne, ähnlich den USA

> „Regime, die sich westlichen Interessen in der Region widersetzen, unter Hinweis auf ihre Demokratiedefizite mit Straf- und Zwangsmaßnahmen bis hin zum von außen erzwungenen Regimewechsel zu bedrohen."[49]

Die von der islamistischen AKP geführte türkische Regierung hat Reformprozesse eingeleitet, die den Beitritt des Landes zur EU ermöglichen sollen. Diese Prozesse werden von islamistischen Kreisen, z.B. von den Muslimbrüdern in Ägypten, mit großem Interesse verfolgt, geht es doch darum, daß es eine islamistische Partei ist, die in dem seit Atatürk säkular definierten Staat Entwicklungen einleitet, die Fortschritte im Hinblick auf Demokratisierung, Rechtsstaatlichkeit und Menschenrechte zeitigen sollen, die durchaus westlichen Standards entsprechen. Außenminister Fischer brachte in einer Rede im Januar 2004 seine Hoffnung zum Ausdruck, daß es der Türkei gelingen möge,

> „sich zu einem europäischen Staat; entsprechend den Kopenhagener Kriterien; mit überwiegend muslimischer Bevölkerung zu entwickeln, in dem die Menschenrechte der Mehrheit und der Minderheiten geachtet werden und rechtsstaatliche und demokratische Prinzipien gelten. Das wäre von kaum zu überschätzendem Einfluß auf die Stabilität der gesamten Region und auf die Reformperspektiven der islamischen Welt und vor allem unserer Nachbarregion, des Nahen Ostens. Diese demokratische Türkei wäre ein deutliches Signal, daß eine islamische Prägung und eine aufgeklärte, moderne Gesellschaft in einem Staat keinen Widerspruch darstellen müßten."[50]

Aus dieser Perspektive wäre eine Aufnahme der Türkei in die EU auch ein wirksamer Beitrag Europas zu einem konstruktiven Umgang mit dem Islamismus.

---

[47] Wolfgang Thierse: „Der Dialog darf kein Austausch von Unverbindlichkeiten sein: Bundestagspräsident Wolfgang Thierse über das Verhältnis des Islam zu anderen Religionen." In: *Aus Politik und Zeitgeschichte* Nr. 03-04/ 18./29. Januar 2002, Internetausgabe.

[48] Ebd..

[49] Volker Perthes: *Europa und Amerikas ‚Greater Middle East:' Stichpunkte für den transatlantischen Dialog.* Berlin 2004, S. 2.

[50] Rede von Bundesaußenminister Joschka Fischer anläßlich der Eröffnung des „International Bertelsmann Forum" in Berlin: „Europa auf der Suche nach politischer Ordnung" vom 09. Januar 2004, AA-Homepage: EU-Politik: Reden – 09.01.2004.

Als besonders gravierend für die Zunahme extremistischer islamistischer Tendenzen, hat sich der Israel-Palästina-Konflikt, der

> „wichtigste [...] Kristallationspunkt, aus dem alle antiwestlichen arabisch-nationalistischen und islamisch-fundamentalistischen Bewegungen ihre Motivation und Legitimation schöpfen“[51],

erwiesen. Eine politische Regelung wäre daher von grundlegender Signalwirkung und Bedeutung für das allgemeine Verhältnis des Westens zur islamischen Welt. Die am 1. Dezember 2003 von zivilen israelischen und palästinensischen Vertretern unterzeichnete Friedensinitiative bietet eine neue Chance für eine friedliche Lösung der Palästinafrage. Es wäre demnach dringend notwendig, daß diese Initiative auch von Israel, der palästinensischen Autonomiebehörde und den wichtigesten internationalen Akteuren (UNO, USA, Rußland und EU) als Grundlage einer Verhandlungslösung akzeptiert würde. Die Genfer Initiative würde aber möglicherweise scheitern, wenn es nicht gelänge, islamistische Kräfte in Palästina dafür zu gewinnen oder deren Duldung zu erreichen.

Es ist nun an der Zeit, daß die Europäische Union ein stärkeres politisches Engagement in dieser Frage entwickelt. Ein wichtiger Beitrag Europas zur Lösung dieses Konfliktes könnte z.B. in einer neuen gleichberechtigten Partnerschaft zwischen den Staaten der EU und den südlichen Mittelmeeranrainerstaaten bestehen, die auch zu einer größeren Stabilität an der Südgrenze der Staatengemeinschaft führen könnte. Die im November 1995 auf der Europa-Mittelmeer-Konferenz verabschiedete Deklaration böte hierfür eine Grundlage. Sie wurde aber leider bis heute – vor allem aufgrund der noch immer ungelösten Nahostfrage – noch nicht realisiert. Außenminister Fischer unterstrich auf der 40. Münchner Sicherheitskonferenz gerade die Wichtigkeit dieses sogenannten Barcelona-Prozesses, wenn es darum gehe, die Ursachen des *jihād*-Terrorismus zu bekämpfen und das gesamte Mittelmeergebiet in einen Raum friedlicher Kooperation und Koexistenz zu transformieren.

Die hier skizzierte Partnerschaft müßte allerdings eine wirtschaftliche Umstrukturierung und Neuordnung der Region miteinschließen, die es den südlichen Anrainerstaaten stärker als bisher ermöglicht, Entwicklungsanstrengungen aus eigener Kraft zu realisieren. Dieses Ziel scheint mit der Einrichtung einer Freihandelszone bis zum Jahre 2010 nicht erreichbar zu sein.

So bleibt festzuhalten, daß jedwede Neuregelung des problematischen Verhältnisses zwischen islamischer Welt und den westlichen Staaten nur auf der Basis von grundsätzlicher Gleichberechtigung realisiert werden kann. Eine paternalistische Haltung des Westens gegenüber der islamischen Welt wäre kontrapro-

---

[51] Mohssen Massarat: „Der 11. September: Neues Feindbild Islam? Anmerkungen über tiefgreifende Konfliktstrukturen.“ In: *Aus Politik und Zeitgeschichte* 18. Januar 2002, S. 4.

duktiv.[52] Eine zielstrebige Politik von beiden Seiten sollte das Verhältnis zwischen dem Westen und der arabisch-islamischen Welt dahingehend gestalten, daß es nicht von Konflikten, sondern von guter Nachbarschaft und nutzbringender Kooperation gekennzeichnet ist. Eine Politik, die auf Dialogverweigerung, Konfrontation oder Schlagworte wie „Eindämmung" setzt, hat – dies zeigt die historische Erfahrung – extremistischen Strömungen bisher nur Auftrieb gegeben. Außenpolitische Erfahrungen zeigen, daß auch die Handlungsmuster islamistisch gelenkter Staaten in erster Linie von nationalen Interessen und regionalen Erfordernissen geleitet sind. Dies schließt durchaus auch eine Zusammenarbeit mit dem Westen mit ein. So ist z.B. im Iran ein bemerkenswerter Prozeß der „inhaltlichen Deislamisierung der Politik"[53] zu beobachten, der sich an pragmatischen Erfordernissen orientiert.

4. Schlußbemerkungen

Als Fazit bleibt folgendes festzuhalten: Wenn der Westen seine Politk gegenüber der islamischen Welt nicht ändert und keine langfristigen Strategien entwickelt, um Konfrontationen wirksam zu begegnen, wird sich die Lage weiter verschärfen.

In unserer Welt, in der etwa 1,3 Milliarden Muslime leben, deren Wortführer nicht selten Islamisten sind, gibt es keine Alternative zum friedlichen Zusammenleben. Stereotypes Feindbilddenken des Westens gegenüber dem Islam und vice versa dient nur jenen *jihād*-Islamisten, deren erklärtes Ziel eine gewaltsame Konfrontation mit dem Westen ist und die solche Denkstrukturen bereitwillig für ihre Zwecke instrumentalisieren.

Die marokkanische Soziologin Fatima Mernissi, eine engagierte Kämpferin für Demokratie, Menschenrechte und die Gleichberechtigung der Frau in der islamischen Welt, die als gläubige Muslima ihre progressiven Anschauungen aus dem Koran begründet, erzählt in ihrem Buch *Islam und Demokratie* folgendes Gleichnis:

Unter dem Schock des ersten Golfkrieges von 1991 habe ihr ein marokkanischer Student gesagt, die USA sollten nach ihrem Sieg über den Irak die Strategie Saladins zur Anwendung bringen, der dieser im Jahre 1192 gefolgt war, als er Jerusalem von den Kreuzrittern zurückeroberte. In diesem Falle hätte die USA das Attentat vom 11. September 2001 verhindern und zukünftige Gewalt „wirtschaftlich uninteressant" machen können.

---

52 Vor diesen Konsequenzen warnte auch Bundesaußenminister Joschka Fischer in seiner Rede auf der 40. Münchner Sicherheitskonferenz ausdrücklich.

53 Johannes Reissner: *Demokratie ohne Demokraten? Die iranische Vorwahlkrise und europäische Iranpolitik.* Berlin 2004, S. 5.

Worin aber bestand dieser „Frieden des Saladin?" Saladin ließ sich von der genialen Erkenntnis leiten,

> „daß nur ein Friedensvertrag, der Sicherheit und Chancengleichheit für Eroberer (Muslime) und Eroberte (Christen) garantierte, den Handel begünstigen würde. [...] In einer Situation, in der die Menschen durch friedlichen Handel ihren Lebensunterhalt verdienen könnten, würde Gewalt zu einer absurd kostspieligen Alternative."[54]

Und so schloß er einen Friedensvertrag, der Muslimen wie Christen gleichermaßen Ruhe, Sicherheit und chancengleiche wirtschaftliche Aktivitäten zusicherte.

Auf die aktuelle Situation bezogen, meinte der marokkanische Student nichts anderes mit diesem „Frieden des Saladin" als ein weltwirtschaftliches System, daß derart geregelt und strukturiert sein müsse, daß die gewaltige Kluft zwischen dem Westen und der Dritten Welt überwunden werden könne. Er führt weiter aus, daß, wenn die US-Regierung

> „wie Saladin [...] das Prinzip der Gegenseitigkeit für Gewinner (Amerikaner) und Verlierer (Araber) gefördert hätte, hätte [sie] terroristische Propagandisten zu gänzlich unglaubwürdigen Pantomimen in einer Welt gleichmäßig verteilten Wohlstandes gemacht."[55]

Doch auch nach dem Krieg des Jahres 2003 ist noch kein „Frieden des Saladin" in Sicht.

---

54 Fatima Mernissi: *Islam und Demokratie.* Freiburg i.Br. 2002, S. 14.

55 Fatima Mernissi: *Islam und Demokratie.* Freiburg i.Br. 2002, S. 14. Diese von Fatima Mernissi geschilderte Begebenheit bezieht sich sicherlich auf eine historische Legende. Sie ist aber charakteristisch für das Denken vieler junger Muslime. Es ist bemerkenswert, daß der israelische Schriftsteller Amos Oz vor dem Irak-Krieg 2003 einen ähnlichen Gedanken äußerte. Er schlug vor, nur 10% des erforderlichen Geldes für den nächsten Golfkrieg dem jordanischen Staat zu übertragen, um „Enklaven des Wohlstandes" mit großer Ausstrahlungskraft für die ganze Region zu schaffen. Er sprach in diesem Zusammenhang von einem „Marshall-Plan des 21. Jahrhunderts." Vgl. hierzu sein Interview in *Die Zeit* vom 16. Januar 2003.

Vertrauensbildende Maßnahmen zwischen Säkularisten und Islamisten am Beispiel Tadschikistans

Arne C. Seifert

Vertrauensbildung mit Islamisten – paßt sie in unsere Zeit? Paßt sie zum Kampf gegen den extremistischen, islamistischen Terrorismus? Paßt sie zu den Sicherheits- und Stabilitätserfordernissen von heute und morgen?

Die Erfahrungen eines über drei Jahre mit prominenten Islamisten Tadschikistans geführten Dialogs zeigen, daß vertrauensbildende Maßnahmen einen Ausweg aus dem Dilemma der Auseinandersetzung mit dem militantem islamistischem Terrorismus öffnen können. Einbezogen waren führende Islamisten, die bis zur Beendigung des tadschikischen Bürgerkriegs 1997 von Afghanistan aus an der Spitze einer 6.000 *mujāhidīn* starken Armee gegen das säkulare Regime und für einen islamistischen Staat kämpften.

Der Ansatz der Vertrauensbildung bringt einen neuen politischen Anspruch in die Terrorismusdebatte und dient der Friedenssicherung. Beides erscheint dringend geboten, weil die Frage weder gestellt noch beantwortet wird, wie wir denn aus dem „Schlamassel" des Terrorismus wieder herauskommen. Es wäre doch naheliegend, so zu denken: Wir sind mit einer neuen Art von Krieg konfrontiert, weil wir es mit einer neuen Art von Gegner zu tun haben. Bräuchten die neuen Gegner folgerichtig nicht auch eine neue Art von Frieden?

1. Ist Frieden noch vorgesehen?

Der Westen und seine Bündnisse benötigten nur wenige Monate, um Programme und Mechanismen für den Kampf gegen den Terrorismus auszuarbeiten. Doch zweieinhalb Jahre nach dem 11. September fehlt noch immer ein Friedensentwurf. Es fällt inzwischen nachgerade schwer, sich NATO und WEU, neue deutsche verteidigungspolitische Richtlinien, Politiker und sogar die Rüstungsindustrie noch ohne Terrorismus vorzustellen. Hat man sich im Terrorismus eingerichtet?

Was in den letzten Jahren für den Kampf gegen den Terrorismus programmatisch gedacht, an Strategien erarbeitet und praktisch auf den Weg gebracht wurde, legt den Schluß nahe, daß der Krieg als Mittel der Politik in einem strategischen Sinne rehabilitiert ist. Damit gerät die wichtigste Lehre Europas aus zwei Weltkriegen in Gefahr. Den Krieg wieder als Mittel der Politik zu akzeptieren würde die mühevoll erreichten Erkenntnisfundamente des europäischen Weges zu nationaler und internationaler Demokratie unterspülen. Wenn es denn, wie behauptet wird, im Kampf gegen den islamistischen Terrorismus tatsächlich um die Verteidigung unserer Zivilisation und ihrer demokratischen Errungenschaften geht, dann dürfte der Krieg als Mittel der Politik gerade nicht zugelassen werden.

Es ist zutiefst beunruhigend, daß für den Konflikt kein Ende gedacht wird.

Wolfgang Schäuble erklärte am 5. Februar 2004 in der Fernsehdiskussion *Berlin Mitte*:

> „Der Kampf gegen den Terrorismus ist eine riesige *Daueraufgabe*."

Innenminister Schily seinerseits charakterisiert den Terrorismus als „eine epochale Bedrohung," der wir für „lange Zeit ausgesetzt"[1] sein werden. Die Bedrohung wird von ihm auf eine Stufe mit „Nationalsozialismus, Faschismus und Stalinismus"[2] gestellt! Selbst wenn man sich auf eine solch wissenschaftlich unhaltbare Argumentation einließe, liefert sie allein nicht genug Gründe, um zielstrebig nach einem Ausweg zu suchen.

Doch die europäischen Regierungen bleiben ihren Bürgern einen Gegenentwurf zum Krieg schuldig. Sie sollten ihre Absicht erklären, alles ihnen Mögliche dafür zu tun, daß die Anwendung von Mitteln des Krieges eine erzwungene Ausnahme und keine Dauerstrategie bleibt. Sie müßten erklären, mit welchen politischen und diplomatischen Mitteln sie diese Absicht umzusetzen gedenken. Ein Gegenentwurf dieser Art müßte militärische, sicherheitspolitische und friedlich-diplomatische Mittel miteinander kombinieren.

Zunächst wäre zu klären, worin die Kriegsziele des neuen Gegners bestehen. Was will er wirklich? Will er die westliche Zivilisation vernichten? Will er, wie die *Frankfurter Allgemeine Sonntagszeitung* den „Kern des Programms von al-Qaida" meinungsbildend verknappt,

> „die Ermordung aller Ungläubigen, um einen weltweiten Gottesstaat zu errichten?"[3]

Will er den Westen „bestrafen?" Wenn ja, wofür? Und worin hat er vielleicht sogar recht? Recht hätte der neue Gegner beispielsweise, wollte er die USA dafür strafen, daß sie die Okkupation der palästinensischen Gebiete, einschließlich der heiligen islamischen Stätten in Jerusalem, durch Israel sanktionieren, wie dies der amerikanische Präsident kürzlich gegenüber Ariel Sharon tat.

Welche friedensdienlichen Handlungsrichtungen sind denkbar? Zunächst könnte man durchaus von der allgemeinen Einschätzung ausgehen, daß der islamistische Terrorismus eine epochale und globale Bedrohung des Westens sei und unter anderem auf Unterentwicklung im weitesten Sinne und „kulturelle Bevormundung" zurückgeführt werden könne.

---

1 *Frankfurter Allgemeine Sonntagszeitung*, 12 (21. März 2004), S. 7.
2 *Frankfurter Allgemeine Sonntagszeitung*, 12 (21. März 2004), S. 7.
3 *Frankfurter Allgemeine Sonntagszeitung* 13 (28. März 2004), S. 4.

Die Stichworte „epochal," „global" und „Unterentwicklung" deuten an, daß global zu handeln ist, das Handlungsinstrumentarium epochalen Ansprüchen genügen, und die Überwindung der Unterentwicklung im Zentrum dieser Anstrengungen stehen muß. Letzteres wäre eine Schlußfolgerung daraus, daß der Westen im Terrorismus den Konsequenzen der Unterentwicklung erstmals in einer Art begegnet, die selbst seine Süd-Nord-Migrationsängste in den Schatten stellt.

Eine elementare, nicht-militärische Handlungsdimension bestünde darin, die Kriegsziele des Gegners grundsätzlich zu klären. Von ihr hängt die Beantwortung der Frage ab, wie man mit diesen neuen Gegnern zu einer neuen Art von Frieden kommen könnte. Zunächst wäre aufzuhellen: Welche Widersprüche zum Westen motivieren islamistische Kräfte, gegen diesen in den Krieg zu ziehen? Welchen politisch-religiösen Charakter hat diese antiwestliche, antisäkulare Bewegung? Welche konkreten Konflikte sind vorhanden und auszuräumen?

Die Diplomatie hätte dann zu klären: Welche alternativen Regelungsansätze werden gebraucht? Wie kann zwischen extremistischen und gemäßigten Islamisten differenziert werden? Ist Vertrauensbildung möglich und wenn ja, mit wem und wie?

2. Fehler der Antiterrorstrategie

In der derzeitigen internationalen Antiterrorstrategie geschieht jedoch gerade das Gegenteil: In seiner Reaktion auf eine islamisch verortete Gesellschaftsopposition macht der Westen überall die gleichen Fehler. Daß sie ihm sowohl im nah- und mittelöstlichen, als auch im „neuen" asiatisch-islamischen Raum der OSZE gleichermaßen unterlaufen, deutet auf eine gewisse Systemgebundenheit der Fehlerquellen hin.

Erstens ist die westliche Politik blind gegenüber der Tatsache, daß sich in dieser Region eine islamische gesellschaftliche Fundamentalopposition herausgebildet hat und sich weiter ausbreitet. In Zentralasien ist diese Opposition im Entstehen begriffen. Sie ist mit einem Eisberg zu vergleichen. Der islamistische Terror vom 11. September ist dagegen nur dessen Spitze. Jener Fundamentalopposition geht es in hohem Maße darum, islamische Werte zu bewahren und westliche Dominanz und Gewalt zurückzuweisen.[4]

Diese kann für den Westen eigentlich keine Überraschung sein. Schon seit längerer Zeit kann in keinem muslimischen Land mehr *gegen* die islamische Op-

---

4 „Die Geschichte der Begegnung zwischen dem Westen und der islamischen Welt [wird] seit der zweiten Hälfte des 18. Jahrhunderts und der Gegenwart [...] [von Teilen der radikalen Islamisten – A.S.] als weitgehend gewalttätig wahrgenommen. Die Dominanz Europas und – nach dem Ende des zweiten Weltkrieges – der USA war verbunden mit steter Gewalt." Zitat aus: Udo Steinbach: „Islamischer Terrorismus: Ein selbstkritischer ‚Dialog der Kulturen' ist jetzt gefragt." In: *Internationale Politik* 3 (März 2002), S. 4.

position regiert werden. Ohne oder gar gegen sie werden Modernisierung und Demokratisierung der Gesellschaften in dieser Region nicht möglich sein. Trotzdem läßt die westliche Politik integrative Strategien vermissen.

Ein ähnlich ambivalentes Verhalten läßt sich gegenüber dem asiatisch-islamischen OSZE-Raum beobachten, und zwar bezüglich des islamischen Faktors allgemein, wie auch gegenüber seiner Rolle bei der Ausgestaltung nationaler Staatlichkeit. Die europäische Sicherheitspolitik trägt weder dem einen noch dem anderen Rechnung. Zu den grundsätzlichen Problemen gehört die Tatsache, daß Stabilisierungs- und Sicherheitsstrategien unter den konkreten Bedingungen Zentralasiens eine Koexistenz zwischen Säkularismus und Islam – nach innen im Staatsformungsprozeß, nach außen im Verhältnis zum Westen – erfordern. Die politikrelevanten Fragen, die sich aus diesen Überlegungen ergeben, lauten: Wie läßt sich verhindern, daß unterschiedliche Werte und gesellschaftspolitische Orientierungen miteinander in Konflikt geraten? Was muß getan werden, um zu verhindern, daß Religion dabei politisiert wird und in radikal-islamistische Bewegungen umschlägt? Und schließlich: Wie können solche Bewegungen in eine friedliche, reformorientierte Richtung gelenkt werden?[5]

Bisher ist noch nicht einmal erkannt worden, daß es notwendig ist, spezifische Handlungskonzepte zu erarbeiten. Über den Islam wird lediglich im Rahmen der westlichen Vorstellungen von Religionsfreiheit gesprochen. Vernachlässigt wurde allerdings, daß es sich beim Islam um einen komplexen gesellschaftlichen und zivilisatorischen Faktor handelt.

Zweitens hat sich im Schatten der Antiterrorstrategie der Irrglaube verbreitet, die islamischen Gesellschaften ließen sich nach den Standards der westeuropäischen oder US-amerikanischen Demokratiemodelle modernisieren. Den Kern solcher Strategien bildet zur Zeit das Bestreben, fremde Herrschaftssysteme von außen zu „demokratisieren." Dabei stehen sich im westlichen Bündnis zwei Vorgehensweisen gegenüber: Die eine will „über das Schlachtfeld zur Demokratie" gelangen (Beispiel: Irak). Die andere lehnt militärische Intervention als Mittel der Demokratisierung ab und setzt auf eine „weiche" Strategie.

Unter Verweis auf Globalisierung, wachsende Interdependenz, Einschränkung der Rolle des Nationalstaates,[6] Individualisierung und Menschenrechte macht diese zweite Vorgehensweise den

> „gewaltfreien, intervenierenden Beitrag zu Demokratisierung aller Herrschaftssysteme [...] zum Kern der Außenpolitik,"[7]

---

[5] Siehe hierzu: Arne S. Seifert: „Der islamische Faktor und die Demokratisierungsstrategie der OSZE in ihrer euro-asiatischen Region" *Core Working Paper N° 4*, Hamburg 2001.

[6] „Die Rolle des Nationalstaates [ist] durch die gestiegene Bedeutung der Menschenrechte und der Globalisierung von Wirtschaft und Gesellschaft erheblich relativiert worden." Zitat aus: Joschka Fischers *Rede vor der 54. Generalversammlung der Vereinten Nationen in New York am 22. September 1999.*

[7] Ernst-Otto Czempiel: *Intervention in den Zeiten der Interdependenz. HSFK-Report 2/2000*, S. 22.

wie Ernst-Otto Czempiel den Inhalt jenes Handlungsmusters treffend charakterisiert. Dieser Strategie einer demokratisierenden Intervention von außen entsprechen auch eine Reihe der Kriterien für „soziale Reformen in Staat und Gesellschaft," die der deutsche Außenminister in seiner neuen „transatlantischen Initiative für den Nahen und Mittleren Osten"[8] zum Prinzip erklärte, zu dem sich die islamischen Länder dieses Raumes bekennen sollten. Auch gegenüber Afghanistan wird sie – mit weitgehend unrealistischen Vorgaben und Kriterien – verfolgt.

Doch seien wir realistisch: Ließen sich die dortigen Herrschaftssysteme denn von außen tatsächlich demokratisieren? Laufen derartige Strategien nicht Gefahr, als kulturelle Bevormundung wahrgenommen zu werden? In Wirklichkeit befinden sich all diese Ansätze in einer Zwickmühle. Es steht außer Frage, daß diese Systeme der Demokratisierung bedürfen. Eigentlich wäre dies die Aufgabe sozialer Revolutionen von innen, also unter den gegebenen Umständen islamischer Revolutionen. Daran wäre aber der Westen nicht interessiert.

Weiter ist zu fragen: Würden überhaupt freie Wahlen zu einer Demokratisierung führen? Kein Geringerer als Zbigniew Brzezinski hat diese Frage richtig beantwortet:

> „Wenn es morgen Wahlen in Saudi-Arabien gäbe, in denen Prinz Abdullah gegen Osama Bin Laden antreten würde, wüßten wir alle, wer gewinnen würde. Und wenn es in Ägypten eine freie Wahl zwischen Hosni Mubarak und der Muslimischen Bruderschaft gäbe, wüßten wir, wer die Wahlen gewinnen würde. Und wenn es Wahlen in zwei Dritteln Iraks geben würde, wüßten wir auch, wer sie gewänne."[9]

Man kann die Sache drehen und wenden, wie man will: Am islamistischen „Gegner" führt kein Weg vorbei. Auch das unterstreicht das Erfordernis integrativer Strategien.

Auch gegenüber den jungen Staaten der asiatisch-muslimischen Regionen der OSZE ist das Bestreben vorherrschend, diesen das Selbstverständnis der OSZE als einer westlichen Wertegemeinschaft zu oktroyieren. Das Herzstück dieser Strategie ist die „menschliche Dimension" (Menschenrechte, Demokratie, Rechtsstaat). Die Berechtigung zu direkter Intervention ist im Helsinki-Grundsatz der OSZE von 1992 verankert, demzufolge die Einhaltung aller Verpflichtungen, die die Mitgliedsstaaten zur menschlichen Dimension eingegangen sind, keine ausschließlich innere Angelegenheit dieser Staaten ist.

Drittens dominiert in der Antiterrorstrategie der militär- und sicherheitspolitische Ansatz. Auch das gilt für die nah- und mittelöstliche wie für die zentralasiatische Region gleichermaßen. Damit begeht die westliche Welt einen Kardinalfehler. Anstatt der Bedeutung des islamischen Faktors und dessen gesellschafts-

8 Joschka Fischer: *Rede auf der 40. Münchener Konferenz über Sicherheitspolitik*, München, 7. Februar 2004 auf: http://www.auswaertiges-amt.de/www/ausgabe_archiv:id=5337, Stand: 1. April 2004.

9 S. Brzezinski: „Europäer in den Irak." In: *Internationale Politik* 8 (August 2004), S. 63.

politischer Tragweite Rechnung zu tragen, verkürzt sie das Verhältnis zum politischen Islam auf die Ebene der gewaltsamen Bekämpfung einzelner islamistischer Gruppen (des „extremistischen Randes"). So leistet diese Strategie nicht das, worauf es ankommt: Nämlich, im Gegensatz zum bisher überwiegend repressiven einen konstruktiven Ansatz zu erarbeiten und die Fragen anders zu stellen. Kann der islamische Faktor in der Region aus dem Stigma des Terrorismus herausgeführt und in eine kooperative Sicherheits- und Stabilitätsstrategie der OSZE eingebunden werden? Kann er nach innen und außen in eine konstruktive Rolle überführt werden? Können muslimische Bevölkerung, islamistische Aktivisten und westliche Politiker einen gemeinsamen politischen Grundkonsens entwikkeln, der auf dem Gedanken der Koexistenz und Zusammenarbeit, der Anpassung an moderne Prinzipien sowie an Normen und Werte der OSZE beruht? Und wenn ja, nach welchen Gesichtspunkten wäre ein solcher Konsens zu gestalten?

Für Akhbar Turadschonsoda, den ersten stellvertretenden Ministerpräsidenten Tadschikistans und gemäßigten Islamisten, gehört nicht die Frage in den Mittelpunkt, wie Extremismus bekämpft, sondern wie dem Aufkommen extremistischer Ansichten vorgebeugt werden kann.[10]

Eine auf den islamischen Faktor bezogene Konfliktregelung müßte sich um das tatsächliche Konfliktmaterial und um jene Eliten kümmern, die sich des Islam als Mittel der Politik bemächtigen. Letzteres ist eindeutig Aufgabe der Demokratisierungsstrategie der OSZE. Denn je mehr die OSZE das politische Umfeld dort demokratisiert, desto mehr erweitert sie auch die politischen Spielräume der Islamisten. Um diesen „Widerspruch" aufzulösen, greift die gegenwärtig praktizierte „Terrorismusbekämpfung" eindeutig zu kurz.

Viertens bestehen darüber hinaus gravierende Handlungsdefizite bei der Überwindung von Unterentwicklung und Armut. In seiner ursächlichen Bedeutung für das Terrorismusphänomen längst erkannt, wird jedoch westliches Handeln dem epochalen Charakter islamistischer Bedrohung und der Unterentwicklung als einer seiner zentralen Ursachen nicht gerecht. Auch die Bundesrepublik und die EU müßten sich viel nachdrücklicher dafür einsetzen, daß die Entwicklungskonzepte der UNO durchgesetzt werden. Auch ist die Korrektur gravierender Fehler der wirtschaftlichen und sozialen Transformationsstrategien in den „neuen" islamischen Regionen erforderlich und möglich, die, wie noch gezeigt wird, bereits heute eine Armutsspirale verursachen.

[10] Hodscha Akhbar Turadschonsoda: *Vortrag auf dem Symposium „Enhancing the Security of States in a Multipolar World: Focus on Extremism" des Marshall European Center of Security Studies*, September 2002. Übersetzung des unveröffentlichten Dokuments durch A.S..

3. Erste positive Ergebnisse im euro-asiatischen Raum

Zu fragen ist also: Wie kommen wir zurück zum Frieden? Welche Wege führen aus dem gegenwärtigen Zivilisationskonflikt und verhindern, daß er sich ausweitet?

Um dies zu erreichen, wird eine auf zivilisatorischen Ausgleich zielende Stabilisierungsstrategie benötigt. Dabei geht es vor allem um zweierlei: Religiöse und zivilisatorische Feindschaft möglichst gar nicht erst zuzulassen. Wenn Feindschaften und Widersprüche entstehen, sollten sie auf ihren eigentlichen sachlichen Kern reduziert werden, um in der Lage zu sein, die Bereiche zu bestimmen, auf denen Übereinstimmung oder Dissens besteht. Die Arbeitsformel könnte also lauten: Zusammenarbeit auf der Grundlage von Gemeinsamkeiten und gewaltfreie Koexistenz in den Fragen, in denen tiefere Widersprüche vorhanden sind.

Dies wird ein langfristiger Prozeß sein. Dennoch sind – ganz pragmatisch gedacht – schnelle Ergebnisse erforderlich. Solche Ergebnisse hätten eine positive Signalwirkung für die islamische Welt und auch für die mulitethnischen und -religiösen Gesellschaften Europas.

Ein Bereich, in dem erste positive Ergebnisse sofort zu erreichen wären, ist der des konstruktiven Umgangs mit dem Islam, den Muslimen und ihren politischen Vertretern. Hier sind die Handlungsspielräume und Voraussetzungen noch vergleichsweise günstig: Die säkulare Lebens- und Regierungsweise erfreut sich im asiatischen OSZE-Raum noch immer beträchtlicher gesellschaftlicher Akzeptanz. Die islamischen Eliten befinden sich noch in einer frühen Phase ihrer politischen Formierung, wie auch der Islam insgesamt noch in einem frühen Stadium der Politisierung ist. Unter der Jugend sind Kenntnisse des Korans, der *sharīʿa* sowie die Bindungen an islamistische Bewegungen und Organisationen noch relativ gering. Auch unterscheiden sich die zentralasiatischen Islamisten von denen anderer muslimischer Regionen. Sie sind in sowjetischen Schulen mit europäischer Philosophie und Kultur, mit Rationalismus und Dialektik vertraut gemacht worden. An diese Prägungen kann angeknüpft werden. Bereits bei der nächsten Generation wird all dies nicht mehr leicht möglich sein.

Noch ist es nicht zu spät, „seinen Islamisten“ die Hand zu reichen. Dafür bedarf es aber auf der europäischen Seite des guten Willens und einer weitsichtigen Strategie.

4. Erste vertrauensbildende Schritte zwischen Säkularisten und Islamisten in Zentralasien

Pragmatisch zu solchen Ergebnissen zu kommen war und ist der Hintergrund des Versuches erster vertrauensbildender Schritte zwischen Säkularisten und Islamisten in Zentralasien. Der unter Vermittlung von deutschen und Schweizer Forschungsinstituten[11] moderierte Dialog bewirkte, daß am 11. Dezember 2003 in der tadschikischen Hauptstadt Duschanbe Vertreter der islamistischen und der säkularistischen Seite ein Dokument über vertrauensbildende Maßnahmen unterzeichneten.[12] Unter den mehr als zwanzig tadschikischen Beteiligten waren auf der islamistischen Seite nicht etwa nur gemäßigte Vertreter dieser politischen Richtung präsent. Vielmehr beteiligte sich auch der radikale Flügel der „Partei der Islamischen Wiedergeburt Tadschikistans" (PIWT) an diesem Dialog. Das Dokument wurde dem tadschikischen Präsidenten Rahmonov zugeleitet, der es las und gegenzeichnete.

Das elfseitige Schriftstück besteht aus einer Zusammenfassung von Prinzipien der Zusammenarbeit und Koexistenz, einem analytischen Teil mit Einschätzungen und Schlußfolgerungen sowie einer Anlage, welche leicht oder schwer zu regelnde Probleme klassifiziert. Es enthält auch Empfehlungen an den Präsidenten.

Der Dialog vermittelte Einsichten in die Dynamik von Eskalationen im säkularistisch-islamistischen Verhältnis und erlaubt Schlußfolgerungen für eine an Ursachenbekämpfung orientierte Politik und Diplomatie.

Neben wirtschaftlichen und sozialen Ursachen ist das Spannungsverhältnis zwischen Säkularismus und Islamismus in Zentralasien besonders brisant. Darauf bezogen, vermitteln dieser tadschikische Kompromißprozeß (der erste seiner Art im OSZE-Raum) und die daraus gewonnenen Erkenntnisse einen exemplarischen Einblick in die Besonderheiten von Konfliktregelung zwischen Säkularisten und Islamisten. Beides verdeutlicht nachdrücklich, daß Frieden und Kompromisse gerade mit den radikalen islamistischen Kräften gefunden werden müssen.

Eine zentrale Erkenntnis besteht darin, daß es in den Positionen der islamistischen[13] und der säkularistischen Seite durchaus politische Spielräume und ein bestimmtes Maß an Nähe in Motiven und strategischen Absichten gibt. Für bei-

---

11 Gesponsert wurde der Dialog seit 2001 vom deutschen Auswärtigen Amt und 2003 auch vom Schweizer Außenministerium. Seine institutionellen Träger waren das Zentrum für OSZE-Forschung (CORE) des Instituts für Friedensforschung und Sicherheitspolitik, Hamburg, und das Institut für Internationale Studien, Genf. Die Volkswagen-Stiftung unterstützte die wissenschaftlichen Untersuchungen der OSZE-Politik gegenüber Zentralasien und Tadschikistan.

12 Auf der säkularistischen Seite unterzeichneten der ehemalige Staatsberater des Präsidenten für Innenpolitik, die Minister für Justiz und Kultur, der Vorsitzende des Komitees für Religionsangelegenheiten und der Vorsitzende des Verfassungsgerichts.

13 Bedauerlicherweise waren uns Kontakte mit der Bewegung *Ḥizb-ut-Taḥrīr* versagt.

de bilden der gemeinsame nationale Staat und Demokratie die grundlegenden, verbindenden Gemeinsamkeiten. Diese Gemeinsamkeiten sind für Europa insofern wichtig, als darin geeignete Grundlagen für einen Dialog mit Islamisten und Säkularisten zu finden sind. Schon die Tatsache, daß Islamisten und Säkularisten diese Gemeinsamkeiten erkannt und sich auf Vertrauensbildung, Zusammenarbeit und Koexistenz als Grundlage verständigt haben, ist ein bemerkenswerter Fortschritt. Die Anerkennung dieser Gemeinsamkeiten widerlegt den in Europa weit verbreiteten Vorbehalt, daß eine islamistische Mitwirkung in nationalen Gestaltungsprozessen des OSZE-Raumes Gefahren prinzipieller, zivilisatorischer Art in sich berge und daher nicht im deutschen und europäischen Interesse liege. Gelänge es, diesen Vorbehalt zu widerlegen und zu überwinden, so würden sich völlig neue Perspektiven für ein aufgeschlossenes europäisches Verhältnis zu den muslimischen Nachbarregionen eröffnen.

5. Der Umgang mit dem Islam als Frage der europäischen Sicherheit

Wenn die geo- und energiepolitisch wichtige zentralasiatische Region stabil bleiben und die Sicherheit im euro-asiatischen Raum auf Dauer gewährleistet werden soll, erfordert dies eine Normalisierung des Verhältnisses zwischen den dortigen säkularen Regierungen und dem Islam, seinen politischen Vertretern, den muslimischen Würdenträgern und Eliten. Der Islam, seine Kultur und seine politischen Bewegungen müssen im OSZE-Raum als organische Elemente der dortigen Gesellschaften und nicht als etwas Fremdes begriffen werden. Dafür sprechen gewichtige Gründe:

Europa war bereits mehrfach in Konflikten, Bürgerkriegen und Schlichtungsprozessen der Region mit der militanten Variante des politischen Islam konfrontiert. Erinnert sei an den immer noch nicht beendeten Konflikt in Tschetschenien, den Bürgerkrieg in Tadschikistan von 1992-97 mit nahezu einhunderttausend Opfern, die bewaffneten Auseinandersetzungen mit der „Islamischen Bewegung Usbekistans"[14] 1999 und 2000 sowie die immer wirksamer werdende Agitation der *Ḥizb-ut-Taḥrīr* im Länderdreieck Usbekistan, Tadschikistan, Kirgisistan. Die *Ḥizb-ut-Taḥrīr* agitiert die Konfrontation zwischen den Muslimen und den säkularen Regimen herbei, denen „wirtschaftliche, politische und soziale Tyrannei" vorgeworfen wird und die als „Feind des Glaubens" gebrandmarkt werden.[15] Die „International Crisis Group" (ICG), Brüssel, warnt auch nach der militärischen Intervention in Afghanistan:

[14] Diese Organisation änderte kürzlich ihre Eigenbezeichnung in „Islamische Bewegung Turkestans."

[15] Flugblatt der *Ḥizb-ut-Taḥrīr* aus dem Jahre 2001 aus dem Besitz des Verfassers.

> „Solange die strukturellen Ursachen nicht angepackt werden, welche diese Bewegungen hervorbringen, bleibt die Absicht einer Vielzahl radikaler islamistischer Bewegungen, die bestehende Ordnung zu zerstören, für Zentralasien eine Herausforderung."[16]

Trotz dieser Erfahrungen und Warnungen zeigt sich die europäische Sicherheitspolitik dem islamistischen Faktor gegenüber wenig flexibel. Der Umgang mit diesem Faktor wird bestimmt vom Kontext des Terrorismus mit seiner primär militär- und sicherheitspolitischen Ausrichtung, die sich nach dem 11. September noch verstärkt hat. Die USA richteten in Zentralasien Militärbasen ein, andere NATO-Staaten, darunter die Bundesrepublik, sind militärisch präsent. Da der vorherrschende Strategieansatz jedoch in erster Linie repressiv ausgerichtet ist, greift er hinsichtlich der Stabilisierung der gesellschaftspolitischen Prozesse zu kurz.

Welchen neuen Bedingungen hat eine Gestaltung Europas als Stabilitätsraum unter Einbeziehung grundlegender Entwicklungsparameter in Zentralasien und unter Berücksichtigung des islamistischen Faktors Rechnung zu tragen?

Erstens: Politisch hat sich Europa mit der Aufnahme der kaukasischen und zentralasiatischen Staaten in die OSZE 1992 bis an die Grenzen zu Afghanistan und China erweitert. In diesem Raum leben 40 islamische Völker, denen rund 57 Millionen Menschen angehören. Am dichtesten ist die Konzentration in Aserbaidschan, im Kaukasus und in den fünf Staaten Zentralasiens mit einer Bevölkerung von 42 Millionen Menschen. Auch die Russische Föderation hat einen beträchtlichen muslimischen Bevölkerungsanteil. Die Angaben schwanken zwischen elf und 22 Millionen, die mehr als 40 Ethnien angehören und deren Anteil an der Gesamtbevölkerung zwischen acht und 15 Prozent liegt. Schätzungen gehen davon aus, daß in Rußland in etwa dreißig Jahren 30 bis 40 Millionen Muslime leben werden.[17]

Aus Gründen, über die noch zu sprechen sein wird, begannen diese Muslime, ihre Interessen zu artikulieren und sich zu organisieren. Inzwischen sind über zwanzig islamische Organisationen in der Region aktiv.[18] Zu den am besten organisierten und politisch aktivsten zählen die PIWT, die (kürzlich in Deutschland verbotene) *Ḥizb-ut-Taḥrīr* und die Islamische Bewegung Usbekistans (IBU), deren Mitglieder nach dem Ende des Ṭālibān-Regimes in den Untergrund gegangen sind. Neue militante Gruppen kommen ständig hinzu,[19] wie die Bombenanschläge Ende März 2004 in Taschkent und Buchara belegen.

Mit dem Ende des Afghanistankonflikts fiel der letzte „Eiserne Vorhang" der sowjetischen Periode: Das Oberkommando der US-Streitkräfte hat mit Tadschi-

---

16 International Crisis Group (ICG): *The IMU and the Hizb-ut-Tahrir: Implications of the Afghanistan Campaign.* Brüssel, 30. Januar 2002.

17 Vgl. Aleksei Malašenko: *Islamskoje vozroždenije v sovremennoi Rossii.* Moskau 1998, S. 7-8.

18 Aleksei Malašenko: „Islam i politika v gosudarstvach Zentralnoi Asii." In: *Zentralnaja Azija i Kavkaz.* 4(5) (1999), S. 59.

19 ICG: *Afghanistan Campaign,* S. 14.

kistan die Entminung der Grenze zu Afghanistan vereinbart.[20] Über den Pjandsh, den Grenzfluß Tadschikistans zu Afghanistan, werden neue Brücken gebaut. Straßenverbindungen nach dem Iran und über Pakistan zur Küste des Arabischen Meeres sind in Planung. Afghanistan hat bei der OSZE einen Beobachterstatus erhalten. Die eurasische Brücke Zentralasien wird also zunehmend von beiden Seiten zugänglich. Niemand vermag heute zu sagen, welche Konsequenzen dies für Zentralasien haben wird, und wie dies auf Europa und den GUS-Raum zurückwirkt.

Eines jedoch läßt sich konstatieren: Der Islam mit seinen Eliten und einer sich auf ihn berufenden Bevölkerung bleibt im euro-asiatischen Raum eine permanente zivilisatorische und strategische Größe. Europa hat jetzt seinen eigenen euro-asiatischen Orient und euro-asiatischen Islam. Damit ist der Umgang mit dem Islam zu einer Frage der europäischen Sicherheit geworden.[21]

Zweitens: Die Politisierung des „islamischen Faktors" wird unvermeidlich sein. Sie ist strukturell bedingt durch die Unfertigkeit der nationalen Staaten, deren noch nicht entschiedene ordnungspolitische Orientierung und die wirtschaftlichen und gesellschaftspolitischen Transformationsprozesse. Die Besonderheit der Staatsbildungsprozesse besteht hier darin, daß Staatsformung, Systemtransformation und nationale Konsolidierung zusammenfallen und miteinander verknüpft sind. Unter solchen Bedingungen entscheidet die Art und Weise des Umgangs mit gesellschaftspolitischen und zivilisatorischen Widersprüchen darüber, ob die Entwicklungen stabil oder in Konfrontation verlaufen. Dabei ist den Perspektiven des säkular-islamischen Verhältnisses aus folgenden Gründen besonderes Gewicht beizumessen:

1. Nationale Identitätsfindung und Islam sind in den noch unfertigen Staaten der Region nicht voneinander trennbar. Mit der Retraditionalisierung der Gesellschaften nimmt auch ihre Reislamisierung zu.
2. Die Transformations- und Staatsformungsprozesse bleiben auch weiterhin kompliziert, was gesellschaftliche Spannungen unvermeidlich macht.
3. Die Auseinandersetzung zwischen Politik und Religion verläuft vorwiegend zwischen säkular Regierenden und den Trägern des politischen Islam.
4. Die säkularen Herrschaftsträger bleiben einem diktatorischen Machtverständnis verhaftet und sind nicht in der Lage, das nötige Maß an Demokratisierungsfähigkeit und politischer Flexibilität aufzubringen, um innere Spannungen abzubauen.
5. Die rapide Verschlechterung der sozialen Lage und die durch politische Repression hervorgerufene Unzufriedenheit in der Bevölkerung wird schon heu-

[20] Security Watch, 24. Januar 2001. isn-daily-news@sipo.gess.ethz.ch.

[21] Siehe dazu: Arne C. Seifert: „Der islamische Faktor und die Stabilitätsstrategie der OSZE in ihrer euro-asiatischen Region" *CORE Working Paper N° 4*, Hamburg 2001.

te von radikal-islamischen Bewegungen gegen die säkularen Regimes instrumentalisiert.

Damit wird deutlich, daß auch Europa nicht von einer islamischen Gesellschaftsopposition verschont bleibt.

Drittens: Die Bedingungen repräsentativer Demokratie unterscheiden sich im zentralasiatischen Entwicklungsumfeld grundlegend von jenen, unter denen sich die kapitalistischen Demokratien Europas entwickelt haben. Zusätzlich werden wirtschaftliche Fehlentwicklungen dazu führen, daß die für die Herausbildung eines demokratischen Systems wichtigen Faktoren, wie pluralistische Gesellschaft, liberale Wirtschaftsordnung oder soziales Sicherungssystem nur langsam oder kaum entstehen können.

Hinzu kommt, daß die Gesellschaften Zentralasiens in sozial wenig mobilen, patriarchalischen Gemeinschaftsstrukturen und Führungsmechanismen verhaftet sind. Sie werden von einem hierarchischen Beziehungsgeflecht aus traditionellen Loyalitäten und materiellen Bindungen zusammengehalten, unter deren Druck sich unabhängige zivile Institutionen nur schwer entfalten können. Demokratische Parteien oder Bewegungen, die sich mehr oder weniger an Normen westlicher Demokratie orientieren, entstehen zwar, repräsentieren aber im wesentlichen eine städtische Minderheit. Die am besten organisierte politische Kraft sind Clans, nicht etwa eine zivilgesellschaftliche Opposition. Dort, wo eine starke Opposition vorhanden ist, stehen Clans in ihrem Mittelpunkt.

Die Transformationsprozesse, insbesondere das Ringen um Eigentum und Ressourcenzugang, vertiefen die Fragmentierung der Gesellschaft. Zugleich hat die von IWF und Weltbank durchgesetzte neoliberale Strategie einer schnellen Privatisierung des öffentlichen Sektors das Enstehen wirtschaftlicher Clankartelle gefördert und damit das patriarchalische Clanwesen, wie nie zuvor in seiner Geschichte, verfestigt.

Besorgniserregend ist, daß das einst bestehende Leistungsnetz, das europäischen Maßstäben für soziale Dienstleistungen zumindest nahe kam, im Zuge der Transformationsvorgänge vernichtet wurde. Mit Ausnahme des erdölreichen Kasachstan, ist es in der Region zu einer Armutssituation großen Ausmaßes gekommen.[22] Die Merkmale sind: niedriges Einkommens- und Konsumptionsniveau, eingeschränkter Zugang zu Einkommenserwerb und öffentlichen Grundleistungen (Wasserversorgung, Gesundheitsbetreuung, Bildung usw.), wachsende Geschlechterdisparität, zunehmende Mütter- und Kindersterblichkeit, drohender Verlust der Vollalphabetisierung sowie Rückgang der Lebenserwartung.

---

22 Als ein extremes Beispiel kann Tadschikistan gelten, das nach einem Steilabfall des jährlichen Pro-Kopf-Einkommens von 1.050 US-$ (1990) auf 150 US-$ (2001) heute zu den ärmsten Ländern der Welt gehört. Innerhalb von nur zehn Jahren sind 80% der Bevölkerung unter die Armutsgrenze gefallen. Datenquelle: *World Bank Report N° 25329-TJ*, S. 5, auf: *www.ds.worldbank.org/Servlet/WDSContentServer/WDSP/IB/2003/02.*

Die eingeschränkte wirtschaftliche Leistungsfähigkeit verhindert, daß sich die materiellen Grundlagen für soziale Marktwirtschaft und Demokratie in der nächsten Generation herausbilden können.

„Die Konflikte in Zentralasien werden sich am Kampf ums tägliche Brot entzünden."[23]

Soziale Ungleichheit aber arbeitet bei noch nicht entschiedenem Staatscharakter radikal-islamischen Gruppen in die Hände. In der Verkoppelung von sozialer und politischer Unzufriedenheit mit Religion steht dem extremistischen Islamismus eine Ressource zur Verfügung, die ihm zu breiter nationaler und regionaler Akzeptanz verhelfen könnte.

Als Fazit bleibt festzuhalten: Die europäischen Staaten wären schon heute damit überfordert, die Folgen jener Armutssituation materiell und finanziell abzufangen. Als „billigste" Option bleibt ihnen nur ein kluges und weitsichtiges Ausschöpfen ihrer politischen Handlungsspielräume; dabei muß die heranwachsende Generation Berücksichtigung finden. Diese zu erkennen und zu nutzen würde im euroasiatischen Raum zu einer „Dekompression" im Blick auf die potentiell stärkste Oppositionskraft, die politischen Vertreter des Islam, führen.

Für einen friedlichen Verlauf der schwierigen Entwicklungsprozesse in Zentralasien ist entscheidend, eine Wiederholung bekannter Fehlentwicklungen zu vermeiden, die im islamischen Raum zu den Ursachen jenes neuen Typs von islamistischer, gesellschaftlicher Fundamentalopposition gehören, die den Westen seit dem 11. September zunehmend in Unruhe versetzt.

6. Voraussetzungen für einen gewaltfreien Umgang zwischen Islamisten und Säkularisten

Bei dem Versuch, für das Verhältnis zwischen Islamisten und Säkularisten Wege zu einer Verbindung von Zusammenarbeit und gewaltfreier Koexistenz zu finden, konnte auf einen in Zentralasien einzigartigen Erfahrungsschatz zurückgegriffen werden. Dieser geht zurück auf die Kompromisse zur Beendigung des tadschikischen Bürgerkrieges, in dem die Gegner eine säkulare Regierung und eine islamistische Opposition waren. Seit sechs Jahren herrscht zwischen diesen Opponenten Frieden, was belegt, daß Kompromisse und Koexistenz zwischen einer säkularen Regierung und islamischen Parteien möglich und praktisch organisierbar sind.

Welche Voraussetzungen müssen dafür gegeben sein? Zum einen handelt es sich um strukturelle Faktoren, die eng mit den spezifischen Transformations- und Staatsformungsprozessen verbunden sind. Zum anderen wirken hier Faktoren subjektiver Natur.

---

23 International Crisis Group (ICG): *Central Asia: Crisis Conditions in Three States: ICG ASIA Report N° 7, Central Asia.* Brüssel, 7. August 2000.

Zu den strukturellen Faktoren ist der Umsand zu rechnen, daß der politische Islam nicht *per se* ein Konfliktträger ist. Angesichts der komplexen und rasanten Veränderungsprozesse in Zentralasien ist es kaum verwunderlich, daß die Bevölkerung politisiert wird. Politisiert sich eine in ihrer Mehrheit muslimische Bevölkerung, dann ist es naheliegend, daß sich auch der Islam selbst politisiert. Für die Politik bedeutet dies, auch solche politischen Parteien als „normalen" Teil der gesellschaftlichen Realität zu behandeln, die sich selbst als „islamisch" bezeichnen.

Die Probleme beginnen erst dort, wo sich eine islamische Partei radikalisiert. Sei es aus sich selbst heraus oder durch äußere Einflüsse bzw. aufgrund des Drucks eines säkularen Regimes. Der politische Islam als solcher ist also keine zwangsläufige Quelle von Instabilität. Es ist vielmehr erst seine Radikalisierung, die Probleme aufwirft.

Eine zweite Voraussetzung besteht darin, den noch jungen nationalen Staat so zu gestalten, daß er auch für den Islam und islamistische Politiker als religiöse, kulturelle und politische Heimat gelten kann. Die Gleichberechtigung säkularer und religiöser Politiker innerhalb des Staates ist von größter Wichtigkeit für ein stabiles Verhältnis säkularer und islamischer Kräfte. Solange islamistische Gruppierungen und Parteien eine nationale Prägung aufweisen, sind sie für panislamische Ideen unempfänglicher. Panislamische Strömungen aber sind weit gefährlicher, weil sie regionsfremden radikalen Interpretationen des Islam Tür und Tor öffnen. Die schon erwähnte *Ḥizb-ut-Taḥrīr* sei hier als Beispiel genannt. Die Verpflichtung islamistischer Akteure auf nationale Ziele und Identitäten sollte daher mit zur Strategie für den Umgang mit ihnen gehören.

Zu den subjektiven Faktoren:

Grundlegende Voraussetzung für ein koexistentielles Verhältnis ist erstens die Erkenntnis und Anerkennung der Notwendigkeit, den inneren Frieden zu erhalten und auf Gewaltanwendung zu verzichten. Der „kategorische Ausschluss radikaler Maßnahmen und Gewaltmethoden bei der Lösung von Streitfragen,"[24] den die tadschikischen Konfliktparteien im Laufe der vertrauensbildenden Maßnahmen formulierten und zu dessen Einhaltung sie sich verpflichteten, ist das Fundament für ihre Zusammenarbeit und Koexistenz. Diese Basis beruht ihrerseits wieder auf dem „Prinzip Frieden," das die Bevölkerungsmehrheit Tadschikistans als Erfahrung aus dem blutigen Bürgerkrieg zu ihrem Credo erhob. An ihm muß sich heute jede politische Kraft oder Partei messen lassen.

Zweitens ist einer Radikalisierung von islamischen Parteien und Politikern möglichst frühzeitig vorzubeugen. Auch dies hängt in hohem Maße von Weitsicht und Konsenswillen ab. Radikalisierung ist kein abstrakter Vorgang. In der Regel beginnt sie mit konkreten Personen, wenn sie zum Beispiel von der Teil-

---

24 *Vertrauensbildende Maßnahmen: Ergebnisse eines informellen säkularen-islamischen Dialogs,* Duschanbe, Dezember 2003, S.5, aus dem Besitz des Verfassers.

habe an der politischen, administrativen und wirtschaftlichen Macht ausgeschlossen sind. Sie suchen dann nach einem alternativen politischen System, das ihnen erlaubt, ihre Interessen wahrzunehmen. Damit kann die weltanschauliche Entscheidung über den Staatscharakter akut werden.

Um einer Radikalisierung des islamischen Faktors vorzubeugen, ist es also in jedem Falle notwendig, auf politische oder weltanschauliche Provokationen des islamisch gebundenen Teils der Bevölkerung und der Elite zu verzichten. Ebenso muß die Brüskierung der säkularen und islamischen Eliten durch den „Import" fremder Wertesysteme („fremder Islam," westliche Werte und Normen) vermieden werden.

Ein dritter Punkt: Auf beiden Seiten behindern konzeptionelle Unklarheiten die Lösung der Kernfrage nach dem adäquaten Verhältnis von Staat, Nation und Religion. Die im Geiste eines vulgären Atheismus erzogene säkulare Elite tut sich schwer, das überkommene sowjetische Säkularismusverständnis abzulegen. Sie interpretiert das europäische Prinzip der Trennung von Staat und Kirche fälschlich als Trennung von Staat und Religion. Durch diese Fehlinterpretation kommt es zur staatlichen Bevormundung und Kontrolle von Religionsausübung und religiöser Einrichtungen.

Die politischen Vertreter des Islam wiederum tun sich schwer, die Anwendung des Islam zu modernisieren und an die Erfordernisse des nationalen Aufbaus und der nationalen und regionalen Stabilität anzupassen. Hier geht es im Kern um eine innerislamische Verständigung über das Verhältnis muslimischer Gruppierungen zu Kategorien wie Nationalstaat[25] oder säkularer Staat.

Die säkulare Staatselite muß gemeinsam mit der muslimischen Mehrheit zu einer Definition gelangen, die säkulare Werte mit der Besonderheit der Religion in Übereinstimmung bringt. Dementsprechend wäre auch die Religionspolitik der säkularen Regierungen zu gestalten.

Ein vierter subjektiver Faktor sind die Konzeptionen und politischen Optionen des Westens, insbesondere Europas und der OSZE, gegenüber dem Islam, und zwar im Blick auf die Anpassung von Säkularisten und Islamisten an die Erfordernisse nationaler Staatsformung in Zentralasien. Einerseits muß der Komplexität des Islam als Religion, Weltanschauung und Regelwerk sozialen Verhaltens und seiner staats- und rechtsgestaltenden Wirkung Rechnung getragen werden, andererseits muß das hinter ihm stehende Potential von Teileliten und die durch sie mobilisierbaren Bevölkerungsanteile in Betracht gezogen werden.

Das Schweigen europäischer Politiker zu diesen zentralen Problemen läßt Fragen selbst gemäßigter Islamisten aus Zentralasien unbeantwortet: Will Europa eine Entspannung des Verhältnisses zum politischen Islam, speziell im euroasiatischen Raum? Und, wenn ja, wie und mit welcher wertemäßigen und institu-

25 Die traditionelle islamische Doktrin geht von der Gemeinschaft der Muslime (*umma*) aus und lehnt deren Spaltung in nationale Gruppen ab.

tionellen Perspektive? Kann sich Europa eine konstruktive Rolle des Islam und seiner Repräsentanten in den Staatsformungsprozessen der asiatischen OSZE-Länder vorstellen?

Das Schweigen zu diesen Fragen, das wurde in unseren, sich über Jahre hinziehenden Gesprächen deutlich, verunsichert sowohl die gemäßigten Islamisten, als auch die säkularen, koexistenzbereiten Kräfte. Mehr noch: Das gemeinsame Vorgehen des westlichen Bündnisses mit autoritären, säkularen Regimes Zentralasiens bei der Terrorbekämpfung bestätigt die Islamisten in ihrem schon vor dem 11. September gehegten Verdacht, die Säkularisten würden in schwierigen Entscheidungssituationen gegen den Islam zusammenhalten. Die Folge ist, daß die Motivation des gemäßigten islamistischen Flügels, zu Reformen zu kommen, abnimmt. Auf der anderen Seite vermindert das Schweigen Europas auch das politische Gewicht gemäßigter säkularistischer Gruppen in den schwierigen Auseinandersetzungen mit Fundamentalisten und Hardlinern im eigenen Lager. Ein Umstand, der vor allem angesichts der Tatsache, daß es sich bei diesen Hardlinern meist um Vertreter eines stark autoritär geprägten Herrschaftssystems handelt, bedenklich stimmt. Es liegt auf der Hand, daß solche Verunsicherungen an der kritischen Nahtstelle zu Afghanistan und Südwestasien weder im Interesse Europas noch im Interesse der Antiterrorstrategie liegen können.

Auf welche Herausforderungen müßte sich die europäische Integrations- und Sicherheitspolitik einstellen? Sie hätte davon auszugehen, daß im OSZE-Raum „Inseln nicht-westlicher Kultur“ erhalten bleiben und kulturelle Unterschiede sogar noch stärker hervortreten könnten. Unter diesen Bedingungen sind Wege für die Koexistenz jener „Inseln“ mit dem europäischen zivilisatorischen Staatenumfeld zu ebnen. Das würde bedeuten, das bisherige Selbstverständnis der OSZE als einer geschlossenen Wertegemeinschaft zu einem pluralistischen Verständnis nach dem Vorbild der UNO hin zu öffnen. Schlüssel hierzu ist die Einsicht, daß Stabilität im euro-asiatischen Raum nur dann gewährleistet werden kann, wenn eine gemeinsame zivilisatorische Perspektive seiner Völker und Nationen besteht. Dabei geht es nicht um die Aufgabe der jeweiligen Wertvorstellungen. Vielmehr muß die Gestaltung eines Verhältnisses von Zusammenarbeit und gewaltfreier Koexistenz in den Mittelpunkt rücken.

Es geht also im Verhältnis der europäischen Staaten zu den muslimischen Völkern der Region um die Ausgestaltung eines kooperativen Ansatzes, der die „Fortschreibung von Identität“ und eine „Erneuerung ohne kulturelle Selbstaufgabe“[26] ermöglicht.

[26] Senghaas: *Zivilisierung wider Willen,* Frankfurt a.M. 1998, S. 71.

7. *Der gesellschaftspolitische Hintergrund der Kontroversen zwischen Säkularisten und Islamisten*

Artikel 100 der tadschikischen Verfassung von 1994 definiert Tadschikistan als einen säkularen Staat und erklärt das konstitutionelle Prinzip des Säkularismus für unveränderbar. Für die herrschenden, säkularistisch orientierten Eliten des Landes ist die Frage nach dem Staatscharakter damit letztgültig beantwortet.

Die Entscheidung über die ordnungspolitische Ausrichtung des jungen Tadschikistan gehörte zu den Hauptfaktoren, die das Land nach den heftigen Auseinandersetzungen zwischen den unterschiedlichen Regionaleliten direkt nach der Staatsgründung am 9. September 1991 in den Bürgerkrieg rissen. Im Verlauf des Krieges bildeten sich zwei Hauptopponenten heraus: Die „Volksfront," der auch der derzeitige Präsident Tadschikistans Rahmonov angehörte, auf der einen, und die „Vereinigte Tadschikische Opposition" (VTO)[27] auf der anderen Seite. Letztere bestand aus einer Koalition verschiedener oppositioneller Kräfte und Parteien, deren führende Kraft die „Islamische Bewegung Tadschikistans" (IBT) war. Den Kern der IBT wiederum bildete die „Partei der Islamischen Wiedergeburt Tadschikistans" (PIWT). Im Verlaufe des Bürgerkrieges motivierte sie ihre *mujāhidīn* dazu, für die Umwandlung Tadschikistans in einen islamischen Staat zu kämpfen. Die „Volksfront" ging Ende 1992 zunächst als Sieger aus den Kämpfen hervor. Die Anführer der PIWT und teilweise auch die anderer Oppositionsparteien flohen ins Exil, gründeten dort die VTO (1995) und setzten von Afghanistan aus den Kampf gegen die Regierung fort.

Nach dem militärischen Sieg der Volksfront (Einnahme der Hauptstadt Duschanbe am 10. Dezember 1992) etablierten sich die regionalen Claneliten der Provinz Kuljab als staatsleitende Kraft. Sie monopolisierten die politische Macht im Land. Eines der Mittel zur Machtmonopolisierung war dabei die Festschreibung des Säkularismusprinzips in der Staatsverfassung.

Die frühzeitige weltanschauliche Bindung von Macht und politischem System erweist sich in Tadschikistan als eine der kompliziertesten politischen Schlüsselfragen, weil sie alle wesentlichen Aspekte der Staatsformung tangiert: Transformation des Gesellschaftssystems, ordnungspolitische Orientierung, nationale Identität und Regelung der strukturellen Ursachen des innertadschikischen Konflikts.

Die weltanschaulichen und religiösen Komponenten der Staatsbildung haben durch den Bürgerkrieg ein hohes Maß an politischer und emotionaler Eigenständigkeit entwickelt. Die Verfechter des säkularen wie des islamischen Staates (97% der Bevölkerung Tadschikistans bekennen sich zum Islam) stehen vor dem

[27] Der VTO gehörten folgende Oppositionsparteien und -bewegungen an: PIWT, Demokratische Partei (DP), Rastokhez und Lali Badakhshon.

außerordentlich schwierigen Problem, wie die Kluft zwischen Macht und Weltanschauung überbrückt werden kann.

„Die beiden Hauptspieler“ im Bürgerkrieg und in der ihm folgenden Übergangsperiode, so schreibt R. Grant Smith, ehemaliger US-Botschafter in Tadschikistan, „hatten fundamentale Meinungsverschiedenheiten in der Frage, ob Tadschikistan ein säkularer oder islamischer Staat werden sollte.“[28] Dies wirkte sich in „grundsätzlichen Differenzen über den Charakter der zukünftigen Regierung“ aus.

> „Als ihr Minimum wollte die Opposition [hier die islamisch orientierte – A.S.] die Option einer islamischen Regierung offen halten, obgleich sie sich verpflichtete, eine solche nicht mit Gewalt aufzuzwingen, und zugab, daß es vieler Jahre bedürfen werde, um das Land auf eine solche Herrschaft vorzubereiten [...] Im Gegensatz dazu waren die Führer der Regierungsseite entschieden gegen jede Öffnung, welche die Gründung eines islamischen Staates ermöglichen würde.“[29]

Letzteres war nicht unbegründet, gingen doch einige mit der PIWT liierte Feldkommandeure in den von ihnen beherrschten Regionen dazu über, vollendete Tatsachen zu schaffen und, entgegen dem im Grundgesetz verankerten Säkularismus, die *sharīʿa* zu praktizieren.[30]

Obgleich auf dem Hintergrund der Bürgerkriegserfahrung die Beweggründe der Anhänger des Regierungslagers nachvollziehbar sind, die politische und rechtliche Ordnung möglichst unauflösbar miteinander zu verknüpfen, erscheint ein solcher Schritt gesellschaftspolitisch äußerst riskant. Erstens läuft eine weltanschauliche Bindung von Macht und politischem System an den Säkularismus auf eine Präjudizierung der ordnungspolitischen Orientierung zu Gunsten eines Gesellschaftsmodells hinaus, welches das Produkt einer russisch-sowjetischen, aber letztlich kulturell fremden Entwicklung ist. Gegenüber diesem Modell bestehen in allen Segmenten der tadschikischen Eliten Vorbehalte. Diese Vorentscheidung verhindert den offenen, demokratischen Prozeß nationaler Identitätsfindung, der gerade für die Staats- und Nationenbildung von größter Bedeutung ist.

Zweitens führt die Verkoppelung von weltanschaulicher Bindung, Macht und politischem System durch regionale Teileliten eine Art von „Berechtigung“ zur Ideologisierung von Macht ein. Für eine fragmentierte Gesellschaft wie die tadschikische, in der die Politisierung von Religion ein latenter Unsicherheitsfaktor

---

28 R. G. Smith: „Tajikistan: The Rocky Road to Peace.“ in: *Central Asian Survey* 18 (1999), S. 248.

29 R. G. Smith: „Tajikistan...,“ S. 246.

30 Die Zeitung *Čunbiš* berichtete im Mai 1999 davon, daß „einzelne Feldkommandeure ihre eigene Ordnung einführen. So wurden für Hochzeiten der Ausschank von Alkohol, das Abspielen von Musik und das Tanzen verboten. Wer zuwider handelte, Brautpaar, Sänger, Tänzer, erhielt Stockschläge. Mädchen, welche keine Tücher trugen, wurden beschimpft und beleidigt. Auch andere Menschenrechtsverletzungen wurden bekannt.“ *Čunbiš*, 10, 45 (Mai 1999).

ist, kann sich jene enge Verbindung als Bumerang erweisen, indem sie dem notwendigen Interessenausgleich entgegenwirkt.

Der Umgang mit Weltanschauungsfragen ist daher heute und in der näheren Zukunft von großer Tragweite für die praktischen Schritte von Transformation, Staatsbildung und Identitätsformung. Im Staatsbildungsprozeß bleibt der säkulare Staat, unabhängig davon, ob und wieweit sich seine säkularen Träger dessen bewußt sind, mit dem Gesellschaftsfaktor Islam verbunden, denn in einer Gesellschaft, in der sich eine Bevölkerungsmehrheit am Islam orientiert, wird dieser durch die konstitutive Betätigung jener Mehrheit selbst zum Faktor der Staatsformung. Damit verändert sich die Stellung des Islam grundlegend: Wenn Staatsformung ohne den Islam nicht auskommt, bedeutet dies, daß er gewissermaßen ein Teil des Staates wird. Er ist also keine vernachlässigbare Größe, sondern integraler Bestandteil des notwendigerweise zu vollziehenden Prozesses selbst.

Aus der „Staatwerdung" des Islam leitet sich ab, daß dieser nicht nur eine Perspektive besitzt, sondern darüberhinaus aufs engste mit seiner Institutionalisierung in den Staatsformungsprozessen verbunden ist. Der Umgang mit dem Islam ist somit eine der zentralen Bedingungen für eine friedliche Weiterführung der Systemtransformation und Staatenbildung und damit der Sicherheit und Stabilität im OSZE-Raum.

Die Konsequenz daraus ist, daß sich jeder innere oder äußere Akteur wie OSZE oder EU direkt oder indirekt mit dem Islam und des in ihm verankerten Teils der politischen Eliten auseinandersetzen muß.

Auch eine Staatsmacht, die sich auf den Säkularismus als staatstragendes Prinzip verständigt hat, kann sich dieser Konfrontation nicht entziehen. Gleichzeitig ist auch die islamistische Seite gezwungen, sofern sie ein Interesse an der Erhaltung des Staates hat, sich mit den Positionen des säkularen Gegenübers auseinanderzusetzen. Es entsteht also ein wechselseitiges Verhältnis, in dem nicht die Dominanz einer der beiden Parteien im Mittelpunkt stehen darf, sondern die Entwicklung eines Konsensinstrumentariums. Die Staaten Zentralasiens sind also eingedenk ihrer spezifischen historischen, kulturellen und zivilisatorischen Eigenarten mit einem hohen Maß an ideologischer Flexibilität auszustatten, um sie in die Lage zu versetzen, eben diesen Konfliktlinien konstruktiv zu begegnen.

Zur ordnungspolitischen Orientierung: Präsident Rahmonov spricht von einem

> „Vakuum, welches der Zerfall des alten Staates [der UdSSR – A.S.] sowie die Versuche zu Beginn der neunziger Jahre hinterlassen haben, dieses durch alle möglichen Arten von Extremismus auszufüllen."[31]

---

[31] E. S. Rahmonov: „Tysjačij let v odnu šizn." In: *Nezavisimaja gazjeta.* Moskau, 31. August 1999, S. 8.

Dieses Vakuum zu schließen erweist sich als schwieriges Unterfangen. Einerseits verfolgt die herrschende Elite einen ausgeprägt pragmatischen Kurs der „nationalen Wiedergeburt" und „nationalen Bewußtseinskonsolidierung," die sich allgemein an traditionalen und nationalen Elementen orientiert. Nach außen wird strategischen Realitäten Rechnung getragen, wobei die „geo-politische Zugehörigkeit zur GUS" als „die historische Wahl" und „geopolitische Hauptanforderung"[32] gilt. Zugleich bleibt auch die Affinität zur islamischen Welt nicht unberücksichtigt:

> „Unser Volk gehörte immer und gehört auch weiterhin der Welt islamischer Zivilisation an. [...] Internationale Kräfte des religiösen Radikalismus streben jedoch an, ihre geopolitischen Grenzen auszudehnen. Genau dies verfolgt auch der unversöhnliche Teil der tadschikischen Opposition"[33],

äußert sich Rahmonov.

Auch ein in der PIWT festzustellender Differenzierungsvorgang gehört zum Hintergrund des Dialogs zwischen Säkularisten und Islamisten. Der Friedensprozeß hatte in der Übergangsperiode von 1997 bis zu den Parlamentswahlen Anfang 2000 die Anfänge eines säkularistisch-islamistischen Dialogs hervorgebracht. Im Zentrum stand die Suche nach Kompromissen bezüglich des Charakters des Staates und seines politischen Systems, so daß beide Seiten zunächst damit leben konnten. Dabei ging es natürlich um zentrale Fragen wie die ordnungspolitische Orientierung des Staates, seine Verfassung und – konkreter – die Ausgestaltung des Parteiensystems. Im Ergebnis verzichteten die PIWT und andere führende Islamisten darauf, den säkularen Staatscharakter in Frage zu stellen.

Das Wahlergebnis mit nur 7% der Stimmen und zwei Mandaten in den ersten Parlamentswahlen nach dem Ende des Bürgerkrieges Anfang Februar 2000 löste in der PIWT einen tiefen, aber lehrreichen Schock aus: Die Bevölkerung hatte ihr den Bürgerkrieg und seine Leiden weder vergessen noch verziehen. Von jener Hinwendung zum Islam, welche die Bevölkerung in den Wendejahren des nationalen Erwachens und der Eigenstaatlichkeit an den Tag gelegt hatte, war und ist nicht viel übrig geblieben. In der PIWT und der Islamischen Bewegung Tadschikistans begann man zu begreifen, daß ein militanter politischer Islam keinen Gewinn verbuchen kann, sondern nur einen Verlust an gesellschaftlichem Prestige mit sich bringt.

---

[32] E. S. Rahmonov: *Tadšikistan na perekrjostke civilizatsii*, Duschanbe 1999, S. 9.

[33] E. S. Rahmonov: *Tadšikistan na poroge budučšego, Sbornik vystuplenii Presidenta Respubliki Tadšikistan Emomamli Rachmonova v SMI Rossii*, Moskau 1997, S. 17. Auch an anderer Stelle betonte Rahmonov die Zugehörigkeit Tadschikistans zur islamischen Welt: „Ungeachtet aller Zickzacks der Geschichte, verbleibt das tadschikische Volk in der islamischen Welt." Zitat nach: *Nezavisimaja gasjeta*, Moskau, 10. Januar 1997; „Zum Ende dieses Jahrhunderts fühlen wir uns wieder als Teil der Welt der islamischen Zivilisation." In: *Tadšikistan na perekrostkje civilizatsii*, S. 8; und ders.: *Tadšikistan na poroge*, S. 21.

Dieser Vorgang ist insofern bedeutungsvoll, weil sich erstmalig in einer islamistischen Partei Zentralasiens, ja des GUS-Raumes überhaupt, die durch eine Phase terroristischer Kampfmethoden gegangen ist, ein reformerischer Flügel herauszubilden begann, der über die „Koexistenz von Kulturen“ in Tadschikistan und darüber hinaus nachdenkt.

8. Interessen und Positionen im Dialog

Hardliner im säkularen Lager, die bereits während der Friedensverhandlungen gegen Kompromisse mit Islamisten waren, verstanden die Antiterrorstrategie nach dem 11. September – also die Errichtung von US-Militärstützpunkten im benachbarten Usbekistan und Kirgisistan sowie den Kampf gegen das Ṭālibān-Regime in Afghanistan – als positive Veränderungen. Sie gingen gegen die Islamisten in die Offensive. Dazu gehörte auch, daß sie – entgegen den Vereinbarungen im Friedensprozeß – wieder aus Regierungspositionen verdrängt wurden. Damit verstärkten sich die latenten Spannungen zwischen den beiden Seiten erneut.

Von dieser problematischen Entwicklung beunruhigt, wuchs bei einigen ehemaligen säkularen Teilnehmern der Friedensverhandlungen mit der VTO die Besorgnis, daß wiederum Konflikte zwischen säkularem Regime und islamistischer Opposition die Friedensvereinbarung und die Akzeptanz der Regierung untergraben könnten. Diese hier „Realisten“ genannte Gruppe befürchtete, daß aufgrund der sich zuspitzenden Islamproblematik Entwicklungen außer Kontrolle geraten und die innere Stabilität des Staates unterminieren könnten. Sie suchten daher nach Konzepten für einen angemessenen Umgang mit dem politischen Islam und der sich abzeichnenden religiösen Radikalisierung.

Auch die islamistische Seite befürchtete seit dem 11. September antislamische Konfliktverschärfung, die zu Lasten der PIWT sowie allgemein islamischer Positionen gehen könnte, und zwar bis hin zu einem erneuten Verbot der PIWT. Aus der angespannten Situation zogen die gemäßigten Islamisten ähnliche Schlußfolgerungen wie die säkularen Realisten: Sie bemühten und bemühen sich um ein dauerhaftes koexistentielles Verhältnis zu den Trägern der Macht, wie auch zu den europäischen Staaten, ohne dabei ihre Verbindungen mit der islamischen Welt aufs Spiel zu setzen. In ihrer Anerkennung des säkularen Staatscharakters in der Verfassung, ihrer Teilhabe an der Regierungsverantwortung sowie im Selbstverständnis der PIWT sehen sie positive Vorleistungen an die säkularen Herrschaftsträger. Von ihnen verlangen sie im Gegenzug die Klärung der Begriffe „Säkularismus“ und „säkularer Staatscharakter.“ Denn für sie ist eine Bindung des Staatscharakters an den Säkularismus gleichbedeutend mit einer Gegenüberstellung des Staates zur zivilisatorischen Grundlage seiner Gesellschaft, nämlich dem Islam.

In einer Reihe von Forderungen stimmen sie mit den Positionen radikaler islamistischer Kreise überein. Letztere stehen dem Gedanken eines koexistentiellen Verhältnisses zum säkularen Staat skeptisch bis ablehnend gegenüber. Für sie besitzt der säkulare Staat in diesem Kontext einen antiislamischen Charakter, der sich in der Kontrolle und Bevormundung der Religion durch den Staatsapparat manifestiert. Da zur Zeit keine Möglichkeiten für eine friedliche Aufhebung dieses Widerspruchs bestünden, sei es die Pflicht des Staates, diesen zu überbrükken. Hierzu gehöre, daß die säkulare Macht sich vom Prinzip der Trennung von Religion und Staat löse und es im Sinne des europäischen Verständnisses zu einer Trennung von „Kirche und Staat" umformuliere. Ihrer Auffassung nach bedürfe das Verhältnis von Staat und Religion einer Neubestimmung nach demokratischen Prinzipien, welche die Religionsfreiheit einschließen müßten. Für die Vertreter des Islam sei es inakzeptabel, so sagen sie, daß sich die Staatsmacht ihnen gegenüber als „gesellschaftlicher und politischer Platzanweiser" verhalte. Daher müsse das Verhältnis zwischen staatlichen Exekutivorganen und religiösen Organisationen neu geregelt werden. Die bestehende Willkür und Rechtlosigkeit gegenüber dem Staatsapparat müßten revidiert werden.[34]

9. Der schwierige Spagat zwischen Religionsfreiheit und Macht

Bei den Vermittlungsbemühungen konnte davon ausgegangen werden, daß das „Dilemma des Mißtrauens" zwischen den tadschikischen Islamisten und Säkularisten auch noch nach der Beendigung des Bürgerkrieges andauern würde, daß diesem aber keine strukturell trennenden Faktoren, sondern vorwiegend historisch und emotional gewachsene Ursachen zu Grunde liegen. Diese lassen sich zurückführen auf Nachwirkungen antiislamischer Religionsverfolgung in der sowjetischen Periode, die atheistische Grundprägung eines Großteils der säkularen Herrschaftsträger, Verfolgungen auch nach der Staatsgründung und strikte Bevormundung der Religionsausübung durch die säkulare Macht. Und schließlich war es den europäischen Vermittlern wichtig, daß die Gemeinsamkeiten stärker waren als die strittigen Punkte. Das Dilemma schien also lösbar zu sein.[35]

Zunächst besteht ein tiefes Mißtrauen hinsichtlich der strategischen Absichten der jeweils anderen Seite. Die säkulare Macht befürchtet, daß die islamistische Partei letztendlich nach einem theokratischen Staat streben würde, sollte sie

34 Zu ihren Forderungen zählte weiter: Der Staat, insbesondere seine Bildungseinrichtungen, sowie alle Bürger müßten die religiösen und nationalen Traditionen in vollem Umfange respektieren; Schaffung von Voraussetzungen für religiöse Bildung und freie Religionsausübung; freie Betätigung von religiösen Parteien und Organisationen, die auf der Grundlage der Verfassung stehen; Zugang der Vertreter religiöser Organisationen zu den Massenmedien zum Zwecke kultureller und religiöser Propaganda.

35 Siehe dazu: Arne C. Seifert: „Der islamisch-säkulare Kompromißprozeß in Tadschikistan: Gemeinsames und Trennendes: Resümee II" In: A. Kreikemeyer u. A. C. Seifert (Hrsg.): *Zur Vereinbarkeit von politischem Islam und Sicherheit im OSZE-Raum*, S. 181.

auf parlamentarischem oder anderem Weg an die Regierung kommen. Daher benötigt sie Garantien, um dies auszuschließen. Andererseits werfen die Islamisten der säkularen Seite vor, sie habe ihr Verständnis von Säkularismus und säkularem Staatscharakter nicht hinreichend in einem koexistentiellen Sinne geklärt, was beiden Seiten eine gleichberechtigte Stellung im Staatsformungsprozeß zusichern müßte.

Dieses „Dilemma des Mißtrauens" ist nur durch politische Vernunft, kaum aber durch die Konfrontation verhärteter Ideologien lösbar. Ein solcher politischer Ansatz war für die tadschikischen und europäischen Verhandlungsteilnehmer von zentraler Bedeutung. Sie ließen sich dabei von folgenden Erkenntnissen leiten:

1. Eine Veränderung des säkularen Staatscharakters Tadschikistans wird auf parlamentarisch-demokratischem Wege nicht möglich sein. Diese im Rahmen der Diskussion der informellen deutsch-tadschikischen Arbeitsgruppe gewonnene Einsicht faßte ein Berater des tadschikischen Präsidenten, I. K. Usmonov, in der Feststellung zusammen, „man" könne den säkularen Staatscharakter nur durch einen Staatsstreich verändern, wofür aber keine Voraussetzungen bestünden. Folglich könne der säkulare Charakter als gesichert gelten. Auf dieser Grundlage könnten sich die säkularistische und die islamistische Seite einer koexistentiellen Regelung des Verhältnisses von „Staat und Religion" und ihrer jeweiligen Vertreter zuwenden.
2. Wie im Dokument über vertrauensbildende Maßnahmen (VbM) festgehalten, hat die „Herausbildung des nationalen Staates die Verständigungsparameter der Wechselbeziehungen zwischen Staat und Religion verändert. Einerseits ist der Islam als Religion der absoluten Bevölkerungsmehrheit Tadschikistans ein organischer Bestandteil der tadschikischen Gesellschaft und nationalen Kultur. Er übt auf alle gesellschaftlichen und politischen Prozesse einen realen Einfluß aus. Andererseits kann sich der Staat nicht von der Religion seiner Gesellschaft trennen. Aus dieser wechselseitigen Bedingtheit folgt, daß konstruktive Beziehungen, gegenseitiges Verständnis und Zugeständnisse der Herrschaftsträger wie der religiösen Funktionsträger bedeutsame Faktoren der inneren Stabilität des Staates und der Gesellschaft sind."[36]
3. Beide Seiten tragen bereits gemeinsam Verantwortung für die Zukunft des tadschikischen Staates.
4. Für die dringend erforderliche „Harmonisierung der Beziehung zwischen Staat und Religion" konnte an Artikel 8 der Verfassung angeknüpft werden, demzufolge „religiöse Organisationen und Staat getrennt sind." Es ist hier die Rede von einer Trennung organisatorischer Apparate, nicht von der Tren-

36 *Vertrauensbilende Maßnahmen...*, S. 2.

nung der Religion insgesamt vom Staat. Diese Bestimmung, so heißt es in den VbM, „eröffnet Spielräume für die Harmonisierung dieser Beziehung."[37]

Nachdem dieses eindeutige Verfassungspostulat dem Dialog, der durch die Beteiligung europäischer Experten in seiner letzten Phase zu einer Art „Trialog" wurde, zu Grunde gelegt worden war, rückten die unterschiedlichen Interpretationen des zivilisatorischen Charakters des Staates durch Säkularisten und Islamisten in den Mittelpunkt. Zunehmend wurde deutlich, daß eine konsensuelle Verständigung in dieser Streitfrage von außerordentlicher Bedeutung war. Davon hing nicht nur der Erfolg des Dialoges ab, es war vielmehr grundsätzlich zu klären, ob es gelingen kann, sich auf Modalitäten zu verständigen, die sich als tragfähige Grundlage für eine gemeinsame Perspektive im nationalen Staat erweisen würden.

Mit dem Eintritt in diese Phase war der Dialog an einer Schnittstelle angekommen. Es wurde deutlich, daß die Konditionen zur Beendigung eines Bürgerkrieges zwar ein militärisches Feindverhältnis beenden, die politischen und weltanschaulichen Grunddifferenzen zwischen den ehemaligen Kriegsparteien aber nicht überbrücken können. Nur demokratische Verfahren können verhindern, daß Auseinandersetzungen den Zusammenhalt von Staat und Gesellschaft erneut sprengen.

10. Zivilisatorischer modus vivendi*: Grundlage der Vertrauensbildung*

Ohne einen zivilsatorischen *modus vivendi*, der eine für beide Konfliktparteien akzeptierbare Grundregelung des Verhältnisses von Religion und Staat zum Inhalt haben müßte, wären gemeinsame Perspektiven im eigenen Land kaum möglich.

Der Durchbruch gelang erst zu dem Zeitpunkt, als einige weitsichtige Vertreter der säkularistischen Seite verstanden, daß die bisher praktizierte Auslegung von Artikel 8 der tadschikischen Verfassung nach überkommenem sowjetischem Verständnis in einem Staat mit muslimischer Bevölkerungsmehrheit im Sinne einer „absoluten Trennung" von Staat und Religion „weder möglich noch zweckmäßig" sei. Unter den neuen Bedingungen eines gemeinsamen Staates, so die Erkenntnis, käme es vielmehr darauf an, das Verhältnis zwischen Staat und Islam zu harmonisieren und neue Grundlagen für dieses Zusammenleben zu finden. Es empfehle sich, mit dem Islam als einer „ewigen Größe" umzugehen.

Die Übereinstimmung der säkularistischen und islamistischen Vertreter in der Frage des harmonischen Verhältnisses von Staat, Gesellschaft und Religion erwies sich trotz des Widerstandes einiger säkularer Dialogpartner, die unverändert

[37] *Vertrauensbildende Maßnahmen...*, S. 2.

am alten sowjetischen Säkularismusverständnis festhielten, als konsensfähiger *modus vivendi.* Die islamistischen Partner erklärten im Abschlußdokument,

> „daß sie das konstitutionelle Prinzip der Trennung religiöser Organisationen vom Staat (Art. 8 Verfassung) als Grundlage für die Zusammenarbeit und Koexistenz sowie für die Beteiligung an den vertrauensbildenden Maßnahmen akzeptieren.“[38]

Diese Formulierung unterzeichneten auch die Vertreter des radikalen Flügels der PIWT, was einer kopernikanischen Wende in der allgemeinen Diskussion gleichkam: Denn von nun an ging es nicht mehr um die Regelung eines nebulösen Verhältnisses zwischen ideologischen Größen, sondern um die konkrete Ausgestaltung der Beziehungen zwischen realen Organisationseinheiten, den religiösen Einrichtungen und den Staatsorganen. Das Ziel, so empfiehlt das Dokument dem Staatsoberhaupt, ist die „Harmonisierung der Beziehungen zwischen Staatsmacht und Religion.“ Als „Kern dieser Absicht“ bezeichnen die Signatare des Dokuments

> „die Gewährleistung der vollen Religionsfreiheit der Bürger und die Unabhängigkeit der religiösen Einrichtungen von den Machtorganen.“[39]

Die so geschaffenen Grundlagen ermöglichen nunmehr eine Versachlichung der Debatten. Beide Seiten können sich so auf ein konkretes Arbeitsprogramm mit Handlungskriterien verständigen, das es in der Folge gemeinsam auszuführen gilt. Ihr Ziel ist das

> „Schaffen optimaler Varianten der Zusammenarbeit und gegenseitig vorteilhafter Beziehungen zwischen Staatsmacht und den Vertretern der Religion.“[40]

Neu ist ferner, daß sich die Dialogteilnehmer über gemeinsame gesellschaftspolitische Faktoren und entsprechende Aufgaben verständigten. Zum ersten Mal verpflichtete sich in Zentralasien eine Gruppe säkularistischer und islamistischer Vertreter zum

> „Zusammenwirken bei der Konsolidierung des nationalen Staates, der Lösung der schwierigen sozialen und wirtschaftlichen Probleme, der Unterstützung demokratischer Prozesse und der Gewährleistung der politischen Rechte der Bürger, der Aufrechterhaltung der inneren und regionalen Stabilität, der Verringerung des Einflusses extremistischer Gruppen und der Verhinderung des Entstehens neuer.“[41]

Exemplarisch ist ferner die Verständigung über Prinzipien eines gewaltfreien gegenseitigen Umgangs. Dazu erarbeiteten die tadschikischen Partner völlig selbständig ein Papier über „Prinzipien der Zusammenarbeit und Koexistenz.“ Es beginnt mit der Feststellung:

---

38 *Vertrauensbildende Maßnahmen...*, S. 10.
39 *Vertrauensbildende Maßnahmen...*, S. 10.
40 *Vertrauensbildende Maßnahmen...*, S. 10.
41 *Vertrauensbildende Maßnahmen...*, S. 8.

„Die grundlegende Philosophie des Dialogs ist: Toleranz zu üben und nach spezifischen Wegen für das Erreichen des gemeinsamen Ziels zu streben, stabile Bedingungen für die Prozesse nationaler Entwicklungen zu gewährleisten. Das Herausfinden des Gemeinsamen schließt die Benennung von Gegensätzlichem nicht aus und umgekehrt. Vorrangig aber ist die Verpflichtung der Seiten, einzeln und gemeinsam nach Lösungen zu suchen, die der eigenen Heimat, Zentralasien und dem euro-asiatischen Raum Sicherheit und Stabilität gewährleisten."[42]

Das erste und grundsätzliche Prinzip gewaltfreier Koexistenz lautet:

„Der konstruktive und kontinuierliche Dialog ist das Hauptprinzip der Zusammenarbeit und die einzig legitime Methode des Aufwerfens, der Erörterung und der Lösung von Streitfragen."[43]

11. Europas Verantwortung

Auch für Europas Regierungen formulieren die VbM einen Erwartungshorizont:

„Die Schaffung eines europäischen Stabilitätsraumes setzt Stabilität auch in der asiatischen Region der OSZE voraus. Dieses Ziel erfordert den Entwurf eines neuen Beziehungsmodells, das sich auf der politischen, gewaltfreien Regelung von Gegensätzen gründet. Dieses Ziel beinhaltet auch die Überwindung des ‚Dilemmas des Misstrauens' zwischen den säkularen und islamischen Vertretern oder, als notwendiges Medium, die Schaffung solcher Rahmenbedingungen, welche die Dimension des Misstrauens verkleinern und den Seiten die Möglichkeit eröffnen, friedlich zu koexistieren. Daher liegt es im europäischen Interesse, die Ausarbeitung und Vereinbarung vertrauensbildender Maßnahmen zwischen säkularen und islamischen Kräften sowie Organisationen zu unterstützen."[44]

Die Argumentation der tadschikischen islamischen Partner entbehrt nicht einer gewissen Logik. Sie verweisen auf ihre Vorleistungen an die Staatsmacht. Gleichzeitig verhehlen sie nicht, daß auch ihrerseits ein starkes Interesse an direkter Teilhabe an der Staatsmacht selbst besteht. Sie fragen:

„Sollten wir nach parlamentarischen, demokratischen Spielregeln dereinst eine Regierung bilden, wird uns der säkulare Westen anerkennen? Oder erwartet uns das Schicksal Algeriens oder Erbakans in der Türkei?"[45]

Bisher ist diese Frage unbeantwortet geblieben. Eine positive, integrative Antwort ist jedoch wichtig. Wenn Europa „seinen Islamisten" aus welchem Grund auch immer keine gleichberechtigte Perspektive gewährt, wie wäre dann eine Verpflichtung dieser Gruppen auf außerparlamentarische Mittel zu begründen?

Gibt es einen Ausweg aus dieser Sackgasse? Die endgültige Lösung solcher Probleme wird erst ein längerer politischer Prozeß der Vertrauensbildung durch

42 *Vertrauensbildende Maßnahmen...*, S. 5.
43 *Vertrauensbildende Maßnahmen...*, S. 5.
44 *Vertrauensbildende Maßnahmen...*, S. 5.
45 *Vertrauensbildende Maßnahmen...*, S. 11.

konkrete Zusammenarbeit und Koexistenz mit sich bringen – wenn die nationale Staatlichkeit gemeinsam gestaltet und Fragen der wirtschaftlichen Entwicklung gemeinsam angegangen werden. Aus dem tadschikischen Experiment können nützliche Lehren gezogen werden. Europa, OSZE und EU finden darin erstmals Ansätze zu einer Variante des politischen Islam vor, die bereit ist, sich in einen säkularen Nationalstaat *und* in ein säkulares Europa zu integrieren.

Diese aussichtsreiche Perspektive sollte politisch umsichtig und vor allem entschlossen gefördert werden. Kompromisse zwischen Säkularisten und Islamisten in Zentralasien bedürfen politischer Gesten und Handlungen, die verdeutlichen, daß die Parteien in Deutschland und Europa aufgeschlossene Gesprächspartner und Mitgestalter finden.

Vertrauensbildung im euro-asiatischen Raum duldet keinen Aufschub mehr!

Bedrohung Deutschlands durch den islamistischen Terrorismus: Aktuelle Gefährdungs- und Sicherheitslage in Europa

Von Elmar Theveßen

„Die Anschläge sind schon vorbereitet", es klingt so unwirklich kühl; aber der Mann, der solch beängstigende Worte erschreckend gelassen ausspricht, wird dafür bezahlt, daß er sachlich und unaufgeregt die Gefährdungslage analysiert. Er arbeitet für eine europäische Sicherheitsbehörde.

> „Wir sind sicher, daß Anschläge vorbereitet sind. Wir sind auch sicher, daß sie nicht von Tätern verübt werden, die wir schon kennen, die wir im Visier haben. Aber es gibt wohl eine bewußte Entscheidung, nicht zuzuschlagen."

Das war vor Madrid. Damals Anfang März 2004 galt scheinbar noch ein Konsens unter den Islamisten in Europa. Viel zu wertvoll war dieser Kontinent für die Rekrutierung und Finanzierung des Heiligen Krieges anderswo. Von hier zogen Hunderte junger Männer nach Tschetschenien, Kaschmir und in den Irak. Dorthin, wo angeblich ein Befreiungskrieg im Gange war gegen die – aus ihrer Sicht unrechtmäßige – Besatzung durch die Armeen der „Ungläubigen". Überall, wo Muslime zu Opfern werden, wollten sie kämpfen, also nicht in Westeuropa – das jedenfalls glaubten Politiker und Terrorfahnder überall auf dem Kontinent.

Am 11. März 2004, kurz vor 8 Uhr, platzte diese Illusion. Eine Serie von Explosionen erschütterte an diesem Donnerstagmorgen die spanische Hauptstadt. Mehr als 200 Menschen starben in den Nahverkehrszügen und am Bahnhof Atocha im Herzen Madrids. In Berlin und in anderen europäischen Hauptstädten hieß es dennoch erst einmal: „Keine neue Bedrohungslage"; immerhin sah ja alles nach der baskischen Terrororganisation ETA aus, also ein rein spanisches Problem – oder? Daran änderte auch das Bekennerschreiben einer Gruppe namens *Abū Ḥafẓ al-Misrī Brigaden* nichts, die nach Einschätzung westlicher Geheimdienste gar keine real existierende Terrortruppe ist, sondern bestenfalls ein Propagandawerkzeug von Islamisten. Unter dem Zweitnamen des ehemaligen al-Qāʿida-Militärchefs Muḥammad ʿAṭif bekennen sich die „Brigaden" gern zu spektakulären Anschlägen, sogar dann, wenn es gar keine Terrorattacken waren. So übernahm die zweifelhafte Gruppe schon die Verantwortung für den Stromausfall im Nordosten der USA im Sommer 2003.

Aber am Samstag nach den Bombenanschlägen von Madrid wurde es ernst. Die spanische Polizei nahm drei Marokkaner fest. Der Verdacht: Sie seien Mitglieder einer nordafrikanischen Terrorgruppe, die im Auftrag der al-Qāʿida die verheerenden Attacken verübt habe. In der Nacht zum Sonntag tauchte dann ein

Videoband mit dem angeblichen Bekenntnis der al-Qāʿida auf. Man habe Rache geübt für das Bündnis, das Spaniens Regierungschef Aznar mit dem amerikanischen Präsidenten George W. Bush im Irakkrieg eingegangen war. Höchste Zeit, das Sicherheitskabinett der Bundesregierung einzuberufen. Die deutschen Behörden waren sich an diesem Tag mit ihren europäischen Partnern einig, daß wir es nun mit einer neuen Dimension der islamistischen Gewalt zu tun haben. Man könnte es auch anders formulieren: Westeuropa ist ab sofort Terrorziel.

Eigentlich hätte das niemanden überraschen dürfen. Schließlich waren in den letzten Jahren immer wieder islamistische Terrorzellen ausgehoben worden. Von Frankfurt aus hatte die sogenannte Meliani-Gruppe im Jahr 2000 einen Anschlag auf den Weihnachtsmarkt in Straßburg geplant. Nach dem 11. September fand man bei Razzien in Großbritannien und Italien Spuren des Pflanzengifts Ricin. In Deutschland stießen die Fahnder auf die Anhänger der sogenannten *at-Tauḥīd*-Sekte, die allerdings nur über Terrorattacken mit Pistolen und Handgranaten diskutierten, vermutlich weil Sprengstoff in Deutschland nicht ganz so einfach zu beschaffen ist. Aber die Meldungen über Fahndungserfolge, Festnahmen und spektakuläre Prozesse mögen die Öffentlichkeit beruhigt haben, weil sie den Eindruck erweckten, die Lage sei unter Kontrolle. Äußerungen im Bürokratendeutsch über eine „abstrakt hohe Gefährdung" in Deutschland haben die Wahrheit ebenfalls verschleiert. Die Ruhe bei uns ist bestenfalls trügerisch. Denn die Bedrohungslage – das wissen die Ermittler des Bundesnachrichtendienstes, des Bundeskriminalamts und des Verfassungsschutzes – ist eben nicht unter Kontrolle, sondern bestenfalls unter besserer Beobachtung. Zu viele lose Fäden werden auch Jahre nach den Anschlägen vom 11. September immer noch nicht zusammengebunden, sowohl beim nationalen als auch beim internationalen Kampf gegen den Terrorismus. Und das, obwohl gerade die Experten auf Arbeitsebene bei den Sicherheitsbehörden wissen, daß beim globalisierten Terrorismus à la bin Lādin alles mit allem zusammenhängt. Und genau hier liegt das Problem, wie die Anschläge von Madrid eindrucksvoll bewiesen haben.

Im Sommer 2003 bekam Jamāl Zujām Besuch von der spanischen Polizei. Die Fahnder entdeckten in seinem Madrider Apartment die üblichen Utensilien eines Gotteskriegers: Hetzschriften mit Haßparolen gegen die USA und Videobänder mit Szenen aus dem „Heiligen Krieg" in Tschetschenien. Nicht von ungefähr war man dem jungen Marokkaner auf die Spur gekommen. Ein Tip aus seiner Heimat führte die Polizei zu dem 29-Jährigen, der möglicherweise in die blutigen Anschläge von Casablanca verwickelt war. Wie sich schnell herausstellte, gehörte Zujām zu den treuesten Anhängern von Abūʾd-Daḥdāḥ alias ʿImād Yarkas, der bis zu seiner Festnahme im November 2001 als Statthalter der al-Qāʿida in Spanien galt und bei den Vorbereitungen der Anschläge vom 11. September mitgewirkt haben soll. Zujām hielt auch Kontakt zu den Gefolgsleuten Abū Qatādas, eines Haßpredigers in London, der von dort aus eifrig Nachwuchs für die Trainingslager der al-Qāʿida in Afghanistan rekrutierte. Zujām reiste mindestens einmal nach Norwegen, um den geistlichen Führer der terroristischen *Anṣār al-Islām*, Mullā Krekar, zu treffen, und Zujām kannte auch den Prediger Muḥammad Fizāzī, den Vordenker der marokkanischen Terrorgruppe *Salafīya Jihādīya*, aus deren Umfeld die Attentäter von Casablanca stammten. Das alles wußten die spanischen Behörden seit Monaten, trotzdem konnte Zujām eine wichtige Rolle bei den verheerenden Terroranschlägen des 11. März spielen. Schon das sollte allen Beteiligten eigentlich zu denken geben. Noch beunruhigender für deutsche Ermittler aber mag die Tatsache sein, daß in diesem dichten Geflecht des Terrors immer wieder Spuren auch nach Deutschland führen.

Zujāms Mentor, Abū'd-Daḥdāḥ, hat nach Angaben des spanischen Ermittlungsrichters Balthasar Garzón erheblich zur Finanzierung der Anschläge vom 11. September beigetragen. Zweihunderttausend Dollar gelangten über Umwege zu Muḥammad Atta, dem Anführer der Hamburger Todespiloten, der im Sommer 2001 selbst zu einem Planungstreffen nach Spanien gekommen war. Zwei Mitglieder der Hamburger Zelle, Ramzī bin ash-Shibh und Saʿīd Bahājī, machten bei ihrer Flucht nach Pakistan unmittelbar vor den Attacken in den USA Zwischenstation in Madrid. Abū'd-Daḥdāḥ unterhielt enge Beziehungen zu Maḥmūd Darkazānlī, einem Syrer, der in Hamburg lebt und nach Ansicht der US-Regierung logistische Aufgaben im Netzwerk des Terrors übernimmt. In der *al-Quds*-Moschee, die Darkazānlī und Atta mit seinen Freunden in der Hansestadt regelmäßig besuchten, trat als Gastprediger des Hasses auch schon einmal Muḥammad Fizāzī auf, eben jener Extremistenchef aus Marokko, den Zujām kannte und der für die Anschläge von Casablanca zumindest mitverantwortlich ist.

Drahtzieher und Geldgeber jener Attacken auf zwei jüdische Einrichtungen und ein spanisches Kulturzentrum im Mai 2003 war nach den Erkenntnissen westlicher Geheimdienste Abū Muṣʿāb az-Zarqāwī, ein enger Verbündeter Usāma bin Lādins. Zarqāwī organisiert auch den „Heiligen Krieg" gegen die amerikanischen Besatzungstruppen im Irak. Dabei greift er offensichtlich auf Mitglieder seiner Terrororganisation *Anṣār al-Islām* zurück, die wiederum mit Hunderten von Anhängern in Deutschland vertreten ist; Dutzende von jungen Muslimen aus dem nord- und süddeutschen Raum sind nach Erkenntnissen westlicher Geheimdienste seinem Ruf in den *jihād* im Irak gefolgt. Einer der Schleuser für die Nachwuchs-Gotteskrieger war ʿAbd ar-Razzāq M. aus Hamburg, der deutschen Behörden im vergangenen Jahr ins Netz ging. Ihm werden übrigens auch Pläne für Terroranschläge in Spanien nachgesagt. Az-Zarqāwī gilt darüber hinaus als operativer Anführer der *at-Tauḥīd*-Sekte, deren deutsche Zelle sich vor einem Düsseldorfer Gericht verantworten muß, weil sie Attentate auf jüdische Einrichtungen vorbereitet hatte. Es ist immer dasselbe Strickmuster – eine örtliche Gruppe, eingebettet in ein internationales Netzwerk von Gleichgesinnten, gesteuert über Kontaktleute aus dem Ausland, aber mit weitgehender Autonomie bei ihren Planungen, wie die abgehörten Telefongespräche zwischen den Gefolgsleuten in Deutschland und Zarqāwī belegen. Mehrfach ist dabei – verschlüsselt – von gefälschten Papieren für Marokko die Rede. Zufall oder gibt es da eine Verbindung zu Casablanca? Das geistliche Oberhaupt der *at-Tauḥīd* ist jedenfalls Abū Qatāda in London, dessen Anhänger nach den Ermittlungen der Polizei dem mutmaßlichen Attentäter von Madrid, Jamāl Zujām, Geld für die Vorbereitung der Attacken des 11. März zur Verfügung gestellt haben sollen.

Daß Zujām und seine Komplizen – eingebunden in dieses undurchsichtige internationale Netzwerk – ihr Vorhaben mithilfe ihrer länderübergreifenden Kontakte in die Tat umsetzen konnten, demonstriert eindrucksvoll, daß die Handlungsfreiheit islamistischer Terroristen durch die Anti-Terror-Maßnahmen der letzten Jahre nicht ernsthaft eingeschränkt werden konnte. Stattdessen verdankt Westeuropa die trügerische Ruhe vor allem der schon erwähnten Tatsache, daß sich mutmaßliche Terroristen und ihre logistischen Unterstützer hier nahezu ungehindert um die Nachwuchsarbeit und Finanzierung des *jihād* kümmern wollten. Deshalb gab es für sie eigentlich keinen Anlaß, europäische Ziele – abgesehen von solchen im Ausland wie z.B. den französischen Öltanker Limburg vor der Küste Jemens oder deutsche Touristen auf Djerba – ernsthaft ins Visier zu nehmen, zumal Muslime hier weder politisch noch religiös oder gar militärisch verfolgt werden. Aber während sich Politiker und Ermittler aus all diesen Gründen weiterhin in Sicherheit wiegen wollten, bemerkten sie nicht, daß al-Qāʿida den heimlichen Konsens schon im Februar 2003 aufgekündigt hatte.

Damals ließ Usāma bin Lādin eine neue *fatwā* mit dem Titel *Der neue Krieg der Kreuzzügler* verbreiten. Darin heißt es an die Adresse junger Muslime in aller Welt gerichtet:

> „Ihr habt das Banner des Islam gehißt und ihr wißt, daß die Religion des Boten Allahs die Wahrheit ist, so daß das Bekenntnis der Religion Gegnerschaft zu den Regierungen auf der ganzen Welt bedeutet. Es ist deshalb die Pflicht für die Gläubigen, den Jihād zu kämpfen, um die Wahrheit zu etablieren und die Falschheit zu vernichten."

Es ist eine radikale Abkehr von der alten zu einer neuen Doktrin der al-Qāʿida. Anfangs bestand das Netzwerk bin Lādins nur aus ihm, einer kleinen Schar von Getreuen und einigen befreundeten Terrorgruppen. Damals, Ende der 1990er Jahre, erklärte bin Lādin in einem Interview mit dem amerikanischen Fernsehsender ABC den USA den Krieg:

> "Es ist eine individuelle Pflicht für jeden Muslim, gemäß meiner Anordnung, die Amerikaner und ihre Verbündeten – Zivilisten und Soldaten – zu töten in jedem Land, in dem es möglich ist."

Bin Lādins Ziel war es, die Amerikaner und ihre Soldaten von den heiligen Stätten in Saudi-Arabien zu vertreiben; es war ein begrenzter Krieg. Aber mit dem 11. September wurde er global.

Al-Qāʿida erhob einen Weltmachtanspruch – auf Augenhöhe mit Amerika. Und der Krieg im Irak sorgte dafür, daß aus dem Netzwerk eine Massenbewegung wurde. Unter dem Druck von außen, und auch weil die USA ihre Kräfte auf den Irak konzentrierten, zu diesem Schluß kommt ein Bericht der Terrorfahnder der Vereinten Nationen, hat sich das Netzwerk des Terrors gefährlich weiterentwickelt:

> "Al-Qāʿidah ist nunmehr sowohl eine Organisation, als auch eine Ideologie für eine dritte Generation der al-Qāʿidah, die sich immer wieder selbst erneuert."

Der ehemalige Chef der al-Qāʿida-Ermittlungsgruppe der UN, Michael Chandler, hält das für ein Desaster, das durch die rücksichtslose Außenpolitik der Bush-Regierung mit verursacht wurde:

> „Diese dritte Generation, das sind Leute, die nie in Afghanistan waren. Jüngere Muslime, die indoktriniert wurden, die sich entschieden haben, dieser extremen sunnitischen Lehre zu folgen. Das haben wir in Casablanca erlebt."

Tatsächlich waren die Selbstmordattentäter von Marokko erst zwischen 26 und 32 Jahren alt und stammten aus einem der ärmsten Stadtviertel Casablancas. Ein örtlicher Prediger des Hasses hatte sie für den „Heiligen Krieg" begeistert und sie mit Verweis auf den Irak-Feldzug der USA ohne völkerrechtliches Mandat in ihrem Willen bestärkt, im *jihād* zu sterben.

> „Al-Qāʿida ist jetzt der Name für eine Ideologie,"

zu diesem Schluß kommt Rita Katz, Leiterin des Site-Instituts in Washington, das die Entwicklung des islamistischen Terrorismus weltweit beobachtet.

> „Selbst wenn du bin Laden tötest, wird sie immer da sein. Al-Qāʿida bedeutet, Haß gegen den Westen', bedeutet ‚Amerikaner töten'. Jeder, der daran glaubt, ist al-Qāʿida. Es ist eher eine Bewegung als ein Organisation."

Diese Bewegung ist eine neue totalitäre Ideologie, der es – wie dem Kommunismus einst – um die Weltherrschaft geht, in diesem Fall um einen politisierten Islam, wie ihn bin Lādin in seiner *fatwā* vom Februar 2003 beschreibt. Seitdem kommen die Einschläge näher. Die Bombenattentate in Istanbul, bei denen im November 2003 jüdische und britische Einrichtungen getroffen wurden, folgen der Richtschnur der al-Qāʿida. Sie trafen, in der Lesart der Islamisten folgerichtig, das einstige Zentrum des Osmanischen Imperiums, das 1917 durch Christen zerstört wurde. Der Theorie folgend, markieren die Anschläge von Madrid den Anspruch auf die Wiedererrichtung des sarazenischen *al-Andalus*. In beiden Fällen waren die Attentäter junge Männer, ein Teil von ihnen Heimkehrer aus den Trainingslagern in Afghanistan, andere zählten zur dritten Generation der al-Qāʿida, die sich offenbar großen Zulaufs erfreut. Und von beiden Kategorien gibt es auch in Deutschland nicht gerade wenige. Nach Schätzungen des Bundesamtes für Verfassungsschutz halten sich hier mindestens 3.000 Islamisten auf, die auf die Errichtung eines Gottesstaates hinarbeiten. Einige von ihnen würden sich wohl auch an Anschlägen in der Bundesrepublik beteiligen. Die aktuelle „Gefährder"-Datei des Bundesamtes für Verfassungsschutz umfaßt rund 270

Namen. Aber die Geisteshaltung, die die Anhänger der al-Qāʿida eint, ist viel weiter verbreitet.

Auf einer Demonstration in Berlin am Wochenende nach den Istanbul-Attentaten im November 2003 kontrollierte die Polizei zwar die Plakate und das Propagandamaterial, in die Köpfe der Demonstranten schauen konnte sie nicht. Bewußt verzichteten die Anhänger der *Ḥizbullāh* und anderer Gruppen in diesem Fall auf lautstarke Haßparolen. Aber das ändert nichts an den Gedanken, die Fundamentalisten hier genauso hegen wie in der Türkei. Selbstmordanschläge z.B. im Irak und in Israel werden als Notwehr verharmlost.

> "Die Anschläge finde ich nicht in Ordnung gegen Zivilisten", meinte einer. „Aber gegen die Besatzungstruppen, gegen die Besatzungsarmeen finde ich das in Ordnung. Das ist Widerstand und das ist das Recht aller Völker, um ihr Land zu befreien von der Besatzung."

Ein anderer sagte:

> „Daß Gewalt keine Lösung ist, unterzeichnen wir alle. Gewalt ist sicher keine Lösung. Aber dies bitte ich doch auch der israelischen Besatzungsmacht und den amerikanischen Besatzungsmächten mitzuteilen. Denn die Gewalt geht in erster Linie von den Besatzern aus, nicht von den Entmachteten und Entrechteten."

Die Bereitschaft hier lebender Islamisten, in den „Heiligen Krieg" zu ziehen, nimmt zu. Nach Informationen aus Sicherheitskreisen sind vor allem vor und während des Irak-Krieges im März und April 2003 Dutzende von Männern aus Deutschland in den Irak gereist, um dort gegen die US-Truppen zu kämpfen, auch wenn sie dabei sterben.

> "Für den einen ist es Selbstmord, für den anderen ist es Glück,"

sagte einer der Demonstranten in Berlin.

> „Ich würde das nicht als Selbstmord bezeichnen oder betrachten. Das ist viel mehr Zeichen der Märtyrer, die was für ihre Heimat tun."

Es scheint, als wäre auch der Weg in den *jihād* nicht schwer zu finden für die, die sich der Bewegung anschließen wollen. Auf die Frage: "Wüßten Sie, wo Sie sich melden müßten?" antwortete der junge Mann, der gerade Selbstmordattentate als Glück bezeichnet hatte: "Wenn man fragt, kriegt man auch 'ne Antwort. Das ist irgendwie für mich logisch. Das brauche ich auch nicht erzählen. Das ist nicht unbedingt wichtig für Sie." Frage: "Wo müßte man sich denn da melden?". Antwort: "Wo man sich melden würde? Wenn man sich Gedanken macht, kriegt man auch die Antwort."

Die Attentäter von Hamburg hatten ihre Quellen, genauer gesagt eine, nämlich Muḥammad Ḥaidar Zammār. Der Syrer war für junge Muslime im Umfeld der *al-Quds*-Moschee in der Hansestadt so eine Art Kriegsheld, er hatte im „Heiligen Krieg" in Bosnien gekämpft und war wohl auch in einem Trainingslager der al-Qāʿida in Afghanistan gewesen. Er galt als lebender Beweis dafür, daß man aktiv am Kampf gegen das Leiden von Muslimen weltweit teilnehmen konnte. „Wir tun was" war auch die Botschaft der Propaganda Usāma bin Lādins, die auf Video und CD-Rom in Moscheen und islamischen Zentren auch in Westeuropa verteilt wurde. Zammār organisierte 1999 die Reise der Hamburger Studenten an den Hindukusch, bei der sie für den Generalangriff auf Amerika von bin Lādin handverlesen wurden. So lief die Rekrutierung für den „Heiligen Krieg" damals und genauso läuft sie noch heute.

Zum Beispiel im Internet. Jede zweite Woche kommt die Mitarbeiter-Zeitschrift der al-Qāᶜida "Stimme des *jihād*" heraus, hochprofessionell gemacht. Die Webseite zu schließen, bringt nicht viel. Denn die Zeitschrift wird automatisch innerhalb von Minuten nach Erscheinen in Hunderttausende von e-mail-Fächern weltweit versandt. Die Rekrutierung erfolgt über Chatrooms. In einem fragt Anfang September 2003 jemand mit dem Decknamen ‚Das jüngste Gericht wird kommen:'

> „Brüder, wie komme ich in den Irak, um den heiligen Krieg zu kämpfen? Gibt es dort irgendwelche Militärlager oder jemanden, der das Kommando führt?"

Die Antwort unter dem Decknamen ‚Gnadenloser Terrorist:'

> „Lieber Bruder, die Straße steht Dir weit offen. Es gibt viele Gruppen. Geh und such nach jemandem, dem Du vertraust und schließe Dich ihm an. Er wird der Wächter der irakischen Gebiete sein. Und mit Allahs Hilfe wirst auch du ein Mujaheddin werden."

‚Gnadenloser Terrorist' schickt dem Interessenten daraufhin Werbevideos mit Anschlägen auf US-Soldaten im Irak, selbstgedreht von den Helfern der Attentäter. Dann empfiehlt ‚gnadenloser Terrorist' das Herunterladen der Software ‚Pal-Talk', mit der man über das Internet telefonieren kann.

> "Wenn sie über das Internet in einem Chatroom telefonieren, dann kann das niemand nachverfolgen,"

so erklärt Rita Katz vom Site-Institut.

> „Es ist die sicherste und fortschrittlichste Methode, miteinander zu kommunizieren. Wir wissen heute, daß die Anschläge von Istanbul durch das Internet koordiniert wurden."

Im Site-Institut konnten wir einigen Gesprächen über Pal Talk zuhören. Es sind Teilnehmer aus aller Welt, sie bleiben anonym, sie sprechen Arabisch, Farsī oder asiatische Dialekte. Die wirklich vertraulichen Telefonate sind durch Paßwörter geschützt. Und die Ermittler der Geheimdienste können Tausende von Chatrooms nicht überwachen.

Aber wichtiger noch als das Internet sind die Wissenden, jene Männer, die in den Bergen Afghanistans waren oder die sich der Ideologie al-Qāᶜida verschrieben haben und nun offen oder verdeckt für die gemeinsame Sache arbeiten, indem sie junge Männer anwerben oder logistische Hilfe all jenen zur Verfügung stellen, die selbst im *jihād* aktiv werden wollen. So gibt es immer neue Rekruten, die sich durch die Ereignisse in der Welt anspornen lassen. Für junge und wütende Muslime stellt sich der "Krieg gegen den Terrorismus" offenbar folgendermaßen dar, so jedenfalls berichten es Quellen der Verfassungsschutzämter aus der "Szene" in Deutschland: Obwohl der Westen immer wieder Fahndungserfolge zu verzeichnen hat, ist Usāma bin Lādin bis heute nicht gefunden. Sein Netzwerk verübt mühelos weitere große Terroranschläge. Währenddessen konzentrierten sich die USA auf einen Krieg im Irak, der, wie sich nun herausstellt, mit gefälschten Beweisen gerechtfertigt wurde. Obendrein hatte die US-Regierung kein Konzept, um nach dem Krieg auch den Frieden im Irak zu gewinnen. Der Guerilla-Kampagne des irakischen Untergrunds und islamistischer Kämpfer stehen die amerikanischen Einheiten weitgehend hilflos gegenüber. Im Irak und im Kampf gegen die Terroristen untergräbt der Westen selbst ausgerechnet das Wertesystem, das er gegen die Angreifer verteidigen will. Mit anderen Worten: Das Prinzip bin Lādins hat Erfolg. Leider gibt es keine bessere Werbung für den "Heiligen Krieg" der al-Qāʿida.

Obendrein zeigt sich so mancher Staat im Vorgehen gegen mutmaßliche Terroristen recht zahnlos. Da wird der Terrorverdächtige Christian Ganscharski von Saudi-Arabien aus nur deshalb über Paris nach Deutschland abgeschoben, weil sich hierzulande kein Richter findet, der den nötigen Haftbefehl ausstellt. Nur deshalb sitzt der Deutsche nach seiner Festnahme am Flughafen Charles-de-Gaulle nun in Frankreich in Haft.

Auch im Gerichtssaal erweist sich das deutsche Rechtssystem als zum Teil überfordert gegenüber denen, die nicht nur die Geisteshaltung der Attentäter vom 11. September teilen, sondern ihnen mit größter Wahrscheinlichkeit tatkräftig geholfen haben. Der Freispruch aus Mangel an Beweisen für ʿAbd al-Ghanī Mzūdī und die höchstrichterliche Entscheidung zur Wiederaufnahme des Verfahrens von Munīr al-Mutaṣaddiq, der schon zu 15 Jahren Haft verurteilt worden war, sorgen in der Islamisten-Szene für Hohn und Spott gegenüber den Ermittlern. In Hamburg ist der Syrer Maʾmūn Darkazānlī, der beste Kontakte zur spanischen al-Qāʿida-Zelle um Abūʾd-Daḥdāḥ und zu den Todespiloten um Muḥammad Atta pflegte, weiter auf freiem Fuß. Darkazānlī führte einst das deutsche Konto des ehemaligen Finanzchefs des Terrornetzwerks, Maḥmūd Sālim, der 1998 in Deutschland festgenommen wurde. Seine Hamburger Firmenadresse fand sich außerdem auf der Visitenkarte von Wadīḥ al-Ḥajj, der für seine Beteiligung an den Bombenanschlägen von Kenia und Tansania in den USA rechtskräftig verurteilt wurde.

Auch gegen den Terrorverdächtigen Riḍāʾ Siyām, der aus Indonesien nach Deutschland abgeschoben wurde, war bisher kein Haftbefehl zu bekommen, obwohl er nach der Überzeugung indonesischer Behörden an der Finanzierung des südostasiatischen Arms der al-Qāʿida beteiligt gewesen sein soll. Zwei mutmaßliche Attentäter der Anschläge von Bali sagten aus, daß der gebürtige Ägypter – und nun deutscher Staatsbürger – ihr Auftraggeber gewesen sei. Nach Angaben der indonesischen Behörden standen eine Reihe von Terroristen auf der Gehaltsliste Siyāms, darunter auch Imām Samudra, ein radikaler Prediger, der als Chefplaner der blutigen Attacken auf die tropische Ferieninsel zum Tode verurteilt wurde. Einer der gefährlichsten Terroristen Südostasiens, der mittlerweile inhaftierte Indonesier Ḥanbalī, ist ein enger Gefährte Siyāms aus gemeinsamen Tagen als *mujāhidīn* im Bosnienkrieg. Leute wie Siyām, Veteranen des *jihād*, sind jetzt nach Deutschland zurückgekehrt und werden hier von den Behörden nahezu rund um die Uhr beobachtet. Sie mögen zwar wegen der stetigen Kontrolle nicht direkt an Anschlagsplanungen in Deutschland teilnehmen können, aber dennoch geht von ihnen eine erhebliche Bedrohung aus: Die nach offiziellen Behördenschätzungen etwa 200 Rückkehrer sind in der Regel ideale Rekrutierer im Netzwerk des Terrors, weil sie von jungen Muslimen auch in Deutschland als Vorbilder verehrt werden.

> „Die sind so gefährlich, weil sie die jungen Leute der dritten Generation indoktrinieren",“

meint der ehemalige UN-Ermittler Chandler.

> „Jeder sollte über sie Bescheid wissen, nicht nur die deutschen Behörden. Die anderen Behörden in Europa müssen von ihnen erfahren. Sie können ein, zwei Jahre unter Beobachtung sein, ohne daß es ihnen etwas ausmacht, das haben wir gesehen. Aber dann, eines Tages, schaffen sie es doch zu entwischen und zu verschwinden. Und wenn dann niemand weiß, daß da ein Terrorist unterwegs ist, der nicht herumreisen darf, dann könnte er überall auftauchen.“

In der Bundesrepublik mag das Risiko durch die Heimkehrer aufgrund einer einfachen Berechnung etwas geringer sein als zum Beispiel in arabischen, afrikanischen und asiatischen Ländern. In den Lagern in Afghanistan wurde ein vergleichsweise niedriger Prozentsatz von Muslimen aus Westeuropa für den *jihād* trainiert. Die meisten Kämpfer kehrten auf Anweisung bin Lādins seit Dezember 2001 in ihre Heimatländer in Nord- und Ostafrika und Südostasien zurück, in denen sie vor Entdeckung weitgehend sicher waren. Die Rückkehrer nach Westeuropa aber sind einem hohen Verfolgungsdruck ausgesetzt. Es läßt sich schwer schätzen, wie viele Islamisten insgesamt dennoch in Deutschland den „Heiligen Krieg“ vorbereiten. Fest steht, daß auch die Neugeworbenen – wie das Beispiel Madrid zeigt – Anlaß zu großer Sorge sein sollten. Die Werber richten sich vor allem an Zuwanderer aus islamischen Ländern, die sich von der westlichen Kultur überrollt fühlen. Sie werden in die Moscheen gelockt und dann im kleinen Kreis „rumgedreht.“ Die Methoden, auch das registrieren die Behörden, werden dabei immer konspirativer, so daß die einzelnen Personen nicht unbedingt ins Visier der Ermittler geraten. „Wir stellen fest,“ so der stellvertretende Leiter des nordrhein-westfälischen Verfassungsschutzes, Carl-Heinrich von Bauer,

> „daß man sich hier im ganz kleinen Kreise, im ganz engen Zirkel, in Privatwohnungen trifft, und zwar Tag für Tag eine andere Wohnung, so daß man, wenn man sich in der

> Moschee trifft, nicht weiß, wohin man nach dem Gebet gehen wird. Das wird erst nach dem Gebet ausgegeben – eine Wohnung, eine Adresse – und dann geht ein ganz kleiner Kreis, drei bis vier Personen, zu dieser Adresse hin.“

Oftmals lassen sich auch die Söhne der zweiten und dritten Generation aus Zuwandererfamilien für den fundamentalistischen Islam begeistern. Sie sind in Deutschland aufgewachsen, fühlen sich aber weder in der neuen noch in der alten Heimat ihrer Großeltern zu Hause und stehen vor einem perspektivlosen Leben in Arbeitslosigkeit und Isolation. In dieser Situation gibt die Ideologie al-Qāʿida ihrem Leben neue Richtung und neuen Sinn. Das Signal, das die Anhänger dieser Geisteshaltung den jungen Nachwuchskriegern senden, ist „wir tun was.“ Umso schlimmer ist es, wenn die Anschläge von Madrid diese Botschaft auch noch verstärken, indem sie dem politischen Kalkül eines pervertierten Islam à la bin Lādin scheinbar zum Sieg verhelfen: Mit Terror lassen sich politische Verhältnisse verändern – die Attentäter des 11. März haben eine Regierung „weggebombt“ und die zerbrechliche Koalition der Willigen im Irak schwer angeschlagen. Daß die Attentäter genau diese Ziele verfolgten, läßt sich an einer rund 50seitigen Erklärung festmachen, die ideologische Vordenker der al-Qāʿida im Sommer 2003 ins Internet stellten. Unter der Überschrift „Der Irak im *jihād* – Hoffnungen und Risiken“ diskutierten sie die Möglichkeit, mit gezielten Angriffen auf spanische, polnische und britische Interessen die Kriegskoalition zu spalten und einen Regierungswechsel herbeizuführen, „regime change“ nach Art der Islamisten. In bezug auf Spanien heißt es:

> „Wir glauben, daß die spanische Regierung nicht mehr als zwei, maximal drei Schläge aushalten kann, bis es wegen des großen Drucks aus der Bevölkerung zum Abzug kommt.“

Auch die Wahlen in Spanien Mitte März 2004 hatte die neue Doktrin, die einer Art Dominotheorie gleichkommt, fest im Blick:

> „Falls Spaniens Streitkräfte nach diesen Schlägen dennoch dort bleiben sollten, so wäre der Sieg der Sozialistischen Partei so gut wie garantiert.“

Zwar fordert das Papier zu diesem Zweck schwere Terrorattacken vor allem innerhalb des Irak. Aber die geographische Lage und politische Situation der jeweiligen Länder ist so detailliert beschrieben, daß jeder selbsternannte Gotteskrieger sie wohl auch als Aufforderung und Anleitung zum Terrorkrieg in Warschau, London und Madrid verstehen sollte.

Die mögliche Motivation dafür liefert – neben dem Irakkrieg – nun seit einigen Monaten ein Thema, das in Westeuropa in seiner Brisanz weitgehend unterschätzt wird. Aymān aẓ-Ẓawāhirī nahm es zum Anlaß, um im Februar 2004 eine haßerfüllte Kriegserklärung an Frankreich zu richten, das durch das Kopftuchverbot seinerseits, so der bin Lādin-Stellvertreter, dem Islam den Krieg erklärt habe. Da drängt sich ein besorgniserregender Gedanke auf: Wenn sich fundamentalistische Muslime in Westeuropa durch den Kopftuchstreit erstmals auch hier als Opfer religiöser und politischer Verfolgung sehen, könnte der stillschweigende Konsens der Islamisten endgültig platzen, Europa nur als bequemes Rekrutierungs- und Vorbereitungsfeld für den „Heiligen Krieg“ anderswo zu betrachten. Ein neues Schlachtfeld würde sich eröffnen; und Deutschland, in dem einzelne Bundesländer dem Kopftuch den Kampf angesagt haben, wäre davon nicht ausgenommen.

Also wie bedroht sind wir hier wirklich? Das Risiko für alle Helfer Amerikas im Krieg gegen den Terrorismus ist nicht wesentlich geringer als für die USA selbst. Deutschland ist spätestens seit November 2002 offiziell im Visier der al-Qāʿida, als Usāma bin Lādin und sein Stellvertreter Aymān aẓ-Ẓawāhirī Deutschland und andere europäische Staaten als "Hilfssheriff des Feindes" bezeichneten und ihnen Rache androhten. Deshalb starben deutsche Touristen auf Djerba und Bundeswehrsoldaten in Afghanistan. Die Algerien-Touristen, die im Jahr 2003 in der Sahara entführt wurden, waren in den Händen von Terroristen, die bis Dezember 2001 zum Teil zu den Kämpfern bin Lādins in Afghanistan zählten. Und spätestens seit dem 23. März 2004 hat sich die Bedrohung noch einmal deutlich verschärft. „Wer könnte ernsthaft unserem Bruder Johannes etwas zuleide tun?“, so hieß es am nächsten Morgen auf dem Weg zur Arbeit, in der Kaffeepause und an den Stammtischen Deutschlands. Bundespräsident Johannes Rau sollte offenbar Opfer eines Terroranschlags während seines Staatsbesuchs im ostafrikanischen Dschibuti werden. Mit Autobombe oder Panzerfäusten, so jedenfalls meldete es eine Quelle des Bundesnachrichtendienstes, wollten islamistische Terroristen die Wagenkolonne Raus auf dem Weg durch die Stadt angreifen. Vielleicht richtete sich der Plan nur zufällig gegen das deutsche Staatsoberhaupt, das den Attentätern als hoher westlicher Repräsentant gerade recht war, um in ihrem unheiligen Krieg ein neues Exempel zu statuieren. Vielleicht aber war Rau, der erst auf eindringliche Bitte des Kanzleramts hin seine Afrikareise widerwillig abbrach, bewußt ins Visier geraten, weil Deutschland ein Jahr zuvor einen hochrangigen jemenitischen Shaikh und mutmaßlichen Finanzier des Terrorismus in Frankfurt in eine Falle gelockt und dann an die USA ausgeliefert hatte. Das Killerkommando soll jedenfalls vom Jemen aus über die Meerenge nach Dschibuti eingesickert sein.

Um die deutsche Bevölkerung zu beruhigen, verkündete der Bundesinnenminister eilig vor der aufgeschreckten Schar der Medien, daß der Vorfall einen eher regionalen Hintergrund habe und man deshalb auch keinen Anlaß zu einer Neubewertung der Sicherheitslage in Deutschland sehe. Kein Wunder, denn diese Neubewertung war zu diesem Zeitpunkt nämlich längst erfolgt. Demnach rechnet die Bundesregierung ernsthaft mit Terroranschlägen gegen deutsche Ziele auf deutschem Boden, nach außen hin aber ist ‚Ruhe bewahren‘ die allererste Bürgerpflicht. Schon deshalb mußte Otto Schily zwei Tage nach dem Bekanntwerden der Anschlagspläne gegen den Bundespräsidenten wieder beschwichtigend eingreifen. Der Fernsehsender NTV hatte unter Berufung auf Sicherheitskreise gemeldet, daß die Anschläge von Madrid möglicherweise in Deutschland geplant und vorbereitet worden seien. Als Beleg dafür diente die angebliche Festnahme von drei gefährlichen Islamisten in Spanien, die nicht nur an den Attacken beteiligt gewesen seien, sondern auch lange Zeit in Deutschland gelebt hätten. Das sei schlicht „falsch" erklärte Schily und hatte damit Recht. Denn es handelte sich nur um einen Mann, der zwar in Darmstadt gemeldet war, sich dort aber nur eine Woche aufgehalten hatte. Aber ganz so einfach läßt sich die angeblich so heiße deutsche Spur nicht als bestenfalls lauwarme Fährte verharmlosen. Denn Fuʾād A. könnte auf seiner Durchreise, unbemerkt von den Sicherheitsbehörden, so manche Kontaktstelle hier in Deutschland angelaufen haben, die noch nicht ins Visier der Fahnder geraten ist. Immerhin schaffte es der 28-jährige Marokkaner, sich in Deutschland legal anzumelden und an der Technischen Universität Darmstadt einzuschreiben, obwohl spanische Ermittler seinen Namen schon im August 2002 wegen Terrorverdachts an ihre deutschen Kollegen weitergemeldet hatten und ihm eben deshalb ein offizielles Einreisevisum verweigert worden war. Bei der Anfrage aus Spanien ging es auch um den Freund von Fuʾād A., den Syrer Bāsīl G., der bei den Anschlägen des 11. März 2004 höchstpersönlich zumindest eine der Bomben in Madrid deponiert haben soll.

Es gibt überhaupt keinen Zweifel daran, daß es islamistischen Terroristen über kurz oder lang gelingen wird, nach Istanbul und Madrid verheerende Anschläge auch in anderen Teilen Westeuropas zu verüben. Die losen Netzwerke, in denen sich die Gotteskrieger ganz offenbar quer durch den Kontinent bewegen, sind trotz aller Fahndungs- und Festnahmeaktionen weitgehend intakt. Die notwendigen Mittel, wie Sprengstoff in großer Menge, stehen offenbar doch zur Verfügung. Obendrein gibt es zu viele Ziele, die sich nicht alle schützen lassen. Je mehr die klassischen Ziele der Terroristen wie z.B. Botschaften, Flughäfen und Militärstützpunkte geschützt werden, desto mehr werden die Angreifer ihre Planungen gegen "soft targets" richten – Einkaufszentren, Kinos, Jahrmärkte. Aber das Bedrohlichste ist, daß Attentäter weiter in großer Zahl zur Verfügung stehen und daß die Bereitschaft für Anschläge in ihren Gastländern wächst. Deshalb ist das vermeintliche Waffenstillstands-Angebot von Usāma bin Lādin im April 2004 besonders bedenklich. Gegenüber der Bevölkerung in Europa erweckte es den Eindruck, man könne sich durch den Abzug von Soldaten aus dem Irak Sicherheit vor Anschlägen des Terrornetzwerks al-Qāʿida erkaufen. In Wirklichkeit aber versprach bin Lādin nur jenen Staaten Schonung, die auch „jede Einmischung in die Angelegenheiten der Muslime" einstellten. Das aber ist ein so weites Feld, daß die europäischen Sicherheitsbehörden das Audioband bin Lādins kaum für ein ernstgemeintes Angebot halten. Mit seiner Botschaft, die mit Untertiteln in einem halben Dutzend Sprachen versehen ist, hat der meistgesuchte Terrorist der Welt vermutlich eher seinen Anhängern in Europa „grünes Licht" gegeben, nach Ablauf des dreimonatigen Ultimatums weitere Terroranschläge nach dem Vorbild von Madrid zu verüben.

Umso dringender wird es für die europäischen Staaten, im Kampf gegen den transnationalen Terrorismus noch enger zu kooperieren. Natürlich läuft seit dem 11. September 2001 vieles besser bei der polizeilichen Zusammenarbeit über Ländergrenzen hinweg, beim Austausch der Informationen zwischen den Geheimdiensten, bei der Gesprächsbereitschaft unter den Regierungen jener Länder, die zum Ziel oder zum Ausgangspunkt des globalen Terrors werden können. Aber nur wenige haben verstanden, daß ähnlich wie bei der Bedrohung zu Zeiten des Kalten Krieges ein Gesamtkonzept zur Bekämpfung des internationalen Terrorismus erforderlich ist, das sich nicht nur auf militärische und polizeiliche Maßnahmen beschränkt. Der globalisierte Terrorismus ist eine Herausforderung, der gegenüber sich die Verteidiger drei Dinge nicht leisten können: Das Davonstehlen aus der Verantwortung, das Vernachlässigen der absoluten Notwendigkeit glaubwürdigen Handelns und den Selbstbetrug, nämlich, ohne eine gemeinsame internationale Strategie erfolgreich sein zu können. Jeder Praktiker in den Geheimdiensten und Polizeibehörden kann zur Zeit mit verfolgen, was geschieht, wenn die Hauptakteure uneinsichtig immer wieder die alten Fehler begehen.

Am 25. März 2004 einigten sich die EU-Staaten auf ihrem Gipfeltreffen in Brüssel immerhin auf eine gemeinsame Erklärung gegen den internationalen Terrorismus, die allerdings zunächst mehr Absichtserklärungen als konkrete Beschlüsse enthält. Immerhin soll im Fall von Terrorattacken auf einen Mitgliedsstaat eine Pflicht zum gegenseitigen Beistand auch mit militärischen Mitteln bestehen. Der schon beschlossene EU-weite Haftbefehl soll möglichst bald in allen europäischen Ländern anerkannt sein. Bis Ende 2004 sollten Vorschläge über den Austausch von Fingerabdrücken und Datensätzen über DNA-Proben und über ein gemeinsames Straftatenregister vorliegen. Weitere Entwürfe zur Speicherung von Telefon- und Flugreisedaten, zu verstärkten Sicherheitsmaßnahmen für den Schiffsverkehr, für Strom-, Wasser- und Nahrungsmittelversorgung sowie zum besseren Schutz der EU-Außengrenzen sollen folgen. Am wichtigsten aber scheinen die Einsetzung eines EU-Anti-Terror-Koordinators und die Einrichtung einer Schaltstelle für den Austausch von Geheimdienstinformationen beim Ministerrat zu sein. Über die Geschwindigkeit der Umsetzung all dieser Vorhaben schien es allerdings von Beginn an unterschiedliche Ansichten zu geben. Während der frisch ernannte „Anti-Terror-Zar“ Gijs de Vries zur Eile drängte, ließ Bundesinnenminister Schily wissen, daß der EU-Koordinator nun zunächst einmal für mehr Vertrauen zwischen den Mitgliedsstaaten sorgen solle, das sei „schon mal ein positiver Anfang.“ Tatsächlich gibt es unter deutschen Politikern, aber auch bei ihren Kollegen in anderen EU-Staaten Vorbehalte gegenüber der Weitergabe von geheimdienstlichen Erkenntnissen an die neue Schaltstelle in Brüssel. Für Ex-UN-Ermittler Michael Chandler ist das ein Zeichen dafür, daß der politische Wille für eine gemeinsame Anti-Terror-Politik aus einem Guß immer noch nicht ausreichend vorhanden ist:

„Die Menschen müssen erst wirklich verstehen, wie ernst diese Bedrohung ist. Mein Gefühl ist, daß in vielen Ländern die Gefährdung immer noch nicht in den Köpfen der Menschen registriert ist, es sei denn, man hatte einen ohrenbetäubenden Knall um zehn nach neun Uhr morgens in der Hauptverkehrszeit. Solange so etwas nicht vor der eigenen Haustür geschieht, wird es weiter eine Menge Gleichgültigkeit geben."

Die Weltereignisse sorgen derweil für eine weitere Radikalisierung der Nachwuchs-Gotteskrieger. Jetzt lesen junge Muslime in aller Welt im Internet die Hintergründe nach zu den Bildern, die sie Tag für Tag über Satellitenschüsseln in ihren Wohnzimmern und Studentenbuden zu sehen bekommen. Aus ihrer Sicht betrachten sie das Imponiergehabe einer Besatzungsmacht im Irak, die mitgebrachte Exil-Politiker zur neuen Elite des Landes bestimmen will, verfolgen die Äußerungen George W. Bushs, der sich als religiös orientierter Weltverbesserer gibt, und lesen über die Geschäftemacherei großer Ölfirmen und anderer Unternehmen, die mit hochrangigen Mitgliedern der Bush-Regierung verbandelt sind. Die amerikanische Regierung hat immer noch nicht verstanden, daß ihr Handeln auf der gegnerischen Seite auf eine andere Art der Wahrnehmung trifft, die al-Qāʿida immer dann neue Sympathisanten einbringt, wenn es der Politik der Vereinigten Staaten an Glaubwürdigkeit fehlt. Auch die Liquidierung des religiösen Führers der Hamas-Bewegung, Shaikh Aḥmad Yāsīn, und seines Nachfolgers, ʿAbd al-ʿAzīz Rantīsī, durch die israelische Armee im Auftrag von Premierminister Scharon hat eine verheerende Wirkung auf den Anti-Terror-Kampf. Auf den Webseiten des „Heiligen Krieges" läßt sich deutlich nachlesen, daß die gezielten Tötungen zur Solidarisierung und Mobilisierung von fanatischen Anhängern zahlreicher Terrorgruppen geführt hat. Das ist der fruchtbare Boden, auf dem al-Qāʿida neue Kandidaten für Selbstmordattentate findet. Das Hauptziel Nr. 1 war und bleibt dabei Amerika. Der globalen Dominanz der USA wird der Anspruch eines politisierten Islam auf Weltherrschaft entgegengestellt. Und je länger die gemäßigten Kräfte des Islam dazu schweigen, desto mehr gewinnt dieser politisierte Islam an Boden.

Das gilt natürlich auch für Deutschland. In den Sicherheitsbehörden und zum Teil auch in der Politik ist deshalb eine Diskussion entbrannt, die eigentlich längst überfällig war. Eine der Fragen, die Ende März 2004 bei einem dreitägigen Symposium über die Nachrichtendienste die Gemüter erhitzte, war die nach dem Umgang mit diesem politisierten Islam. „Reicht es aus, wenn wir uns nur auf die gewaltbereiten Islamisten konzentrieren?", so fragte der ehemalige Verfassungsschutzpräsident Peter Frisch und plädierte dafür, einen scharfen Blick auf all jene islamischen Gruppierungen zu werfen, die den Islam als einzige Religion dieser Welt etablieren wollen und die damit „den Boden für den islamistischen Terrorismus bereiten". Das Problem sei eben doch größer als nur die 2 bis 3 Prozent gewaltbereiter Extremisten, von denen immer nur die Rede sei. Auch wenn die Gefahr besteht, daß solche Thesen als Aufruf zum „Kampf der Kulturen" verstanden werden könnten, weisen sie doch auf einige wichtige Umstände hin.

Zum einen werden sich Gruppen wie die türkische Milli Görüš zunehmend in der Verpflichtung sehen, sich nicht nur öffentlich von jeglichen Gewaltakten oder verfassungsfeindlichen Bestrebungen zu distanzieren, sondern auch in den eigenen Reihen aktiv gegen Sympathisanten, Agitatoren und Akteure von Haß und Gewalt im „Heiligen Krieg“ in Tschetschenien, im Irak oder anderswo vorzugehen. Ähnliches gilt für alle islamischen Gemeinden in Deutschland, die reisenden Haßpredigern oder mutmaßlichen Anhängern der al-Qāʿida-Ideologie weder Forum noch Unterschlupf gewähren sollten.

> „Ich glaube, daß es sehr wichtig ist, die Grundlagen dieser Geisteshaltung zu sehen und offen zu legen; insbesondere allen das politische Verständnis des Islam und die Gefährdung, die davon ausgeht, so deutlich zu machen, daß ein solches politisches Verständnis des Islam keinen Nährboden mehr findet,“

so der nordrhein-westfälische Verfassungsschützer Bauer.

> „Wir können nur mit den richtigen Methoden reagieren, wenn wir die wahren Ursachen kennen. Mit Bomben und Granaten ist geistigen Bewegungen nicht beizukommen.“

Genau deshalb geht es auch darum, auf nationaler und internationaler Ebene die weitere Ausbreitung besonders extrem-fundamentalistischer Strömungen des Islam zu verhindern. Der Wahhabismus saudischer Prägung speist beispielsweise die Quelle, aus der auch künftig Terroristen hervorgehen könnten. Über die Rolle saudischer Regierungsstellen dabei läßt sich nur spekulieren. Sicher aber ist, daß ein mutmaßlicher Helfer der Attentäter vom 11. September, Munīr al-Mutaṣaddiq, Kontakte zur saudischen Botschaft in Berlin und zu mehreren saudischen Wohltätigkeitsorganisationen unterhielt. Und als höchstwahrscheinlich gilt es den Nachrichtendiensten auch, daß Botschaften des saudischen Königreichs rund um den Globus genutzt werden, um extremistischen Gruppierungen und Einzelpersonen mit üppigen Finanzhilfen unter die Arme zu greifen. So wichtig es ist, die Gefahr durch einzelne Personen oder Gruppen des Netzwerks nicht zu unterschätzen – auch “kleine Lichter” können Katastrophen auslösen – so wichtig ist es andererseits, sich durch die Aufmerksamkeit für den Mikrokosmos des Anti-Terror-Krieges, für Razzien, Festnahmen, Prozesse oder Auslieferungen nicht darüber hinwegtäuschen zu lassen, daß langfristig das Gesamtkonzept für diesen Kampf das Entscheidende ist.

Am 30. März 2004 wurden bei einer groß angelegten Anti-Terror-Razzia in und um London acht Männer pakistanischer Abstammung festgenommen und rund eine halbe Tonne Sprengstoff sichergestellt. Die Terrorverdächtigen sollen Mitglieder einer islamistischen Terrorgruppe in Pakistan sein, die nach Erkenntnissen der Geheimdienste über saudi-arabische Wohltätigkeitsorganisationen finanziert wird. Das gefundene Ammonium-Nitrat, also Düngemittel, war noch nicht für den Anschlag präpariert, der tatsächliche Bau einer Autobombe hätte also sicher noch einige Wochen in Anspruch genommen. Aber nach Einschätzung der Sicherheitsbehörden weisen die Lagerorte des Sprengstoffs auf die möglichen Ziele für die Attacke hin: Ganz in der Nähe liegen die Flughäfen Heathrow und Gatwick. Mit der Illusion vom angeblichen Ruheraum Westeuropa ist es offenbar ein für allemal vorbei, und die Einschläge kommen näher.

Die Autoren

Albrecht Metzger, Studium der Islamwissenschaft, Geschichte und Politikwissenschaft, lebt als freier Journalist und Buchautor in Hamburg.

Veröffentlichungen: u.a. Der Himmel ist für Gott, der Staat für uns, Göttingen 2000; Islam und Politik: Informationen zur politischen Bildung, Bonn 2002.

Martin Riexinger, Studium der Islamwissenschaft, der Neueren Geschichte und Neueren Deutschen Literatur in Tübingen, Dr. phil., Dissertation Ṣanāʿullāh Amritsarī und die Ahl-i Hadīs im Punjab unter britischer Herrschaft, erscheint 2004 im Ergon-Verlag.

Veröffentlichungen zum islamischen Fundamentalismus in der taz und der Frankfurter Allgemeinen Sonntagszeitung.

Reinhard Möller, Studium der Soziologie, Philosophie und des Völkerrechts in Heidelberg, Magister Artium, Tätigkeit in Markt- und Sozialforschungsinstituten, anschließend unternehmerische Funktionen.

Mehrere Veröffentlichungen in Zeitschriften zu Spaniens politischer und wirtschaftlicher Entwicklung nach dem Ende des Franco-Regimes.

Rainer Hermann, Studium der Volkswirtschaftslehre und Islamwissenschaft in Freiburg i.Br., Rennes, Basel und Damaskus, Diplom-Volkswirt, Dr. phil., Wirtschaftskorrespondent der Frankfurter Allgemeinen Zeitung für die Region östliches Mittelmeer.

Veröffentlichungen: u.a. „Islamisches Recht und seine wirtschaftspolitischen Implikationen" in: Gerhard Schick (Hrsg.): Wirtschaftsordnung und Fundamentalismus, Berlin 2003; „Political Islam in Secular Turkey" in: Islam and Christian-Muslim relations, 14,3 (2003); „Die Türkei auf dem Weg nach Europa: Zur Situation der syrisch-orthodoxen Minderheit" in: Ursula Spuler-Stegemann (Hrsg.): Feindbild Christentum im Islam: Eine Bestandsaufnahme. Freiburg 2004.

Heinz-Dieter Winter, Studium der Geschichtswissenschaft in Halle-Wittenberg, Dr. phil., 1960 bis 1990 im diplomatischen Dienst der DDR (u.a. Algerien, Tunesien, Syrien und Jordanien).

Veröffentlichungen zum Nahen und Mittleren Osten sowie zum Islamismus.

Arne C. Seifert, Studium der Internationalen Beziehungen, Dr. phil., Botschafter a. D., derzeit Zentralasienberater des Zentrums für OSZE-Forschung, Berlin, OSZE-Mission in Tadschikistan (1996-97), Vorstandsmitglied im Verband für Internat. Politik und Völkerrecht e. V., Berlin.

Veröffentlichungen: u.a. Der islamische Faktor und die Stabilitätsstrategie der OSZE in ihrer euro-asiatischen Region, Hamburg 2001;

Risiken der Transformation in Zentralasien: Das Beispiel Tadschikistan, Deutsches Orient-Institut, Hamburg, Mitteilungen, Bd. 64/2002;

Zur Vereinbarkeit von politischem Islam und Sicherheit im OSZE-Raum, Hrsg.: Anna Kreikemeyer / Arne C. Seifert, Baden-Baden 2002/03.

Elmar Theveßen, Studium der Politischen Wissenschaft, Geschichte und Germanistik in Bonn, Magister Artium; ZDF-Korrespondent für Nordamerika im Studio Washington (1995-2001), ZDF-Hauptstadtstudio Berlin (2001), seit Januar 2003 Chef vom Dienst der ZDF-Hauptredaktion Aktuelles und Terrorismusexperte des ZDF. Auszeichnungen: 1994 Medienpreis des Deutschen Bundestages, 1998, 2001 und 2002 Fernsehpreis der RIAS-Kommission.

Veröffentlichungen: Schläfer mitten unter uns, München 2002; Die Bush-Bilanz, München 2004.